rororo

Mathijs Deen, geboren 1962 in Hengelo, ist ein niederländischer Autor und Journalist. Er veröffentlicht Romane, Kolumnen und Kurzgeschichten, mit denen er bereits für den renommierten AKO-Literaturpreis nominiert war. 2018 wurde ihm für die literarische Qualität seines Werks der Halewijnpreis verliehen. Bereits erschienen sind seine Romane »Unter den Menschen« und »Der Schiffskoch« – außerdem »Der Holländer«, der erste Band seiner Krimireihe um Kommissar Liewe Cupido, der sofort zum Bestseller wurde.

Die Presse über »Der Taucher«:

»Der Autor als Echolot menschlicher Abgründe; er taucht mit uns hinab in den Marianengraben unserer Seele!« *3sat Kulturzeit*

»›Der Taucher‹ ist ein Krimi für Nordsee-Fans, für erfahrene Skipper wie für Landratten, ein Krimi mit Fischklößen, hartem Regen von der Seite, Leuchtturm-Lichtbündeln und weiß gischtenden Wogen.« *Frankfurter Neue Presse*

»Eine literarisch anspruchsvolle, lakonisch erzählte Vater-Sohn-Geschichte, die das Verbindende des Wattenmeers feiert, dieser amphibischen Landschaft, in der Grenzen und Horizonte verschwimmen.« *stern*

»Es sind Zwischenwelten, die Mathijs Deen in seinen Romanen entwirft.« *Kieler Nachrichten*

»Atmosphärisch, spannend und auf alltägliche Weise bedrohlich.« *Die Presse am Sonntag*

Mathijs Deen

DER TAUCHER

Kriminalroman
Aus dem Niederländischen
von Andreas Ecke

Rowohlt Taschenbuch Verlag

Die Originalausgabe erschien 2023 unter dem Titel
»De Duiker« bei Alfabet Uitgevers, Amsterdam.

2. Auflage Juni 2024
Veröffentlicht im Rowohlt Taschenbuch Verlag,
Hamburg, Juni 2024

Covergestaltung Cordula Schmidt Design, Hamburg,
nach einer Motividee von Nadja Zobel, Petra Koßmann / mareverlag
Coverabbildung Kollektion Rauschen – NaturePL / Alex Mustard / plainpicture
Karte © Peter Palm, Berlin
Satz aus der Albertina
bei Pinkuin Satz und Datentechnik, Berlin
Druck und Bindung GGP Media GmbH, Pößneck
ISBN 978-3-499-01168-9

Für Joris

Rache hinkt,
sie kommt langsam, aber sie kommt.

Victor Hugo, *Hernani*

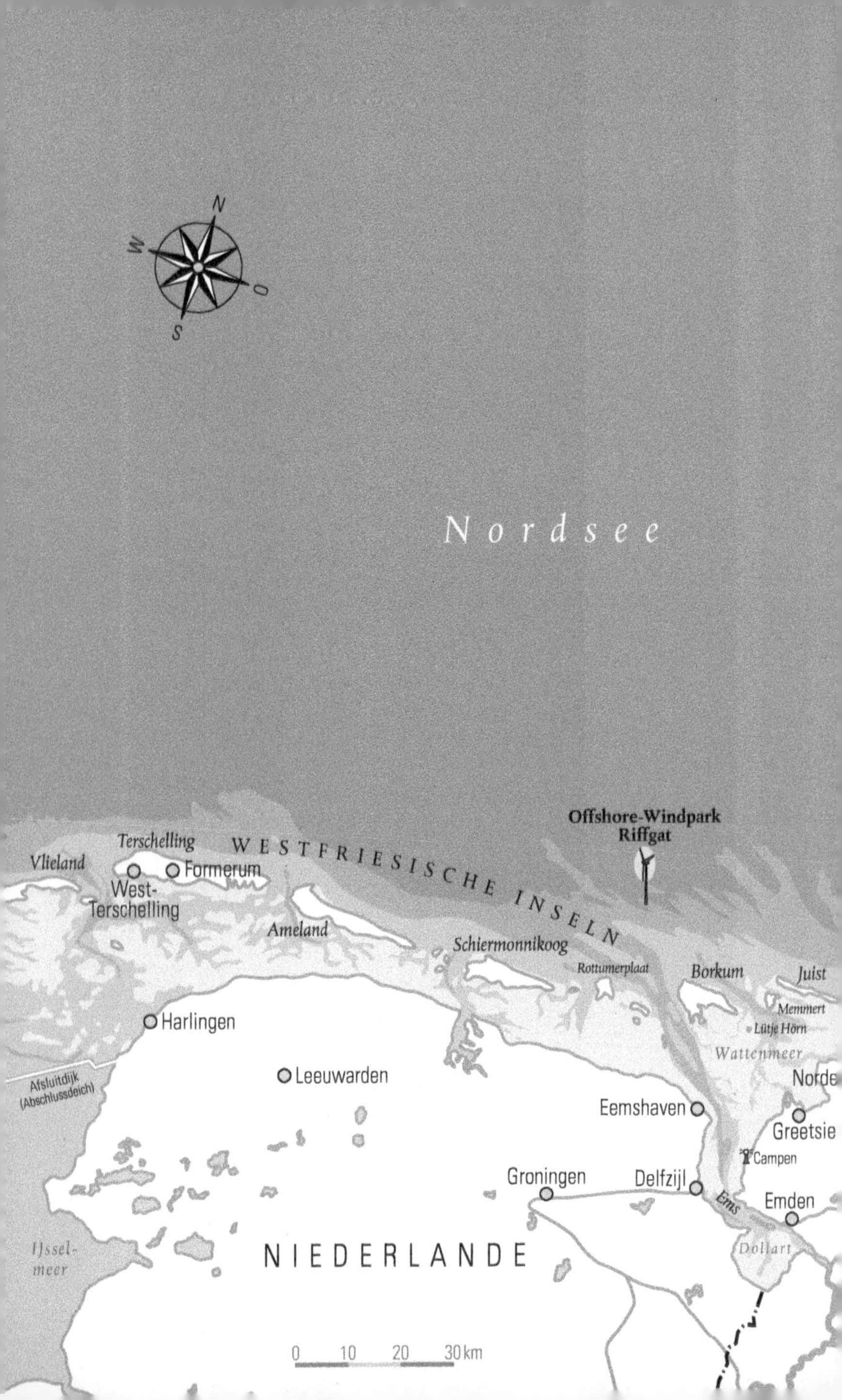
N
W
O
S
Nordsee
Offshore-Windpark
Riffgat
WESTFRIESISCHE INSELN
Terschelling
Vlieland
West-
Terschelling
Formerum
Ameland
Schiermonnikoog
Rottumerplaat
Borkum
Juist
Memmert
Lütje Hörn
Wattenmeer
Harlingen
Leeuwarden
Afsluitdijk
(Abschlussdeich)
Norden
Eemshaven
Greetsiel
Campen
Groningen
Delfzijl
Ems
Emden
Dollart
IJssel-
meer
NIEDERLANDE
0
10
20
30 km

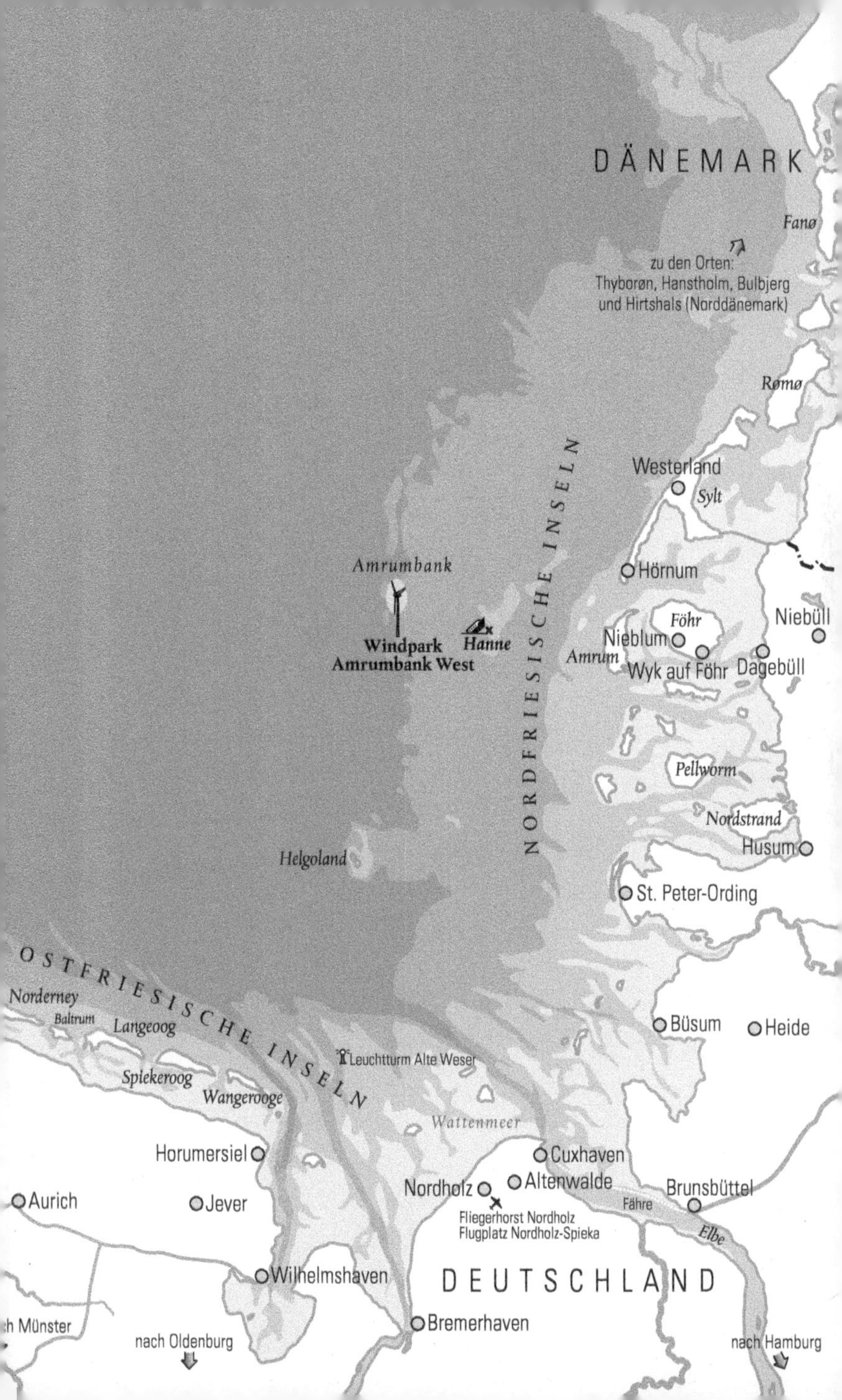

DÄNEMARK
Fanø
zu den Orten:
Thyborøn, Hanstholm, Bulbjerg
und Hirtshals (Norddänemark)
Rømø
NORDFRIESISCHE INSELN
Westerland
Sylt
Amrumbank
Hörnum
Föhr
Niebüll
Windpark
Amrumbank West
Hanne
Nieblum
Amrum
Wyk auf Föhr
Dagebüll
Pellworm
Nordstrand
Husum
Helgoland
St. Peter-Ording
OSTFRIESISCHE INSELN
Norderney
Baltrum
Langeoog
Büsum
Heide
Leuchtturm Alte Weser
Spiekeroog
Wangerooge
Wattenmeer
Horumersiel
Cuxhaven
Nordholz
Altenwalde
Brunsbüttel
Aurich
Jever
Fähre
Fliegerhorst Nordholz
Flugplatz Nordholz-Spieka
Elbe
Wilhelmshaven
DEUTSCHLAND
Bremerhaven
nach Oldenburg
nach Hamburg

PROLOG

Es ist noch dunkel, als Jan Matz mit seinem Sportangelboot *Skua* den Hafen von Wyk auf Föhr verlässt und Kurs auf die offene See nimmt. Er will seinen Sohn Johnny zwischen zehn und halb elf im Nassauhafen von Wilhelmshaven an Bord nehmen, und auch mit seinem schnellen Boot dauert die Fahrt mindestens vier Stunden, selbst bei völlig glatter See wie jetzt. Es ist sechs Uhr, ein Dienstagmorgen Anfang November, und bis es hell wird, vergehen noch Stunden. Aber es ist so gut wie windstill und klar. Ein fast voller Mond steht tief im Westen, und das Licht der Leuchttürme reicht weit. Jan Matz hat die Heizung eingeschaltet und sich einen Becher heißen Kaffee eingegossen. Der Duft erfüllt das Ruderhaus, das den größten Teil des Vorschiffs einnimmt, die Scheiben beschlagen ein bisschen. Achtern auf dem Angeldeck stehen ein paar volle Kanister. Wenn er vier Stunden mit Vollgas fährt, muss er in Wilhelmshaven nachtanken, damit es für den Rückweg reicht. Würde er im Nordhafen tanken, müsste er erst durch die Seeschleuse, aber damit will er keine Zeit verlieren. Bevor sein Sohn im Nassauhafen an Bord kommt, wird er selbst den Tank auffüllen. Dann kann Johnny, sobald sie das Seegatt hinter sich und den Leuchtturm Alte Weser an Steuerbord haben, für die erste Stunde der schnurgeraden Fahrt zur Südspitze von Amrum das Steuer übernehmen.

13 Grad, Junge, du weißt ja.

Es ist schon das sechste Mal, dass er ihn so mit dem Boot von Wilhelmshaven abholt, und im Lauf der Zeit hat sich ein Ritual entwickelt, auf das Jan sich freut, während er im Dunkeln aufs Meer hinausfährt. Wenn Johnny das Steuer übernimmt und die Gashebel nach vorn drückt, holt er die Brötchen mit Rührei und Speck aus der Tasche, öffnet die zweite Thermosflasche mit Kaffee, füllt zuerst Johnnys Becher, dann seinen eigenen. Anschließend macht er es sich auf dem Sitz neben der Tür bequem und lässt sich in dem gleichmäßig stampfenden Boot zum nordfriesischen Wattenmeer zurückfahren, weg von Wilhelmshaven, weg von dem Haus seines früheren Lebens mit seiner Ex-Frau und dem anderen Sohn, den sie von ihm fernhält wie den Alkohol, weg von all dem Theater. Er sitzt schräg hinter Johnny, betrachtet seinen Hinterkopf, seine Schultern, seinen Rücken und versucht den Mann zu sehen, zu dem er werden wird. Schließlich dreht er den Kopf zur Seite, und sein Blick schweift über die Baken und Tonnen, die vorbeiziehen, die Schiffe in der Außenweser. So wird es wieder sein, dahin ist er unterwegs.

Aber jetzt ist er noch allein in der Dunkelheit. Das Feuer des Leuchtturms Amrum taucht sein Boot immer wieder kurz in ein gespenstisches Licht. Er fährt an der Tonne in der Norderaue vorbei und dreht den Bug in Richtung Wilhelmshaven. Die einsame, dunkle Überfahrt macht ihm Angst. Schon mehrmals ist es vorgekommen, dass er allein auf See Dinge gesehen oder gehört hat, die es nicht geben konnte: Geräusche, als würde jemand an Bord klettern, einen dumpfen Schlag gegen die Unterseite des Bootes, das Knarren der Tür des Ruderhauses, als würde sie langsam geöffnet. Jedes Mal, wenn er in die Dunkelheit hinausfährt, muss er irgendetwas überwinden. Zum Glück scheint der Mond, in gut anderthalb Stunden beginnt es zu dämmern, und man wird das Licht des Leuchtturms Alte Weser sehen.

1 Mittwoch

Der Rudergänger des Küstenmotorschiffs *Julie Ottersen*, das mit einer Ladung Rapsöl auf der Fahrt von Thyborøn nach Sandefjord ist, hat nicht gemerkt, dass er ein Boot gerammt hat. Es ist noch früh an einem regnerischen Mittwochabend, aber über der Nordsee ist es schon dunkel. Das Boot, das von der *Julie Ottersen* gerammt wurde, führte keine Positionslichter, und der Rudergänger war durch die Begleiterscheinungen seiner Verdauung in Anspruch genommen. Der Koch hatte Fischklöße mit Püree zubereitet, das einzige Gericht, dem er nicht widerstehen kann. Und so hatte er, nachdem er seine Portion vertilgt hatte, eine zweite erbeten und bekommen. Seit der Mahlzeit ist eine gute Stunde vergangen, und jetzt, allein auf der Brücke – der Hafen von Thyborøn hinter ihnen, der Lotse von Bord –, kämpft er einen stillen Kampf gegen die Nachwirkungen seiner Gier. Er atmet möglichst ruhig ein und aus und beobachtet an Steuerbord voraus das Lichtbündel des Leuchtturms von Hanstholm, das sich in der Ferne wie ein Scheibenwischer über den nächtlichen Himmel bewegt.

Die Kollision war nur als dumpfes Wummern wahrnehmbar, ein Geräusch, das nicht bis in sein Bewusstsein vorgedrungen ist. Auch sonst hat fast niemand an Bord etwas gemerkt. Der Kapitän hat sich mit seiner Frau, die mit an Bord gekommen ist, in seine Kajüte zurückgezogen, die Matrosen sitzen in der Messe vor dem Fernseher. Nur der Koch, der in der frisch gewienerten Kombüse das Schneidebrett scheuert, blickt kurz auf und horcht. Es war ein leises Geräusch wie von einer Stalltür, die an einem windstillen Abend irgendwo weit weg hinter einer Wiese zugeworfen wird. Der Koch lauscht, hört aber nichts Besonderes mehr. Er spürt auch keine Veränderung in der Bewegung des Schiffs und konzentriert sich wieder auf das Schneidebrett.

Doch die *Julie Ottersen* hat tatsächlich etwas gerammt; ein nicht bemanntes Sportangelboot, das langsam im Flutstrom entlang der Küste Jütlands nach Norden treibt. Es ist ein stabiles Boot, nur knapp zehn Meter lang, aber mit hohem Freibord und komfortablem Ruderhaus auf dem Vordeck. Es schlägt nicht leck, sondern beginnt stark zu krängen, schleift kurz an der Bordwand der *Julie Ottersen* nach achtern und kentert dann im wirbelnden Schraubenwasser allmählich durch, bis es kieloben zur Ruhe kommt. So treibt es weiter durch die Nacht.

2

Donnerstag

Christine hat jemand anderen erwartet. Als sie die Haustür öffnet und die Polizisten sieht, trübt sich ihre Miene deshalb rasch ein, von freudiger Erwartung zu Unverständnis und gleich darauf Mutlosigkeit.

»Doch nicht wieder«, sagt sie.

»Frau Matz?« Der Ältere der beiden ergreift das Wort. Seine Kollegin, eine kräftige Frau, die breitbeinig hinter ihm steht, macht sich noch breiter, indem sie die Hände in die Hüften stemmt. Vor der tief stehenden Sonne verdunkeln die beiden den Hauseingang.

»Was hat er denn jetzt wieder angestellt?« Christine sucht Halt am Türrahmen und blickt die Polizeibeamten fast flehend an.

»Sie sind die Mutter von Johannes Matz?«

Eine eigentlich überflüssige, nur der Form halber gestellte Frage. Die beiden kommen nicht zum ersten Mal. Christines Sohn Johannes, von seinen Eltern seit jeher Johnny genannt, ist Ende vergangenen Jahres von denselben Beamten abgeholt und in die Polizeiinspektion gebracht worden. Damals war sogar eine Kriminalbeamtin dabei, Schulze hieß sie. Fast eine Woche war Johnny in Untersuchungshaft. Jetzt wartet er zu Hause auf seinen Prozess. Er wird beschuldigt, Hauke Mauer, einen Jungen aus demselben Viertel, ein Jahr jünger als er, vorsätzlich so schwer verletzt zu haben, dass er wohl nie wieder ganz gesund werden wird.

»Ich heiße nicht mehr Matz, das habe ich Ihnen doch beim letzten Mal schon gesagt«, erwidert Christine und streicht sich mit der Hand über die Stirn. »Und mein Sohn ist bei seinem Vater, auf Föhr.«

Das bringt die Beamten aus dem Konzept. Christine späht an ihnen vorbei in beiden Richtungen die Straße hinunter.

»Ich erwarte jemanden«, erklärt sie, »und es ist mir unangenehm, wenn Sie dann hier vor der Tür stehen.«

»Wann ist Ihr Sohn nach Föhr gefahren?«, fragt die Beamtin, die ihre Hände jetzt nicht mehr in die Hüften stemmt.

Christine schüttelt den Kopf, als wollte sie einen Gedanken vertreiben. »Gestern«, antwortet sie. »Nein, am Tag davor«, korrigiert sie sich dann, »vorgestern. Was haben wir heute? Donnerstag? Am Dienstagvormittag hat mein Ex-Mann ihn abgeholt, mit dem Boot. Sie waren im Nassauhafen verabredet.«

»Ihr Sohn war also in der vergangenen Nacht nicht in Wilhelmshaven?«

»Er ist auf Föhr, bei seinem Vater …« Sie seufzt, löst sich vom Türrahmen und tritt einen Schritt zurück. »Kommen Sie doch herein, wenn Sie mir nicht glauben. Sehen Sie in seinem Zimmer nach. Sie kennen ja den Weg.« Sie deutet mit dem Kopf auf eine Tür, die von der Diele in ein Zimmer führt. Johnnys Zimmer.

Doch das ist gar nicht nötig. Die Tür wird geöffnet, und Johnny selbst erscheint, im grauen Jogginganzug, Telefon in der Hand, Ringe unter den Augen. Flaum auf der Oberlippe macht die Mundwinkel ein wenig dunkler.

»Wieso bist du hier?!«, bringt Christine mühsam hervor. »Du solltest doch bei deinem Vater sein!«

»Johnny, du kommst mit«, sagt der Polizeibeamte.

Johnny zuckt mit den Schultern. »Warum?«

»Du stehst im Verdacht, an dem Anschlag mit der Benzinbombe vergangene Nacht beteiligt gewesen zu sein.«

»Was für 'ne Benzinbombe?« Johnny starrt auf sein Telefon und tippt darauf herum. »Wer hat das gesagt?«, fragt er, ohne aufzublicken.

»Ich hab dich was gefragt!«, sagt Christine nun laut und energisch. »Wieso bist du hier?!«

»Bin zurückgefahren«, antwortet Johnny. »Hab die Schnauze voll von fucking Föhr.«

»Du kommst mit auf die Inspektion«, wiederholt der Beamte. Er betritt die Diele. Johnny blickt von seinem Smartphone auf. »Ich geh nirgendwo hin«, erklärt er. »Und schon gar nicht mit Ihnen. Wie kommen Sie dazu, mir hier zu Hause Stress zu machen? Lasst mich in Ruhe, ihr Loser.« Christine stellt sich zwischen den Polizisten und ihren Sohn.

»Sei nicht so unhöflich und geh in dein Zimmer«, sagt sie über die Schulter, schiebt Johnny rückwärts ins Zimmer und zieht die Tür zu.

»Es gibt Videoaufnahmen von dem Anschlag, Frau Matz«, sagt der Beamte, der jetzt mitten in der Diele steht. Auch seine Kollegin kommt herein.

»Was genau ist denn nun wieder passiert?«, fragt Christine.

»Vergangene Nacht ist vor dem Haus der Familie Mauer ein Molotowcocktail explodiert. Unter dem Auto der Familie. Das hat gebrannt und konnte gerade noch rechtzeitig gelöscht werden, sonst wäre noch viel Schlimmeres passiert. Auf den Aufnahmen ist ein Motorroller mit zwei jungen Männern zu sehen. Der hintere hat die Benzinbombe geworfen, und den Fahrer hat der Sohn der Mauers als Ihren Sohn identifiziert.«

»Der Sohn der Mauers? Der ist doch im Rehazentrum!?«

»Nein, nicht der Sohn, den Johannes zusammengeschlagen hat, sondern sein älterer Bruder.«

Die Zimmertür wird geöffnet, und Johnny erscheint.

»Hat Peter das gesagt, der Flachwichser?«

»Bleib in deinem Zimmer!«, schreit Christine. Sie schiebt ihn zurück und schließt die Tür mit einem Knall.

»Mein Sohn war auf Föhr«, sagt sie mit Nachdruck. »Er hat ausnahmsweise einmal nichts angestellt.« Sie dreht sich um und brüllt in Richtung Tür: »Ausnahmsweise!« Nach kurzem Nachdenken wendet sie sich wieder langsam den Beamten zu und sagt: »Mein Mann kann das bestätigen.«

»Ihr Ex-Mann.«

»Mein Ex-Mann, ja.«

Sie schaut dem Beamten einen Moment in die Augen, sucht dann Blickkontakt mit seiner Kollegin hinter ihm, doch Anzeichen von Verständnis findet sie auch bei ihr nicht. »Ich rufe ihn jetzt an«, sagt sie und öffnet Johnnys Tür. Ihr Sohn steht mitten im Zimmer, das Smartphone in der Hand. Es ist dunkel, die Vorhänge sind zugezogen.

»Gib mir dein Telefon«, sagt Christine.

»Warum«, erwidert er, »was willst du damit?«

»Ich rufe deinen Vater an.« Sie nimmt das Telefon, probiert irgendetwas aus, das nicht klappt, gibt es zurück. »Ruf du ihn an«, sagt sie, »schalte den Lautsprecher ein, gib es dann mir. Das heißt, wenn der Mistkerl sein Telefon eingeschaltet hat.«

Johnny tippt etwas ein, das Telefon bleibt erst einmal stumm.

»Er ist oft mit dem Boot auf See und taucht«, sagt Christine, während sie das Smartphone anstarrt. »Es ist übrigens mein Boot.« Dann ertönt doch das Freizeichen. »Gib her.« Sie reißt Johnny das Smartphone aus der Hand. Zu viert horchen sie auf den Freiton. Viermal … fünfmal … Als sich die Mobilbox einschaltet, nimmt Johnny ihr das Telefon ab und wählt erneut. Wieder ertönt das Freizeichen, doch niemand meldet sich. Johnny grinst die Polizisten an.

»Wir verfolgen das auf der Inspektion weiter«, erklärt der Beamte. »Entweder du kommst friedlich mit, oder die Sache wird unangenehm. Mitkommen wirst du so oder so.«

»Ihr haltet euch für schlau, was«, sagt Johnny und macht einen Schritt rückwärts, aus dem Telefon erklingt weiterhin das Freizeichen. »Aber ich bin viel schlauer als ihr beide zusammen, ihr Nullchecker.«

Bevor der Beamte etwas erwidern kann, wird der Anruf entgegengenommen.

»Hallo …?«

Es ist eine Männerstimme. Im Hintergrund ist ein Rauschen zu hören, wie von einer Brandung.

»Jan?«, fragt Christine.

»Hvem taler jeg med? Hallo?«

»Wer ist da? Jan Matz?«

»Jeg ved ikke …«

»Ist das Friesisch?«, fragt der Polizeibeamte.

»… telefonen lå her på stranden … jeg tog den op …«

Der Beamte beugt sich zum Telefon hinunter und sagt: »Hello, sir, where are you? Are you on Föhr?«

Am anderen Ende werden ein paar Worte gewechselt, jemand anders übernimmt das Telefon.

»Hallo?«

»Wer sind Sie?«, fragt Christine.

»The phone was on the beach, in a plastic bag«, sagt eine Frauenstimme mit dänischem Akzent.

»Where are you?«, fragt der Polizeibeamte noch einmal.

»Bulbjerg«, antwortet die Frau nach kurzem Zögern. »Close to Hanstholm.«

»This is the Police of Wilhelmshaven. Please, bring the phone to the police of Hanstholm«, sagt der Beamte. »Thank you … äh … tak.«

Es wird aufgelegt. Christine schüttelt den Kopf und schaut Johnny an, der sie mit seinen siebzehn Jahren schon ein gutes Stück überragt. Doch er erwidert den Blick nicht. Er starrt aufs Smartphone, kehrt in sein Zimmer zurück.

»Es tut mir leid, Frau, äh …«

»Pumper.«

»Es tut mir leid, Frau Pumper, aber Ihr Sohn muss mitkommen.«

3

Die *Freyja*, ein zum Bergeschiff umgebauter Kutter von der Insel Terschelling, ist zehn Seemeilen westlich von Amrum vor Anker gegangen. Sie ist anderthalb Tage lang im Gebiet zwischen dem Windpark und den Untiefen vor Sylt und Amrum gekreuzt und hat den Meeresboden mit dem Multibeam-Fächerecholot abgesucht. Auf der Brücke behielt Kapitän Sil van Hee, ein kräftiger Mann in den Vierzigern, hellblaue Augen und blonde Locken, Mehrtagebart, T-Shirt und Jeans, nebenbei den Bildschirm mit dem sich ständig verändernden Profil des Meeresbodens im Auge, einen Beutel Shag und eine große Flasche Cola in Reichweite.

Die *Freyja* fuhr gerade einmal drei Knoten, leicht rollend. Weil es bewölkt war und regnete, wurde es auch tagsüber nicht richtig hell auf See, der Horizont war nicht zu erkennen. Auf der Brücke herrschte eine fast feierliche Stille, nur unterbrochen von seltenen Funkmeldungen und hin und wieder einem leisen Signal des Echolots, wenn es eine größere Unebenheit entdeckte. Sil, der das Gerät und seine Eigenheiten genau kennt, ignorierte die meisten dieser Signale. Er war ganz auf seine Suche eingestellt. Stunden vergingen, und von Zeit zu Zeit reckte er sich, rutschte auf seinem Sitz nach vorn oder drehte sich eine Zigarette. Matrose Ties Boom brachte ihm eine Thermoskanne mit Kaffee und verschwand wieder nach unten.

Es war kurz nach zehn am Morgen, als ein Kontaktsignal des Echolots Sils Aufmerksamkeit erweckte. Er stellte den Fahrstufenregler auf langsame Fahrt zurück und wartete, bis die *Freyja* zum Stillstand kam; dabei schaute er auf den Bildschirm. Der

Meeresboden stieg zum westlichen Ausläufer der Amrumbank hin an. Es war eine Stunde nach Niedrigwasser, weshalb die Wassertiefe dort kaum zehn Meter betrug. Auf dem Bildschirm war das Profil des Meeresbodens detailreich abgebildet, und man sah, dass etwas aus dem Sand herausragte. Es war kein Container, der da lag, das sah Sil sofort. Trotzdem schaute er genauer hin, etwas aufrechter jetzt, wie ein Jagdhund, der etwas gehört hat und horcht. Auf dem bläulichen Bild waren die Umrisse eines kleinen Schiffs zu erkennen, nicht länger als etwa dreißig Meter.

Eigentlich hätte Sil weiterfahren müssen. Die deutschen Behörden hatten ihm die Erlaubnis erteilt, einen Container aufzuspüren, und nicht, nach Wracks zu suchen. Die Versicherungsgesellschaft, bei der die Ladung des Containerschiffs *Medea* versichert war, hatte ihn beauftragt, einen Container zu bergen, den das Schiff vor zwei Wochen in einem Sturm aus Südwest beim Verlassen der Außenweser verloren hatte. Und weil ein Wartungstechniker auf HelWin beta, einer Umspannplattform des Offshore-Windparks Amrumbank West, angegeben hatte, er habe den Container zwischen den Windkraftanlagen nach Nordosten treiben sehen, suchte Sil van Hee das Gebiet zwischen dem Windpark und den Inseln ab. Dass der Container nach der Meldung durch den Techniker leckgeschlagen und gesunken war, stand inzwischen fest, allein schon, weil Hunderte von Schuhen und Quietscheenten an den Stränden von Rømø, Sylt, Amrum und Sankt Peter-Ording angespült worden waren.

Ties Boom, angelockt vom Leerlaufgeräusch des Motors, kam polternd den Niedergang zur Brücke hinauf.

»Gefunden?«, fragte er beim Hereinkommen.

Sil deutete mit dem Kopf auf den Bildschirm. Ties stellte sich neben ihn, und zusammen betrachteten sie das Geländemodell des Echolots.

»Das ist auf keiner Karte«, sagte Ties.

Sil schüttelte den Kopf. »Nein.«

Bevor Ties als Matrose bei Sil anheuerte, kannten sich die beiden Insulaner schon vom Verein »Costa Rica«, dem Tauchclub von Terschelling. Beide haben die Wrackkarten der Gebiete nördlich der Westfriesischen Inseln praktisch auswendig gelernt. Und sogar den Meeresboden hier, westlich der Nordfriesischen Inseln, haben sie bei den abendlichen Treffen im Club oder zu Hause im stillen Kämmerlein gründlich studiert und besprochen. Auch wenn er weit außerhalb der Jagdgründe niederländischer Taucher liegt und sie entsprechend selten hier getaucht sind. Sie wissen, dass die deutsche Küstenwache nicht viel für Wrackräuber übrighat, wie man sie zu nennen pflegt.

»Ich seh trotzdem mal nach«, sagte Sil, »nur zur Sicherheit.« Er schaltete einen Computer etwas weiter seitlich auf der Brücke an. Auf dem Monitor erschien eine Karte des gesamten Nordseebodens: von der mit Wracks übersäten Straße von Dover am östlichen Ende des Ärmelkanals bis zur norwegischen Küste, vor der ebenfalls zahlreiche torpedierte, an Felsen zerschellte oder einfach in Stürmen untergegangene Schiffe liegen.

Sil vergrößerte den Norden der Deutschen Bucht. Nördlich und westlich der Amrumbank zählte er elf Wracks. Doch die *Freyja*, deren Position auf der Karte mit angezeigt wurde, lag zwei Seemeilen vom nächsten eingezeichneten Wrack entfernt.

»Nein«, bestätigte Sil, »dies ist nicht drauf.«

»Was machen wir?«, fragte Ties.

Sil stand auf und suchte mit dem Fernglas das Meer ab. Weit und breit keine Küstenwache. »Wir sehen es uns kurz an.«

»Melden?«, fragte Ties.

»Wir werfen nur einen Blick drauf.«

So kommt es, dass die *Freyja* den Anker hat fallen lassen. Nicht, wie Kutter das normalerweise tun, von der Ankerklüse am Bug, sondern an einem der beiden Ausleger, an denen früher, als der Kutter noch fischte, die Baumkurren seitlich ins Wasser gelassen wurden.

Die *Freyja* liegt nun quer zum Flutstrom, und Sil lässt von einem Block am zweiten Ausleger, gegenüber dem mit dem Anker, einen Greifer ins Wasser, an dem eine Kamera und eine Lampe befestigt sind, die Leine kann er von der Brücke aus fieren und anholen. Er verdunkelt die Fenster der Brücke; im Dämmerlicht erscheinen auf dem Schirm neben dem Monitor mit der Wrackkarte die trüben Bilder der Kamera auf dem Weg nach unten.

Langsam wird das Wasser rings um den Lichtkegel der Lampe dunkler, hin und wieder huscht ein Fisch vorbei, und dann, erst noch verschwommen, aber bald deutlicher, wird wie durch eine beschlagene Scheibe ein Schiffsbug sichtbar. Vorsichtig lässt Sil die Kamera weiter hinunter. Inzwischen schaut ihm außer Ties Boom auch der Maschinist Piet Bonga über die Schulter. Sie schweigen. Diese Arbeit erfordert hohe Konzentration, und Sil wird dabei nicht gern durch Gerede gestört.

Der Bug ist teilweise im Sand begraben, aber etwa die Hälfte ragt noch hervor. Anscheinend ist das Schiff über das Heck gesunken. Ein wenig Sand wird aufgewirbelt, die letzten drei Buchstaben des Schiffsnamens werden lesbar. NNE.

Ties kann sich nicht mehr zurückhalten. »Ob das die *Hanne* ist?«, flüstert er.

»Langsam voraus«, sagt Sil, ohne das Kamerabild aus den Augen zu lassen. Dann blickt er auf. »Du, Ties.«

Ties springt ans Steuer, kuppelt den Motor kurz wieder ein, schaut dann erneut über Sils Schulter. Ganz allmählich beginnt sich das Bild zu bewegen. Die Bugspitze verschwindet, die Kamera schwebt über das Wrack, das mittschiffs fast vollständig im Sand begraben ist.

»Die *Hanne* hatte tausend Platten Anodenkupfer an Bord«, sagt Ties. »Im Vor- und Achterschiff. Wenn die das ist …«

Jetzt sieht man, dass das Wrack einen Knick hat, es ist mittschiffs durchgebrochen. Aber der Brückenaufbau ragt erstaunlich unversehrt aus dem Sand. Nur schief, das ja. Das Bild trübt sich ein, Sil holt die Leine ein wenig an, und es wird wieder schärfer.

»Was war das?«, fragt Piet.

»Stopp, Ties«, sagt Sil.

»War das ein Mann?«

Doch sie sind schon über das Wrack hinaus. Die Kamera, die durch die Vorwärtsbewegung der *Freyja* langsam über das Wrack gezogen wurde, hat Brückenaufbau und Achterschiff hinter sich gelassen und zeigt nur noch Sand.

Sil steht auf, schiebt Ties zur Seite und fährt nun, sehr vorsichtig, langsam achteraus, wobei er den Monitor mit dem Kamerabild im Auge behält. Leicht verzögert kommt die Kamera zum Stillstand und bewegt sich dann allmählich von achtern über das Wrack. Sil kuppelt den Motor aus und beobachtet gespannt, wie das Achterschiff erneut ins Bild kommt. Für einen kurzen Moment stellt er den Fahrstufenregler auf langsame Fahrt voraus, kuppelt wieder aus. Aufreizend langsam erfasst die Kamera den Brückenaufbau und schwebt dann auf der Stelle. Rechts unten im Bild ist tatsächlich ein Mann zu erkennen. Er trägt einen Tauchanzug, seine Druckluftflaschen hängen ein bisschen schief, er hat die Tauchmaske noch auf. Am rechten Unterschenkel ist ein Messer befestigt.

Sil, Ties und Piet starren schweigend auf die Gestalt.

»Der lebt nicht mehr«, sagt Ties schließlich.

»Da knacken wir den Jackpot, und dann das, verflucht noch mal«, sagt Piet. »Typisch. Da drin liegt eine Million in Kupfer …«

Sil schüttelt den Kopf. »Diese Hände …« Sehr vorsichtig lässt er die Kamera etwas weiter hinunter. Weil sie nicht genau über dem Taucher zum Stillstand gekommen war, verschwindet dessen Körper bei der Annäherung langsam aus dem Bild. Aber die Hände sind noch zu sehen. Und dass die Handflächen aneinandergelegt und die Handgelenke am Geländer des Niedergangs zur Brücke festgemacht sind. Mit Handschellen.

Sil richtet sich auf, kratzt sich kurz den Rücken. »Wie's aussieht, haben wir die *Hanne* gefunden«, sagt er, »aber jemand ist uns zuvorgekommen.«

4

Dineke Hooimaker von der Inselpolizei Terschelling ist auf dem Weg von Formerum zur Dienststelle in West, als ihr Mobiltelefon klingelt. Auf der Rückbank sitzt schweigend eine alte Frau. Sie heißt Jeltje Schol und ist vom Seniorenheim in West, in dem sie wohnt, zu einem Haus am Rand von Formerum gegangen, dem Haus, in dem sie 1931 geboren wurde. Es ist ihr Geburtstag, und sie hat sich einen dünnen Zopf geflochten und sich früh auf den Weg gemacht. Sie hat schöne Sachen angezogen, ein geblümtes Kleid und darüber, wegen des unfreundlichen Herbstwetters, einen warmen Mantel. Wenn niemand sie mitnahm, war es ein mehrstündiger Fußmarsch, und der Tag hatte schon begonnen, deshalb durfte sie keine Zeit verlieren.

Sie wusste, dass ihre Eltern sie erwarteten, weil sie Geburtstag hatte.

»Ich gehe nach Hause«, sagte sie zu den Fischen in dem großen Aquarium in der Eingangshalle des Altenheims. »Mama backt Pfannkuchen. Und am Tisch liest Papa Psalm 103 vor, nur für mich.«

Sie ging, sie sang, sie hatte Rückenwind. Ab und zu drehte sie sich um, weil sie sehen wollte, ob aus dem Dorf vielleicht jemand mit einem Pferdefuhrwerk kam. Doch es kam kein Fuhrwerk, also ging sie weiter.

Dass sie nicht neun, sondern vierundachtzig geworden war, entging ihr. Und auch, dass ihre Eltern schon seit fast vierzig Jahren tot waren und folglich nicht mehr im Elternhaus wohnten.

Dass die neuen Bewohner sie nicht ins Haus ließen, verwirrte sie. Sie erklärte, sie habe Geburtstag, und spähte in den Flur. Erst rief sie ihre Mutter. Als Mutter nicht kam, rief sie nach ihrem Vater.

Und als der fremde junge Mann die Haustür vor ihrer Nase schloss, um die Polizei anzurufen, hat sie angefangen zu schreien und sogar eine Handvoll Muschelgrieß vom Gartenweg an die Fenster geworfen.

Dineke Hooimaker und ihr Kollege Joost Fons waren ohnehin gerade auf Streife und deshalb schnell zur Stelle. Dineke sagte Jeltje, sie sei gekommen, um sie mit dem Taxi abzuholen. »Steig ein, Jeltje, du hast die Rückbank ganz für dich allein.«

Im Streifenwagen beruhigte sich Jeltje. Durchs Seitenfenster betrachtete sie die Häuser, die Dünen und die Wiesen, die vorbeiglitten. Ein paarmal beugte sie sich vor. »Ich habe heute Geburtstag«, sagte sie dann. Plötzlich klingelt Dinekes Mobiltelefon. Nicht das Diensttelefon, sondern ihr privates. Sie nimmt ab. »Dineke?« Es klingt fast wie eine Frage.

»Ja, Sil van Hee«, hört man aus den Autolautsprechern. Und dann, nach einem Moment Stille: »Von der *Freyja*.«

»Ich weiß, wer du bist«, sagt Dineke. »Muss ja dringend sein, wenn du meine Privatnummer anrufst.« Für Dineke Hooimaker, als Tochter von Einzelhändlern aus Laren im Achterhoek ein Import vom Festland, war es sehr gewöhnungsbedürftig, dass auf der Insel nichts völlig privat bleibt, obwohl sie Polizeibeamtin ist. Sie fragt gar nicht erst, woher der Kapitän ihre Nummer hat.

»Ich hab hier einen Fall«, erklärt Sil.

»Du bist über Lautsprecher zu hören, und ich habe Jeltje Schol hinten im Wagen«, sagt Dineke mit einem Blick in den Rückspiegel.

»Hallo, Jeltje«, sagt Sil.

»Ich habe Geburtstag«, sagt Jeltje.

»Soll ich dich an Joost weitergeben?«, fragt Dineke.

Ihr Kollege auf dem Beifahrersitz hebt die Augenbrauen. »Sonst bist du nicht so scharf drauf, mit uns zu reden, Sil«, sagt er.

»Ich will es mit dir besprechen, Dineke.«

»Ist es so ernst?« Dineke bremst ab und lenkt den Wagen auf den Seitenstreifen. »Ich fahre erst mal rechts ran.«

»Ich habe hier einen Toten«, sagt Sil, als Dineke endlich mit dem Mobiltelefon am Ohr neben dem Wagen steht.

Dineke erwidert nichts, klopft an die Windschutzscheibe und gibt Joost mit einer Geste zu verstehen, dass er aussteigen soll. »Moment«, sagt sie, »ich stehe hier ungünstig.« Während ein Auto vorbeifährt, schaltet sie den Lautsprecher des Telefons ein und geht zu Joost, der ausgestiegen ist.

»Was hast du gesagt, Sil?«, fragt sie. »Ich will nur sicher sein, dass ich dich richtig verstanden habe.«

»Ich habe hier einen ertrunkenen Taucher.«

»Wo bist du?«

»In der Deutschen Bucht, vor Amrum.«

»Auf See«, vergewissert sich Dineke.

»Auf See, ja«, bestätigt Sil. »Bei Amrum.«

»Was ist passiert? Ist es einer von deinen Leuten?«

»Nein, nein«, antwortet Sil. »Keine Ahnung, wer das ist. Er ist unten, in einem Wrack, über dem wir liegen. Ich sehe ihn durch die Kamera.«

Dineke schickt Joost mit einer Handbewegung weg, und er steigt schulterzuckend wieder ein.

»Was wolltest du fragen, Sil?«, fragt Dineke und legt das Telefon wieder ans Ohr.

»Ich hab gedacht, weil wir sowieso auf See sind … Kann ich diesen Toten auf die Insel mitnehmen, ihn einfach zu Hause an Land bringen und dann euch überlassen, so als ob wir ihn beim Bergen mit hochgeholt hätten? Oder müssen wir was anderes unternehmen, hier …« Er ist einen Moment still. »Das würd ich nämlich lieber nicht«, sagt er dann.

»Was glaubst *du*, Sil? Überleg mal.«

Sil schweigt. Dann seufzt er. »Hatte ich schon befürchtet.«

»Deutsche Küstenwache verständigen«, sagt Dineke.

»Wenn's denn sein muss … Ich dachte nur, ich frag erst mal …«

»Tja, dann halt die Ohren steif«, sagt Dineke, und sie fügt hinzu: »Und tu mir einen Gefallen, Sil: nicht mehr diese Nummer, hörst du?«

Sie legt auf.

5

Am liebsten hätte Sil die *Hanne* sich selbst überlassen und weiter nach dem Container gesucht. Aber das Bild des Tauchers, gefesselt ans Geländer des Niedergangs, verfolgt ihn.

»Wir können das Schiff doch ausräumen und dann weiter«, meint Piet Bonga. »Der Mann ist doch sowieso tot.«

»Du bist kein Taucher«, sagt Sil.

»Um torpedierte Seeleute machst du dir sonst weniger Gedanken«, erwidert Piet. »Als ob das so 'n großer Unterschied wär.«

Sil starrt schweigend den Taucher auf dem Monitor an. Wenn man lange genug hinsieht, ist es ein stilles, beinahe friedliches Bild. Wegen der Flut hängt die Kamera jetzt ein wenig höher, sodass der Taucher wieder ganz zu sehen ist, als hätte Sil weggezoomt. »Da«, sagt er zu Piet, »sieh ihn dir genau an, und dann sag das noch mal.«

Piet zieht die Schultern hoch. »Eine Million, Sil. Da liegt eine Million. Ich seh vor allem mein leeres Bankkonto.«

»Ich habe Hooimaker angerufen«, sagt Sil. »Wir haben keine Wahl mehr.«

»Ich kapiere einfach nicht, wieso du das gemacht hast.«

»Um zu verhindern, dass ich doch noch auf dich höre.«

»Bin mal mit Sil getaucht, zu dem englischen U-Boot nördlich der Noordergronden«, wirft Ties ein. »Wir waren nur zu zweit, Anker fallen lassen, saß fest drin, dachten wir. Wir runter, aber ab zehn Metern trübe Suppe, jede Menge Zeugs, Pflanzen, Plastik, wir sahen nichts. Und von einem Moment zum andern hatte ich ihn verloren. Und der Anker hatte sich losgerissen. Wir waren fast zwanzig Meter tief, also schön langsam rauf, und wenn man dann oben ist, kann man nicht mehr runter. Bestimmt 'ne halbe Stunde hab ich im Boot so vor mich hin gebibbert. Und immer wieder gekuckt, Lampe ins Wasser, runtergeleuchtet. Man ist einfach hilflos. Und dann kommt der Kerl rauf, als wär nix gewesen.«

»Ich mach manche Dinge gern allein«, sagt Sil.

Alle drei schauen wieder auf den Schirm. Der Taucher wird vom Flutstrom ein kleines bisschen zur Seite gezogen. Sein linker Fuß ist unter einer der Stufen eingeklemmt, als hätte er seine ganze Körperkraft einzusetzen versucht, um seine Hände aus den Handschellen herauszuwinden.

»Na, dann setzen wir mal eine Meldung auf Kanal 16 ab«, sagt Sil und steht auf. »Mal sehn, ob die Küstenwache wach ist.«

»Was sagst du, wenn sie dich fragen, wieso wir uns überhaupt dieses Wrack ansehen?«, fragt Piet.

»Dass wir dachten, es wär der Container.«

Eine Stunde später ist die *Bad Bramstedt*, ein Patrouillenschiff der Bundespolizei See, in einigem Abstand längsseits gekommen. Drei Beamte mit Schwimmwesten fahren in einem RIB zur *Freyja*. Ties lässt eine Lotsenleiter hinunter, und die Männer klettern routiniert aus dem Festrumpfschlauchboot an Bord. Sie stellen sich nicht vor, geben niemandem die Hand, fragen nur nach den Ausweisen. Auf ihre deutschen Fragen gibt Sil kurze englische Antworten. »No German«, sagt er. »Sorry.«

Zwei der Beamten verschwinden mit Ties und Piet in der Messe, der dritte steigt mit Sil zur Brücke hinauf. Kurz danach schauen sie zusammen auf den Bildschirm. Der Beamte entfernt sich ein paar Schritte, gibt über sein Funkgerät etwas an die *Bad Bramstedt* durch und kommt zu Sil zurück, um wieder den reglosen Taucher zu betrachten.

»Mein Gott«, entfährt es ihm.

»A diver yourself?«, fragt Sil.

Der Beamte bewegt die Schultern, wie um die Frage abzuschütteln, und fragt dann: »Sprechen Sie kein Wort Deutsch?«

Sil schüttelt den Kopf. »Nein.«

»Why are you here?«

»Salvage a container, lost by the *Medea*«, antwortet Sil.

Der Bundespolizist blickt auf den Bildschirm. »That is not a container«, sagt er.

»No«, sagt Sil, »that is not a container.«

Der Beamte denkt nach. Dann trifft er eine Entscheidung. »You have to stay here. Don't move your ship, don't lift anchor. Just … stay.«

Er geht zum Fenster, blickt zur *Bad Bramstedt* hinüber und spricht leise in sein Funkgerät. Sils Blick schweift durch den Raum, er sieht, dass auf dem anderen Monitor noch die Wrackkarte zu sehen ist, schaut zu dem Beamten hin, der ihm den Rücken zugewandt hat, und schließt das Programm.

Als der Beamte sich wieder umdreht, hat Sil sich gerade einen Kaffee eingegossen und hingesetzt.

»You have to stay and wait for our detective«, sagt der Bundespolizist. »He speaks Dutch. He is from your island of Texel. But it will take a while.«

»I am not from Texel«, sagt Sil unwirsch. »I have to move on. I can't afford to wait.«

»You have to wait.«

Sil stellt seinen Kaffeebecher ab. »Texel«, sagt er und schüttelt den Kopf.

»His name is Cupido«, sagt der Beamte.

Sil blickt auf. »Cupido?«

»You know him?«, fragt der Beamte.

»No«, antwortet Sil. »No. But this ship used to belong to a fisherman Cupido from Texel, the *TX 9*. He drowned, the ship was sold. We bought it.«

»His father was a fisher«, sagt der Bundespolizist. »That is all I know.«

»Well, well«, sagt Sil. »And he has to come from Texel now?«

»No, from Cuxhaven. But it will take a while. You have to stay here till he arrives.«

6

Hauptkommissar Liewe Cupido steht vor einem kleinen Haus am Rand von Nordholz, eine halbe Autostunde von der Inspektion am Hafengelände Cuxhavens entfernt. Das Haus steht leer, es ist zu verkaufen. Er ist einmal um das Gebäude herumgegangen und betrachtet nun prüfend die Dachrinne und die Fensterrahmen. Neben ihm sitzt sein Hund und blickt zu ihm auf.

Während der gewohnten Runde mit dem Hund auf dem unbebauten Land am Hafen ist er plötzlich umgekehrt und über den Deich zum Parkplatz hinter der Inspektion zurückgegangen, hat den Hund auf die Rückbank seines Wagens springen lassen, ist selbst eingestiegen und losgefahren.

Vom Hafen fuhr er nach Südwesten, wo die immer spärlichere Bebauung durch Wiesen und schließlich eine leicht hügelige Landschaft mit Sandböden und Wäldchen abgelöst wurde. Er fuhr bis zum Heidegebiet bei Altenwalde, parkte neben einem Sandweg und ging in den Wald. Die Hündin, von der Leine gelassen, rannte vor ihm her. Sie hatte in Aurich ein Dasein als Streunerin gefristet, war vor ein paar Wochen unbemerkt in Liewes Auto gesprungen und beanspruchte seitdem einen Platz in seinem Leben, was dieses Leben nicht unerheblich verkompliziert hatte. Nicht nur, weil sie ausgeführt und gefüttert werden musste, sondern auch, weil sie ihr Herrchen am liebsten keinen Moment aus den Augen verlor. In Liewes Leben gibt es wenig Regelmäßigkeit, und ihm bleibt nichts anderes übrig, als sie mitzunehmen, wann immer es möglich ist: nicht nur ins Büro, sondern auch, wenn er zu Ermittlungen unterwegs ist. Sein Vorgesetzter Hermann Rademacher hatte zunächst protestiert, doch das kümmerte Liewe einfach nicht. Außerdem bleibt die Hündin in fast jeder Situation ruhig, rollt sich bei Besprechungen unterm Tisch zusammen und schläft, bis Liewe fertig ist. Nach einiger Zeit bemerkte niemand mehr ihre Anwesenheit. Wenn Liewe unterwegs übernachten muss, ist es fast immer das Hotel, das Schwierigkeiten macht, nie der Hund.

Er hat ihr den Namen Vos gegeben, das niederländische Wort für Fuchs. Ein Kollege hatte sie in Aurich bei einer nächtlichen Überwachungsaktion für einen Fuchs gehalten. Vielleicht ist Liewe deshalb auf diesen Namen gekommen.

Der Spaziergang ist vorbei, aber Liewe hat es nicht eilig, zur Inspektion zurückzukehren. Er hat einen Umweg über Nordholz gemacht, wo dieses kleine, aber freistehende Haus zu verkaufen ist. Es steht in der Nähe des Flugplatzes Nordholz-Spieka und somit auch des Fliegerhorstes Nordholz, was Vorstellungen von Unruhe erweckt, aber eigentlich hält sich der Flugverkehr in Grenzen. Das Häuschen ist von Birken- und Nadelwäldchen und sanft gewelltem Weideland umgeben. Wer nicht wüsste, dass in drei Himmelsrichtungen nur eine halbe Stunde entfernt die Nordsee und die Mündungen von Weser und Elbe liegen, könnte ohne Weiteres glauben, irgendwo im Osten des Landes zu sein, weit weg von der Küste.

Das Haus hat vorn einen spitzen Giebel, auf der weißen Farbe sieht man hier und da anthrazitgraue Regenspuren, als hätte der Himmel Mascaratränen geweint.

»Was hältst du davon, Vos?«, fragt Liewe. Er blickt sich um. Dann klingelt sein Telefon. Es ist Lothar Henry, der stellvertretende Leiter der Bundespolizei See in Cuxhaven.

»Wo bist du?«

»Unterwegs«, sagt Liewe.

»Ich wusste nicht, wo du geblieben warst.«

Liewe wartet ab.

»Du musst raus auf die Nordsee, wir haben einen Toten. Die *Bad Bramstedt* ist da, aber auch ein Niederländer, *Freyja*, ein Bergeschiff, das über einem Wrack geankert hat. Auf dem Wrack ist ein Taucher, und der ist tot, angekettet.«

»Verstehe«, sagt Liewe.

»Dieser niederländische Kapitän, der spricht kein Deutsch.«

»Wracktaucher?«

»Bergungsunternehmer, von Terschelling. Mit einem umgebauten Fischkutter.«

»Verstehe«, sagt Liewe.

»Kennst du ihn?«

Liewe antwortet nicht, er klopft ein paarmal seitlich auf sein Bein. Vos kommt zu ihm. Er streicht ihr über den Kopf. »Und jetzt?«, fragt er dann.

»Du musst hin.«

»Können die sich nicht auf Englisch verständigen?«

»Es geht um einen Mord, Liewe«, sagt Lothar verblüfft. »Jedenfalls sieht es ganz danach aus. Da müssen wir schon möglichst präzise ermitteln.«

Liewe antwortet nicht, aber jetzt wartet auch Lothar ab.

»Hab gerade wenig Zeit«, sagt Liewe schließlich.

»Aha, und deshalb verkrümelst du dich während der Dienstzeit … Ich versteh dich nicht, Liewe. Das hier ist wirklich mal was Besonderes, und ein Niederländer hat was damit zu tun. Wie gemacht für dich. Oder hast du einen bestimmten Grund, nicht hinzuwollen?«

»Dem Mann bin ich nie begegnet …«

»Sie warten auf dich, Liewe. Wir fliegen dich nach Amrum, von da nimmt dich ein RIB mit.«

»… aber ich kenne das Schiff«, sagt Liewe.

»Wieso kennst du das Schiff?«

»Es war das Schiff von meinem Vater.«

Lothar weiß erst einmal nicht, was er sagen soll. Liewe und er kennen sich jetzt gut zehn Jahre, und es gab eigentlich nie Reibereien zwischen ihnen, aber ein vertrauliches Verhältnis ist es auch nie geworden. Niemand hat ein vertrauliches Verhältnis zu Liewe Cupido. Dass sein Vater Fischer war und auf See ertrunken ist, ist allerdings nichts Neues für Lothar.

»Du weißt, dass das keine Rolle spielt, Liewe«, sagt er.

»Ich bin hier in der Nähe der Flugplätze, aber Vos ist bei mir.«

»Und? Was willst du damit sagen?«

»Dass sie dann mitmuss«, sagt Liewe und legt auf.

7

Der Seenotrettungskreuzer *Margrethe Gaardbo* läuft mit kaum drei Knoten Fahrt in den Hafen von Hirtshals ein. Er schleppt ein gekentertes Sportangelboot, das die Fähre nach Island beim Auslaufen sechs Seemeilen vor dem Hafen gesichtet hat.

Kaum war die Meldung eingegangen, hatte die *Margrethe Gaardbo* mit Höchstgeschwindigkeit die angegebenen Koordinaten angesteuert, doch dort angekommen, ahnten die Retter gleich, dass es nichts mehr zu retten gab. Still wie ein sterbender Wal schaukelte das Boot kieloben in der Dünung. Zwei Seenotretter sprangen im Tauchanzug ins kalte Wasser, klopften mehrmals auf den Rumpf, horchten, tauchten unters Boot, um hineinsehen zu können. Es war niemand darin zurückgeblieben.

So schnell sie ausgelaufen waren, so langsam laufen sie wieder ein, hinter ihnen das Boot, die hellblaue Unterseite des Rumpfs immer noch oben.

Auf dem Anleger werden sie von Andrea Jenssen von der Hafenpolizei erwartet. Sie hat sich tief in ihre Jacke verkrochen, ein kalter auflandiger Wind weht, und es nieselt. Sie fängt die Festmacherleine, die ihr zugeworfen wird, und legt sie um einen Poller, ohne den Blick von dem gekenterten Boot abzuwenden.

»Also niemand an Bord?«

»Nein«, sagt einer der Seenotretter, als er auf den Anleger steigt. »Niemand aus Fleisch und Blut jedenfalls.«

»Deutsches Boot?«

»Heimathafen ist Wyk auf Föhr. Steht auf dem Heck.«

»Offensichtlich gerammt«, sagt Andrea. Sie deutet mit dem

Kopf auf eine Beule an Backbord. »Die Besatzung wird wohl über Bord gegangen sein. Vielleicht war es nur einer.«

»Von jetzt an bist du zuständig«, sagt der Seenotretter. »Du sagst ja Bescheid, wenn du noch was von uns willst.«

»Schleppt es bitte noch zum Bootskran, okay?«, sagt Andrea. »Umdrehen müssen wir es so oder so.«

Eine Stunde später hängt das Boot tropfend über dem Wasser. Andrea und ihr Kollege Liam Berg stehen Schulter an Schulter vor dem Kran auf dem Kai und betrachten es. Seitlich am Bug ist der Name *Skua* aufgemalt. Am Heck nicht weit über der Wasserlinie ist eine Plattform angebracht, groß genug, um darauf stehen oder sitzen zu können. Das etwa zehn Meter lange Boot hat auf dem Angeldeck eine Winsch und am Heck zwei Davits.

»Ich vermute, der Bootsbesitzer hat gern Sachen an Bord gehievt«, sagt Andrea. »Wracktaucher, würde ich wetten.«

Plötzlich stößt Liam seine Kollegin an und sagt: »Ich glaube, der Anker ist weg, siehst du? Halt mich kurz fest …« Er reicht ihr seine linke Hand, die sie mit beiden Händen packt, beugt sich dann seitlich über den Rand des Kais und streckt seine Rechte nach der ins Wasser baumelnden Ankerkette aus. Andrea verlagert ihr Gewicht nach hinten, um ihn halten zu können. Er erwischt die Kette, Andrea zieht ihn wieder zurück. Als Liam die Kette ganz aus dem Wasser geholt hat, sehen sie, dass der Anker tatsächlich fehlt. Der Schäkel, an dem er befestigt war, ist aufgeschraubt.

»Wir sollten mal Föhr anrufen«, sagt Andrea.

8

Es kommt selten vor, dass Liewe im Hubschrauber übers Wattenmeer fliegt. Weil es etwas umständlich ist, so zu einem Einsatzort auf See zu kommen, muss die Sache schon dringend sein. Der Bundespolizei See sind zwar gerade drei große Einsatzschiffe mit Hubschrauberlandedeck bewilligt worden, aber bis zu deren Stapellauf werden noch ein paar Jahre vergehen.

Dass Liewe jetzt nach Amrum geflogen wird, von wo ihn ein Festrumpfschlauchboot zur *Bad Bramstedt* bringen wird, liegt daran, dass es immer noch um einiges schneller geht, als mit dem Schiff von Cuxhaven zur Amrumbank zu fahren.

Liewe hat sich angeschnallt und hält Vos auf dem Schoß in den Armen. Sobald der Hubschrauber in der Luft ist, beugt er sich ein wenig zum Fenster, um hinunterzuspähen.

Es ist mitten am Nachmittag, Wind aus Nord bringt Regenschauer, und wo die Wolkendecke zwischendurch aufreißt, fallen Bündel Sonnenlicht, die Liewe an Jakobsleitern erinnern, schräg auf Land und Meer. Weil sich das Wasser vom Watt zurückzieht, wird das bizarre Muster der Priele in der Schlickfläche sichtbar, ein Wirrwarr mäandrierender Adern, die im Licht der tief stehenden Sonne silbern glänzen. Die schmalen Strände der kleinen unbewohnten Inseln leuchten wie bronzene Sicheln auf, und die Salzwiesen, die sich hinter diesen Stränden verbergen, glühen in ihren Herbstfarben – ein Patchwork aus Blutrot, Violett, grellem Grün und Gelb. Vögel fliegen in großen Schwärmen auf, die plötzlich die Richtung ändern. Liewe schaut hinunter und krault Vos beruhigend hinter den Ohren.

Der Himmel zieht sich wieder zu, neue Schauer kommen, und

als unten gerade die Halligen Hooge, Langeneß und Gröde vorbeikommen, verschwindet die Sonne ganz hinter Wolken, das Watt wird zu einer weiten Fläche ohne Farbe und Perspektive.

Solange die Sonne schien, hat Liewe nicht nach Westen geschaut, doch jetzt sucht er den Horizont ab. In der Ferne entdeckt er die *Bad Bramstedt,* und daneben liegt sie: die *Anna,* die *TX 9,* auf die er als Kind so viele schlaflose Nächte lang gewartet hat. Von seinem Zimmer aus, unterm Dach in dem Haus am Deich auf Texel, hörte er sie auslaufen und zurückkommen. Er erkannte ihr Motorgeräusch, anders als das der anderen Kutter, ein wenig heiser. Sein Vater, auf der Brücke seines Schiffs, verschwand durchs Marsdiep ins schwarze Loch der Nacht, und man wusste nie, wann er wieder daraus zurückkehren würde. Liewe lag wach und horchte.

Doch jetzt ist sie wieder da, die *Anna* seines Vaters, um vieles älter und mit einem anderen Namen, den Lothar auch erwähnt, Liewe aber schon wieder vergessen hat.

Der Hubschrauber beginnt den Landeanflug nach Amrum, und kurz vor der Landung dreht er, sodass die Schiffe nicht mehr zu sehen sind. Stattdessen Dünen und vom Abwind des Rotors gebeutelte Bäumchen. Kurz danach ist die Maschine gelandet. Liewe löst seine Gurte, steigt aus und hebt dann Vos hinunter. Ein Polizeiwagen steht bereit.

Die Fahrt zur *Bad Bramstedt* und zu dem Kutter ist unruhig. Windstöße, die weiteren Schauern vorangehen, packen das RIB, das auf den Wellen tanzt. Liewe hat auch Vos so gut es ging eine Schwimmweste um den Leib gezurrt. Sie liegt vor seinen Füßen im Windschatten des halboffenen Steuerstands, während auf beiden Seiten Bugwellen vorbeisausen.

Zwanzig Minuten später schaukeln sie neben der *Freyja.* Liewe klettert über eine Lotsenleiter an Bord, beugt sich über die Reling und ruft hinunter, dass die *Bad Bramstedt* das RIB mit Vos darin aufnehmen soll. Dann zieht er seine Schwimmweste aus und wendet sich Sil van Hee zu, der von der Brücke heruntergekommen ist.

»De schipper?«, fragt er auf Niederländisch.

Sil nickt. »Willst du oben reden oder dich erst noch umsehen?«

Liewe schaut zur Brücke hinauf, dann zu den ausgeklappten Auslegern mit Stahlseilen, die straff gespannt ins Wasser hängen.

»Den Anker gegen den Strom, damit sie schön still liegt«, erklärt Sil. »Dann den Greifer mit der Kamera auf der anderen Seite runter. Die Tide ist inzwischen gekentert, aber deine Kollegen haben mich angewiesen, alles so zu lassen, wie es war. Der Ebbstrom zieht uns also bald vom Wrack weg. Wenn du den Taucher noch sehen willst, müssen wir uns beeilen.«

»Dann geh mal vor«, sagt Liewe und folgt Sil den Niedergang zur Brücke hinauf. Auch der Beamte von der *Bad Bramstedt*, der schon mit Sil auf der Brücke war, kommt mit.

Gleich darauf stehen Sil und Liewe vor dem Bildschirm. Der Taucher ist gerade noch zu sehen. Liewe betrachtet das Bild ohne erkennbare Regung und schaut sich dann auf der Brücke um. Er schlägt vor, sich zu setzen.

»Ich führe dieses Gespräch auf Niederländisch«, sagt er zu seinem Kollegen. »Aber bleib ruhig da, wenn du willst.« Und dann zu Sil: »Du hast nach einem Container gesucht.«

»Von der *Medea*. Ein Techniker vom Windpark hat ihn hierhin treiben sehen. Deshalb haben wir hier gesucht.«

»Du liegst über einem Wrack.«

»Ja«, sagt Sil. »Wir bekamen ein Kontaktsignal vom Echolot. Ich dachte, es könnte der Container sein.«

Liewe schaut Sil eine Weile schweigend an. »Terschelling, was?«, sagt er dann.

Sil lächelt.

»Und wen haben wir da?« Liewe deutet mit dem Kopf auf den Bildschirm.

»Der Taucher? Keine Ahnung.«

»Das Schiff.«

Sil streckt den Rücken durch, kratzt sich kurz an der Stirn. »Die *Hanne*«, sagt er. »1950 gesunken. Seitdem verschollen. Hatte den Sturm noch bei Terschelling abwettern wollen.«

»Ladung?«

»Tausend Platten Anodenkupfer, für Hamburg.«

»Tausend Platten Kupfer, aber auch ein toter Taucher«, sagt Liewe. »Wenn das kein Pech ist.«

Sil zuckt mit den Schultern. »Wir waren auf der Suche nach dem Container«, sagt er. »Hätte gern auf das hier verzichtet.«

»War nichts Großartiges, dieses Schiff«, sagt Liewe.

»Kam von Duisburg den Rhein runter und wollte dann durch die Deutsche Bucht nach Hamburg. Aber es war Südwest 9. Ein Fischer aus Bremerhaven will sie noch gesehen haben, nordwestlich von Helgoland. Wenn das stimmt, muss sie manövrierunfähig gewesen sein. Ich hab mal den Logbucheintrag von diesem Fischer gelesen, von der *Rotersand*, er hätte noch gerufen, ob sie Hilfe bräuchten, aber der Schiffer hätte abgewinkt.«

»Abgewinkt«, sagt Liewe.

»Bei Windstärke 9 rufen, und dann wird abgewinkt, ich finde die Geschichte unwahrscheinlich.«

Liewe zieht die Schultern hoch, als wäre ihm kalt. »Bist du unten gewesen?«, fragt er dann.

»Beim Wrack? Nein.«

»Ich kann dein Schiff durchsuchen lassen …«

»Schon passiert.« Sil schaut kurz den Beamten von der *Bad Bramstedt* an, der mit ernstem Gesicht versucht, dem Gespräch zu folgen.

»Verstehe«, sagt Liewe. Er denkt einen Moment nach, wendet sich seinem Kollegen zu und fragt auf Deutsch: »Habt ihr auch im Fischladeraum hinter den Schotten im Vorschiff nachgesehen?«

Der Kollege wiegt den Kopf und antwortet, er sei sich nicht sicher.

»Könntest du nachfragen?«

Der Kollege nickt, steht auf und lässt Liewe und Sil allein. »Du kennst das Schiff«, sagt Sil. »Das heißt, du bist der Sohn.«

Liewe ignoriert die Bemerkung. »Dass du geglaubt hättest, es wäre ein Container, ist natürlich Unsinn«, sagt er. »Du bist Taucher, das weiß ich, im Vorstand vom Tauchclub ›Costa Rica‹ auf Terschelling, auch das weiß ich. Du birgst verlorene Ladung, aber du suchst auch Wracks nach Wertvollem ab. Und die *Hanne* wäre ein Hauptgewinn gewesen. Das ist mir auch klar.« Er schaut auf den Bildschirm. »Der erste Anschein spricht gegen dich. Aber das da … Das ist nicht das Werk eines Tauchers.«

»Trotzdem hat ein Taucher es getan«, erwidert Sil.

Liewe schaut sich um. Er zeigt auf ein kleines Schild an der Wand.

Begleite uns in Sturm und Not

Bewahr uns vor des Meeres Wut

»Das hat mein Vater noch aufgehängt«, sagt er.

»Wie ist es passiert?«, fragt Sil.

Liewe schüttelt den Kopf, zögert, erzählt dann doch. »An Steuerbord beim Netzeinholen über Bord gefallen. Zusammen mit einem Matrosen. Der Matrose konnte sich am Netz festklammern und wieder an Bord klettern. Er ja.«

»Was hatte dein Vater auf dem Fangdeck zu suchen? Er war der Käpt'n.«

Liewe nickt, schweigt. Auf dem Niedergang sind schwere Schritte zu hören. Der Beamte von der *Bad Bramstedt* kommt wieder herauf. »Da ist tatsächlich was«, sagt er. »Willst du mal kucken?«

Liewe winkt Sil hinter sich her. Zu dritt steigen sie zum Fangdeck und dann von der Back weiter zum Fischladeraum hinunter. Obwohl dort schon seit über dreißig Jahren keine Fischkisten mehr gestanden haben, fühlt sich der Raum kalt an. In eins der dämmenden weißen Schotten ist eine Öffnung gebrochen, und hinter der Wand sind in Kisten Dutzende von Flaschen aufgestellt, manche mit Seepocken überwachsen, andere ganz glatt, einige wenige sogar noch mit Korken. Sie stehen in Reih und Glied wie Marinematrosen beim Auslaufen.

»Von einem englischen Handelsschiff«, erklärt Sil. »1917 von Liverpool ausgelaufen, Bestimmungshafen Kairo. Hatte Rum für Soldaten an Bord. In der Irischen See torpediert.« Er will noch etwas hinzufügen, überlegt es sich anders und schweigt.

»Warum hast du sie hier aufgestellt?«, fragt Liewe.

»Der Rum, der war für Männer im Krieg bestimmt, die selbst auch nichts für das ganze Elend konnten«, sagt Sil, offensichtlich ein wenig verlegen. »Es ist so eine Art Ehrengruß. Wir haben sie raufgeholt und aufgehoben.«

Piet Bonga und Ties Boom sind inzwischen auch gekommen, hinter ihnen die beiden anderen Bundespolizisten von der *Bad Bramstedt*. Liewe schaut die beiden Holländer nacheinander an.

»Ist das deine Besatzung? Kein vierter?«

Sil schüttelt den Kopf.

»Auch Taucher?«, fragt Liewe.

»Ich nicht«, sagt Bonga. Liewe schaut ihm in die Augen, bis

Bonga nervös wird. »Wir gehören *aufs* Wasser, nicht *ins* Wasser«, sagt er etwas dümmlich.

»Aber du schon«, sagt Liewe zu Ties und lächelt sogar. Dann wendet er sich an seine drei Kollegen. »Wir sind hier fertig. Der Käpt'n muss noch einen Container bergen.«

Als ihn der Beamte, der ihn und Sil begleitet hat, überrascht ansieht, fügt er hinzu: »Von mir aus können die Herren weiter. Es wird bald dunkel, wir gehen morgen früh im Hellen runter.«

Sie steigen wieder zum Fangdeck hinauf, und während sie in der einsetzenden Dämmerung darauf warten, dass das RIB von der *Bad Bramstedt* zur *Freyja* kommt, und Liewe noch einmal auf dem Kutter umherblickt, um alle Details in sich aufzunehmen, fragt er Sil und Ties: »Ihr kennt nicht zufällig deutsche Wracktaucher? Hat euer Tauchclub irgendwelche Kontakte zu Deutschland?«

»Nein«, antwortet Sil. »Ich weiß nur, dass ihr sie Wrackräuber nennt.«

»Aber einmal hat uns ein Deutscher besucht«, sagt Ties. »Er hat gesagt, dass er auch taucht, und er wollte was über U-Boot-Wracks wissen. Ich weiß nicht mal, ob er auf Terschelling Urlaub gemacht hat oder ob er extra wegen uns gekommen war.«

»Da war ich nicht dabei«, sagt Sil. »Kann mich jedenfalls an nichts dergleichen erinnern.«

»Vor unserm Clubhaus steht doch dieser Turm von einem englischen U-Boot«, sagt Ties zu Liewe. »Den die *Arianne* gehoben hat. Vielleicht kam er ja deswegen? Wär gut möglich.«

»Wie hieß der Mann?«, fragt Liewe.

»Der von der *Arianne*? Jan de Wit.«

»Nein, dieser deutsche Taucher.«

»Weiß ich nicht mehr«, antwortet Ties. »Ich glaube, auch Jan, aber der Nachname … keine Ahnung.«

9

Als bei der Inselpolizei Föhr ein Anruf aus Hirtshals mit einer Anfrage zur *Skua* einging, war das Hafenamt, unmittelbar neben der Polizeidienststelle, geschlossen.

»Wie heißt das Boot?«, fragte der diensthabende Beamte, ein sorglos veranlagter Mensch, gebürtiger Föhrer, der nach seiner Rückkehr von der Polizeischule einen flachsartigen kleinen Schnurrbart kultiviert hatte, was ihm den Spitznamen Snausbjard einbrachte. Den Schnurrbart hat er wieder abrasiert, der Spitzname bleibt.

Die dänische Polizeibeamtin nannte den Namen des Sportangelbootes. Snausbjard verstand ihn nicht richtig, aber er fragte nicht nach. Die Dänin hatte einen starken Akzent, und es war ihm zu peinlich, sie zu bitten, den Namen zu wiederholen. Er notierte die Registrierungsnummer des Boots und versprach, zurückzurufen, sobald er Näheres wüsste.

Er suchte in der Sportboote-Datenbank und fand als Eigentümer jemanden mit Nachnamen Pumper und einer Adresse in Wilhelmshaven. Er verglich die Angaben mit seinen Notizen, gab noch einmal die Registrierungsnummer ein und landete erneut bei C. M. Pumper, Wilhelmshaven.

Das Boot ist gar nicht von hier, dachte er.

Er rief die Polizeibeamtin aus Hirtshals zurück, landete bei ihrer Voice-Mailbox, fand das Ganze allmählich etwas kompliziert, schaute auf die Uhr. Sein Dienst war gleich vorbei. Er schob die Notiz zur Seite, damit die Kollegin, die ihn ablösen würde, sich darum kümmern konnte, und reckte sich. Dann suchte er seine Sachen zusammen und machte sich fertig für den Feierabend. Er zog die Uniform aus und seine Zivilkleidung an, und als Tanja Diekmann hereinkam und er sie auf den Zettel hinweisen wollte, schämte er sich ein bisschen, nicht nur, weil er diese so simpel erscheinende Angelegenheit nicht selbst erledigt hatte, sondern auch, weil er vergessen hatte, den Namen der dänischen Beamtin aufzuschreiben. Die Registrierungsnummer zu notieren, war schon schwierig genug gewesen, und anscheinend hatte nicht einmal das richtig geklappt. Und auch der Name des Bootes war kaum zu verstehen gewesen. Aber in Hirtshals würde man ja bestimmt herausfinden, dass man sich an Wilhelmshaven wenden musste. Und was spielte es dann noch für eine Rolle, wie die Beamtin hieß?

Tanja bemerkte sein Zögern und schaute zu ihm auf. So klein, wie sie war, so gern und oft wies sie ihn auf seine Unzulänglichkeiten hin, was er auf den Tod nicht ausstehen konnte. Er lächelte abwehrend. Und als er sah, wie Tanja sich am Schreibtisch einrichtete, den Sitz des Bürostuhls, auf dem er selbst eben gesessen hatte, routiniert höher stellte, mit einem Fuß einen kleinen Hocker als Stütze für ihre Füße heranzog und mit ernster Miene Kugelschreiber, Tastatur, Maus und Papiere zurechtrückte, flüchtete er vor seinem Widerwillen, verließ mit lautem Gruß die Dienststelle und ging am Kai entlang zu den Kneipen, Bars und Cafés am Wasser.

Erst als er Stunden später, nach einem lebhaften Gespräch mit ein paar Urlaubern und von neuem Selbstvertrauen erfüllt, Die Pinte am Sandwall verlässt und Hafenmeister Bernd Peterson vorbeigehen sieht, fällt ihm die Sache wieder ein. Mit einem kurzen Sprint holt er Peterson ein und tippt ihm auf die Schulter. Der dreht sich um und grüßt ihn ohne erkennbare Begeisterung.

»Die Polizei von Hirtshals hat angerufen«, sagt Snausbjard.

»Sie hätten ein Boot abgeschleppt. Eins von hier, meinten sie. Ich glaube, sie müssen sich an Wilhelmshaven wenden, aber ich wollte dich doch mal fragen. Man kann nie wissen.«

Der Hafenmeister bleibt stehen und schaut ihn an. »Die *Skua?*«, fragt er. »Die ist schon seit Tagen weg.«

»Ich glaube, es war ein anderer Name«, sagt Snausbjard. »Registriert in Wilhelmshaven. Ich hab's gleich nachgesehen.«

»Also doch die *Skua*«, sagt Bernd. »Von Jan Matz. Was ist denn damit?«

»Jan Matz?« Snausbjard ist überrascht. »Bei dem eingebrochen wurde? Der wohnt doch nicht in Wilhelmshaven, der wohnt hier bei Nieblum, hinter …«

»Ja«, sagt Bernd ungeduldig. »Was ist denn mit Jan?«

»Sein Boot ist gefunden worden … abgeschleppt, von der dänischen Polizei.«

»Wo? Hirtshals?«

»Auf See, ja, Hirtshals, hat sie gesagt, aber auf See.«

»Und Jan?«

»Niemand an Bord.«

»Und was hast du unternommen?«

»Noch nichts, wir wussten ja nicht, von wem …«

Doch Bernd ist schon grußlos in Richtung Hafen weitergegangen.

10

Johnny Matz darf nicht nach Hause. Er hat seine Kleidung abgeben müssen und dafür eine Jacke und Hose aus Papier bekommen. Ein Beamter öffnet die Arrestzelle und fragt, ob Johnny etwas essen möchte.

»Ich will nach Hause«, sagt er. »Ihr könnt mich nicht festhalten.«

»Darüber diskutiere ich nicht«, sagt der Beamte. »Aber ich kann eine Pizza für dich bestellen, wenn du willst.«

»Ich war auf fucking Föhr«, sagt Johnny. »Ich war bei meinem Vater.«

»Ich glaube, dir ist kalt«, sagt der Beamte. »Die Heizung in diesen Zellen ist nicht so das Wahre. Ich bringe dir gleich eine Decke. Willst du wirklich nichts essen?«

Johnny dreht ihm den Rücken zu und tritt gegen die Wand. Dann kommt Judith Schulze herein. Sie ist die Kriminalbeamtin, die ihn schon nach seiner Ankunft eine halbe Stunde vernommen hat. Judith hat kräftiges, halblanges blondes Haar, das hier und da leicht grau zu schimmern beginnt. Um ihre müden Augen hat sie ein wenig Kajal aufgetragen, was ihren Blick auf verwirrende Weise gleichzeitig intensiv und abwesend wirken lässt.

»Wir haben die Bilder, Johnny. Komm mit, dann sehen wir sie uns an.«

»Ich komm nicht mit, ich geh nach Hause.«

»Nun komm schon«, sagt Judith, »ich möchte auch nach Hause. Wir sehen uns jetzt schnell die Bilder an, dann kannst du heute Nacht darüber nachdenken, und morgen reden wir weiter.«

»Zu Hause?«

»Mitkommen.« Sie schaut Johnny fest ins Auge, und er senkt den Blick. »Wenn du dich jetzt stur stellst, gehst du auf keinen Fall nach Hause, so viel ist sicher.«

Johnny verlässt schlurfend die Zelle und folgt Judith den Flur hinunter, durch eine schwere Tür und ins Vernehmungszimmer. Auf dem Tisch wartet aufgeklappt ein Laptop. Die beiden Beamten, die Johnny abgeholt haben, sind auch da. Sie stehen an der Wand.

»Setz dich«, sagt Judith. »Dann sehen wir uns zusammen einen kurzen Film an.«

Johnny seufzt, setzt sich hin und schiebt die Hände in die Taschen. Judith tippt auf die Leertaste, und ein pixeliges Schwarz-Weiß-Bild aus der Allmersstraße bei Nacht erscheint: eine Grundstückseinfahrt mit einem Auto im Carport, Laternenlicht auf Asphalt, im Hintergrund kaum noch erkennbar ein Stück Rasen mit ein paar Bäumchen. Dann kommt ein Motorroller mit zwei Gestalten in schwarzen Hoodies, Jungen oder junge Männer, die Kapuzen über die Köpfe gezogen. Der Roller hält an, der hintere der beiden Jungen holt eine Flasche aus einer Plastiktüte. Er hantiert mit einem Feuerzeug, am Flaschenhals züngelt eine Flamme auf, er wirft die Flasche unter den Wagen im Carport. Der Motorroller fährt weg. Wenige Sekunden später folgt eine Explosion, das Auto fängt Feuer. Lichter gehen an, ein Mann kommt ins Bild gerannt.

Johnny sieht sich alles gleichgültig an. »Und? Was sollte das jetzt?«

Judith Schulze tippt erneut auf die Leertaste, das Video hält an.

»Das war vor dem Haus der Familie Mauer«, erklärt sie. »Du hast es bestimmt erkannt.«

»Ich erkenne gar nichts«, sagt Johnny.

Sie startet das Video neu und friert das Bild in dem Moment ein, als der Motorroller zum Stillstand gekommen ist und der Fahrer den Kopf zur Seite dreht, sodass für ein paar Sekunden sein Gesicht zu sehen ist.

»Das bin ich nicht«, sagt Johnny. »Ich werfe keine Brandbomben. Bin doch nicht bekloppt.«

»Den Jungen, der den Molotowcocktail geworfen hat, haben wir schon. Der hat es sich in einer Nachbarzelle gemütlich machen dürfen. Nein, es geht um den, der den Roller fährt … sieh genau hin … dann sehen wir auch genau hin.« Judith dreht sich zu den beiden anderen Beamten um. »Könnt ihr's auch sehen?«

»Ruft doch meinen Vater an«, sagt Johnny. »Ich war auf Föhr. Das da, das kann jeder sein. Ihr habt nichts in der Hand.«

»Dein Vater ist nicht zu erreichen, Johnny. Vielleicht ist er der Ansicht, dass du diesmal ohne ihn aus der Sache rauskommen musst. Vielleicht will er dich diesmal nicht schützen.«

»Kann ich jetzt gehen?« Johnny steht auf. »Ich geh nach Hause. Gebt mir meine Sachen. Ich will meine fucking Klamotten, Bitch.«

»Was für anspruchsvolle Wörter du schon kennst«, sagt Judith Schulze. »Setz dich.«

»Sie können mich mal.«

»So, jetzt reicht's aber«, sagt der uniformierte Beamte und kommt einen Schritt auf Johnny zu, doch Judith macht eine beschwichtigende Geste. »Lasst uns mal einen Moment allein«, sagt sie, »wir kommen gleich.« Sie nickt den beiden Kollegen zu, die kopfschüttelnd das Vernehmungszimmer verlassen. Judith steht auf, schließt die Tür hinter ihnen, setzt sich Johnny gegenüber. »Den Sohn der Familie hast du schon krankenhausreif geprügelt, und jetzt auch noch das«, sagt sie in ruhigem Ton.

»Das bin ich nicht, und das andere war ich auch nicht, das mit diesem Flachwichser von Mauer.«

»Was hat dein Vater gesagt, was du in der Zeit getan hättest, als du Hauke Mauer bewusstlos geschlagen und getreten hast? Bergsteigen? Tiefseetauchen?«

Johnny starrt schweigend auf die Tischplatte.

»Kommt dein Vater manchmal noch nach Hause?«, fragt Judith. »Oder ist er immer nur auf seiner Insel … Hat er eigentlich irgendeine Vorstellung davon, was hier in Wilhelmshaven los ist, mit dir, deinem Bruder, deiner Mutter?«

»Was soll mit meinem Bruder sein?!«, fährt Johnny sie an. »Wieso reden Sie auf einmal von meinem Bruder?«

»Was habt ihr auf Föhr gemacht?«

»Er will immer nur tauchen. Ich bin mit ihm getaucht. Fragen Sie ihn.«

»Du bist also vergangene Nacht getaucht«, sagt Judith. »Ich wusste gar nicht, dass das geht, nachts tauchen, aber ich bin ja auch keine Taucherin. Kann das außer deinem Vater noch jemand bestätigen? Er ist nicht erreichbar.«

»Wer denn? Glauben Sie, wir nehmen die ganze Insel mit? Sie checken überhaupt nichts, was?«

»Und wie bist du dann so schnell nach Hause gekommen, Johnny? Allein von Föhr?«

»Ja, fuck, mit dem Zug, wie sonst.«

Judith schaut auf den Monitor. Sie vergrößert das Bild, bis das Gesicht des Fahrers alles ausfüllt, doch die Aufnahme wird dadurch so unscharf, dass man keine Gesichtszüge erkennt.

»Sie haben nichts«, stellt Johnny fest. »No face, no case.«

»Sei froh, dass wir dich hierbehalten«, sagt Judith, während sie das Bild wieder verkleinert. »Die Mauers sind fest davon überzeugt, dass du das bist. Und wenn ich der Vater wäre, ich meine, der Vater von Hauke, den du krankenhausreif geschlagen hast, würde ich liebend gern mit dir abrechnen.«

Johnny kann sich ein Grinsen nicht verkneifen. Er murmelt etwas, worin Judith das Wort Loser zu erkennen glaubt.

»Und jetzt hast du auch noch das Auto des Vaters angezündet.«

Johnny schüttelt den Kopf. »Wein doch«, sagt er.

Judith klappt den Laptop zu, steht auf und öffnet die Tür. Ein Beamter wartet auf dem Flur.

»Johnny möchte gerne in die Zelle«, sagt sie.

11

Die Nacht ist angebrochen, und immer noch regnet es. Der Wind ist abgeflaut, hat aber auf West gedreht, das Meer ist unruhig. Die *Bad Bramstedt* stampft vor Anker geduldig mit dem Bug gegen die See.

Kurz vor zehn ist ein Tauchteam an Bord gekommen, das am Morgen die Leiche bergen soll, auch ein Arzt ist dabei. Liewe, der als Jugendlicher beim Tauchclub Texel tauchen gelernt hat, wird sich zuerst selbst beim Wrack umschauen, bevor er die Erlaubnis zur Bergung des Toten erteilt. Er hat Hühnersuppe mit Brot gegessen, wobei er Vos, die zwischen seinen Füßen unterm Tisch saß, mit dem Hühnerfleisch und auch etwas Brot gefüttert hat, und sich nun mit ihr in eine Kajüte zurückgezogen. Er liegt in der Koje, Vos auf seinen Füßen, und denkt an den Taucher, der unten im Dunkel festgekettet ist. Soweit Liewe auf dem Monitor sehen konnte, hatte er zwei Sieben-Liter-Druckluftflaschen. Ausreichend für mehr als eine Stunde. Außer bei Aufregung natürlich, dann geht einem schneller die Luft aus.

Liewes Gedanken schweifen zu seinem Vater ab, er kann es nicht verhindern. Als die *Freyja* wegfuhr, hat er das Motorgeräusch erkannt, aber der Versuchung widerstanden, ihr nachzublicken. Doch jetzt taucht vor seinem inneren Auge das Schild auf, das Sil van Hee an der Wand der Brücke hat hängen lassen. Und die Rumflaschen unten im Fischladeraum. Nirgends so viel Aberglaube wie auf See.

Sechzehn war Liewe, als er die *TX 9* – damals noch *Anna* genannt, nach seiner Mutter – zurückkommen hörte. Die Nachrichten von dem Unglück waren dem Kutter vorausgeeilt. Man hatte überall auf See gesucht, Marinehubschrauber, Küstenwache, Seenotretter, die Fischerkollegen. Jan Cupido hatte keinen Rettungsanzug getragen, er war von der Brücke aufs Fangdeck hinuntergestiegen, das Schleppnetz war schon halb aus dem Wasser, aber es gab irgendein Problem damit, und auch mit einem neuen, unerfahrenen Matrosen.

Liewe stand auf dem Kai und wartete. Ganz Oudeschild war zusammengeströmt und auch halb Oosterend, der Geburtsort seines Vaters. Es war Abend geworden, als das Motorgeräusch anschwoll. Das Stimmengewirr der Texeler erstarb, es wurde still im Hafen, alle hielten Ausschau: Erst waren die Positionslichter zu sehen, dann auch die Lampen an Deck. Ein paar Möwen, von unten beleuchtet, schwebten wie Geister über dem Schiff und dem Kielwasser.

Auch Liewes Mutter stand am Kai, schwarz gekleidet. Sie hatte sich einen Schal um den Kopf gelegt, das dunkle Haar, das darunter herausschaute, bewegte sich im Wind.

Niemand ging zu ihr. Sie stand allein, und Liewe schämte sich.

Dann bahnten sich die Beamten der Inselpolizei in ihrem Wagen langsam einen Weg durch die Menge. Nah am Wasser hielten sie an, beobachteten das Anlegen der *TX9* und stiegen an Bord.

Kurz danach kam einer von ihnen wieder an Land und ging zu Liewes Mutter. Er schaute sich um, erkannte Liewe zwischen seinen Klassenkameraden, winkte ihn heran.

Man hatte Jan Cupido nicht gefunden.

Später lernte Liewe, dass der Körper eines Ertrunkenen erst versinkt, nach einiger Zeit wieder an die Oberfläche steigt, von der Strömung mitgenommen wird und erneut absinkt. Dass er nie am Ort des Ertrinkens bleibt, sondern anderswo zum zweiten Mal in die Tiefe sinkt. Liewe denkt an den Mann, der unten an das Wrack gekettet ist und deshalb nirgends hinkann. Es ist dunkel dort und sehr still, wenn die Flaschen leer sind. Er legt Vos die Hand auf den Kopf, und sie klappt die Ohren nach hinten und gähnt. Dann hört er Schritte im Gang und ein Klopfen an der Tür. Schweigend befiehlt er Vos, von der Koje zu springen, steht auf und öffnet die Tür. Es ist der Kapitän.

»Wir wissen, um wen es sich wahrscheinlich handelt«, sagt er. »Er heißt Jan Matz, wohnhaft auf Föhr, aber gemeldet in Wilhelmshaven. Sein Boot ist bei Hirtshals gefunden worden. Gekentert, vermutlich gerammt. Der Anker fehlt.«

»Verstehe«, sagt Liewe. »War er schon als vermisst gemeldet?«

»Seit heute Abend, ja, aber das Boot war schon länger weg. Er hat einen kleinen Vertrieb für Alarm- und Überwachungsanlagen, aber in jeder freien Minute hat er nach Wracks getaucht. Allein. Dann war er oft tagelang draußen.«

»Familie?«

»Eine geschiedene Frau und zwei Söhne, in Wilhelmshaven. Einer der beiden ist heute festgenommen worden, wegen Brandstiftung. Hat aber behauptet, er wäre bei seinem Vater gewesen.«

»Wilhelmshaven und Föhr«, sagt Liewe. Der Kapitän schaut zu Vos hinunter.

»Aha«, sagt er. »Begleitet das Herrchen?«

Vos setzt sich und sieht Liewe an. »Dann geh ich mal wieder«, sagt der Kapitän. »Morgen sehen wir weiter.« Er dreht sich zur Tür um, doch dann fällt ihm noch etwas ein. »Ach, das hatte ich vergessen: Bei diesem Matz ist eingebrochen worden, vor etwa einem halben Jahr. Das hält man auf Föhr für etwas ganz Besonderes.«

»Und?«, fragt Liewe. »Hat wohl nicht die allerbeste Alarmanlage.«

»Nein, die verkauft er nur an Leute, die Ferienhäuser haben. Er selbst hat nicht mal die Tür abgeschlossen. Es gibt da sonst nie Einbrüche.«

»Wurde irgendetwas gestohlen?«

»Man weiß es nicht, er hatte so viel Zeug im Haus, es ist eine Art Trödelladen. Ob etwas gefehlt hat, war nie ganz klar.«

12

Freitag

Am Morgen hat sich der Wind gelegt. Liewe hat wegen des bevorstehenden Tauchgangs nur mäßig gefrühstückt.

Er war acht, als sein Vater ihn zum ersten Mal zum Tauchen mit den Männern vom Tauchclub aufs Wattenmeer mitnahm. Ein Samstagmorgen im Frühjahr, das Boot voll mit Texelern, vor allem Fischern. Sein Vater am Steuer, Liewe klein und still neben ihm. Die Männer im Ruderhaus und achtern redeten laut und lachten viel. Sobald sie über dem Wrack ankerten, gab man ihm zum ersten Mal eine Tauchausrüstung. Die Männer zogen sich um, schlüpften aus ihren Pullovern und Hosen. Sie hatten dünne, weiße Beine, dicke Bäuche, schlottrige Unterhosen. Mühsam halfen sie sich gegenseitig in die Anzüge, machten unverständliche Witze. Auch Liewe bekam einen Anzug, einen kleinen, mit einer einzelnen Druckluftflasche, die ihn fast nach hinten umriss. Seine Maske beschlug, sein Vater nahm sie ihm ab und spuckte hinein. Danach roch sie nach Shag, beschlug aber nicht mehr.

Sein Vater stieg vor ihm her die kurze Leiter hinunter und wartete auf ihn. Liewe folgte zitternd. Die Kälte des Wassers tat ihm an den Händen und Ohren weh. Er schnappte nach Luft, hatte schnell Wasser in der Maske. Doch sein Vater war bei ihm, geduldiger als je zuvor, und erklärte ihm, wie wichtig es war, ruhig zu bleiben. Mit zwölf war Liewe dann so erfahren, dass er ohne Hilfe mit den anderen abtauchte. Am Ende des Tages überließen ihm die Männer, angeheitert vom Kräuterbitter, für die Heimfahrt das Steuer. Bei der kleinsten Abweichung von der geraden Linie brüllten sie achtern, jeder Schlenker koste eine Viertelstunde. »Kurs halten, Jungmann!«

Doch nach dem Unfalltod seines Vaters hatte er keinen Spaß mehr am Tauchen. Es ist das erste Mal seit dreißig Jahren, dass er eine Ausrüstung anlegt.

Er hat das Tauchteam gebeten, erst noch oben zu bleiben, mit Ausnahme einer Taucherin, die ihn begleiten wird. Nicht nur als Buddy, sondern auch, um nach seinen Anweisungen Fotos zu machen, solange noch keine weiteren Taucher im Weg sind.

Während er sich in den Trockenanzug hineinwurstelt und die

übrige Ausrüstung anlegt, wird Vos immer unruhiger. Sie läuft nervös hin und her, setzt sich vor ihn, legt eine Vorderpfote auf sein Bein, und als Liewe die Haube des Anzugs über den Kopf zieht und die Maske aufsetzt, springt sie bellend an ihm hoch. Liewe redet einen Moment beruhigend auf sie ein, dann steigt er in das Festrumpfschlauchboot und wird mit der Taucherin und einem ihrer Kollegen zu Wasser gelassen, wobei Vos ihm winselnd nachblickt.

Der zweite Taucher fährt das RIB dorthin, wo die *Freyja* gelegen hat, und lässt einen Anker mit Boje fallen. Dann gleitet Liewe ohne Zögern mit einer Rolle rückwärts ins Wasser.

Es ist kalt und trübe. Er findet unter Wasser die Ankerleine und schwimmt daran entlang abwärts. Er weiß, dass es nicht weit ist, aber die Sicht ist schlecht, und er ist doch einige Zeit unterwegs, ohne viel mehr zu sehen als die Leine und vorbeischwebende Algenklümpchen.

Unten angekommen, entdeckt er den Anker im Sand. Er blickt sich suchend nach der *Hanne* um, und ihm kommt der eigenartige Gedanke, dass sie verschwunden ist, dass der Taucher mit ihr weggefahren ist. Aber dann erkennt er, seltsamerweise ein paar Meter höher und etwa zehn Meter in nordöstlicher Richtung, ihre Umrisse. Sie liegt dort, wo der Meeresboden zur Amrumbank ansteigt, und ist wahrscheinlich von Sand bedeckt gewesen, bis die Turbulenzen des letzten Sturms sie freigelegt haben.

Liewes Begleiterin befestigt ein Tauchseil an der Ankerleine und rollt es zum Wrack aus. Liewe schwimmt neben ihr her und blickt schräg aufwärts. Im von oben einfallenden Licht sieht er jetzt den Umriss des toten Tauchers in seiner merkwürdigen Haltung, ein Bein gestreckt, das andere gebeugt. Nachdem die Kollegin das Seil am Wrack festgemacht hat, gibt er ihr durch

Gesten zu verstehen, dass sie den Toten aus allen Richtungen fotografieren soll. Als das geschehen ist, nähert er sich ihm und betrachtet den Anzug, die Hände, die Ausrüstung. Der Mund ist aufgerissen, das Mundstück schließt das Wasser nicht mehr aus, auch die Maske ist zum großen Teil vollgelaufen. Die Augen sind halb geöffnet, die weißen Hände, soweit die Handschellen es zulassen, aneinandergelegt. Als hätte er in seiner Not gebetet.

Begleite uns in Sturm und Not, denkt Liewe.

Er sieht sich die Handschellen, die Jan Matz, wenn er es ist, an das Wrack ketten, genauer an. Er kennt diesen Typ nicht, hat ihn jedenfalls bei der Polizei nie gesehen.

Auf beiden Körperseiten ist an einem Ring in Höhe der unteren Rippen ein zusammengefalteter Hebesack befestigt. Offensichtlich hatte der Taucher vor, etwas Schweres an die Oberfläche zu befördern. Auf einen der Hebesäcke ist mit dickem Filzstift ein Wort geschrieben: *Skua.*

Es ist Matz.

Am linken Handgelenk trägt er einen Tauchcomputer, einen teuren von Garmin. Er funktioniert noch, aber alle Anzeigen sind im roten Bereich. Air 0.00. Depth 33 ft. 39.42:30.

Das Batteriesymbol hat nur noch einen Strich. An der Wade des gebeugten Beins ist ein Tauchermesser befestigt, am Gürtel ein Rollgabelschlüssel, ein Meißel, ein Brecheisen und ein Hammer. Liewe winkt die Taucherin heran und zeigt. Sie macht Detailfotos, zuerst vom Display, dann vom Gesicht, von dem Unterschenkel, dem Werkzeug.

Die *Hanne* ist ungefähr in der Mitte durchgebrochen. Wo das Deck aufgerissen ist, hält Liewe an. Er schaltet die Lampe auf seiner Tauchmaske ein und leuchtet ins Innere. Dort liegen Kupferplatten. Er sucht nach Spuren von Aktivität wie zum Beispiel weggewischtem Sand, aber nichts deutet darauf hin, dass vor Kurzem Taucher im Laderaum gewesen sind. Auf dem Vorschiff sieht er einen kleinen, glänzenden Anker ohne Ankerleine, eine der Flunken in einer Metallöse des Decks.

Er schaut auf seine Taucheruhr, sieht, dass ihm nur noch eine Viertelstunde bleibt, und schwimmt zu der Stelle zurück, an der das Tauchseil festgemacht ist. Dort sind inzwischen die anderen angekommen. Er gibt ihnen durch Handzeichen zu verstehen, dass er vor dem Auftauchen noch einmal zu dem Ertrunkenen will. Er schwimmt ruhig zu ihm hin, blickt ihm über die Schulter und versucht sich vorzustellen, wohin Matz geschaut hat, während er hier betend auf sein Ende wartete. Er hatte die Augen nicht geschlossen, und als er in Atemnot geriet, dürfte er sie sogar weit aufgerissen haben. Liewe folgt der Blickrichtung der toten Augen und sieht plötzlich an einem Karabinerhaken knapp außer Reichweite des Gefesselten zwei kleine Schlüssel hängen. Er bittet die Taucherin mit Gesten, sie zu fotografieren, aber sie antwortet mit Handzeichen, dass sie das schon getan habe. Liewe hebt den Daumen, schwimmt zur Ankerleine, folgt ihr langsam nach oben und überlässt die Bergung von Jan Matz den Kollegen.

Als er wieder an Deck der *Bad Bramstedt* steht, zur Freude von Vos den Tauchanzug auszieht und den Kapitän kommen sieht, sagt er: »Als Nächstes muss ich nach Föhr.«

13

»Bundespolizei, Henry.«

»Liewe.«

»Ach, Liewe. Wie ich höre, bist du selbst zu dem Wrack getaucht.«

»Ja.«

»Wusste gar nicht, dass du tauchst. Hast du mir nie erzählt, oder?«

»Nein.«

»Und war es nun jemand aus Wilhelmshaven? Oder von Föhr? Ja okay, das weißt du natürlich auch noch nicht genau.«

»Die Adresse auf Föhr dürfte ein Ferienhaus oder so was sein.«

»Und welche Staatsanwaltschaft wird übernehmen, Wilhelmshaven, das ist Oldenburg, oder … Worunter fällt Föhr?«

»Flensburg, glaube ich.«

»Natürlich. Findest du, die Sache ist was für dich? Oder sollen wir versuchen, sie loszuwerden?«

»…«

»Liewe?«

»Die Schlüssel hingen in seinem Blickfeld, aber außer Reichweite.«

»Was meinst du …«

»Von den Handschellen. Auf dem Wrack.«

»Du meinst, der Mann ist mit den Schlüsseln vor der Nase gestorben?«

»Ja.«

»Waren die absichtlich so aufgehängt? *Damit* er sie sehen konnte, während er starb? Das ist … Sadismus.«

»Rache.«

»Oder Rache … natürlich, ja … Rache … Aber wie weiter? Willst du dranbleiben? Ich hatte den Eindruck, dass dir die Sache an die Nieren geht, wegen des Kutters. Kommst du damit klar?«

»…«

»Man wird uns den Fall wegnehmen, oder möchtest du ihn behalten? Du warst am Tatort.«

»*Rache hinkt …*«

»Bitte?«

»*Sie kommt langsam. Aber sie kommt.*«

»Ich kann dir gerade nicht ganz folgen, Liewe. Ein Zitat, nehme ich an?«

»Ja … Ich fahre gleich nach Föhr, bisschen umhören. Bei ihm ist eingebrochen worden, hab ich erfahren, nie aufgeklärt, nichts gestohlen, meint man, vor einem halben Jahr. Irgendwas ist mit diesem Matz.«

»Wartest du nicht besser ab, was die Staatsanwaltschaft sagt? Wird wohl Oldenburg werden. Und was machst du mit Vos?«

»Findet sich.«

»… Wir schicken einen Hubschrauber zur *Bad Bramstedt*, damit er die Leiche abholt. Weil der Mann noch in Wilhelmshaven gemeldet ist, müssen wir ihn nach Oldenburg bringen. Die Amrumbank liegt außerhalb der Gemeindegrenzen, sonst müsste er erst mal zu den Inseln, und ich will ja nichts gegen die Inseln sagen, aber …«

»Genau.«

»Schick mir mal deinen Bericht. Ich nehme an, er ist erstickt, oder ertrunken, oder … keine Ahnung eigentlich. Was glaubst du?«

»Kümmert euch um seinen Tauchcomputer. Darauf findet sich alles.«

14

Die Taucher haben mit einem Bolzenschneider die Handschellen des Toten geöffnet und ihn auf einem Gestell festgeschnallt, das auf der Backbordseite der *Bad Bramstedt* zu Wasser gelassen worden ist. Langsam wird er hochgezogen, weg vom Wrack, zurück zum düsteren Herbstlicht oben.

Als er schließlich auf Deck liegt, der Regen auf ihn fällt und das Meerwasser aus der Maske und dem Tauchanzug läuft, vergeht eine Minute, in der die Besatzung und Liewe schweigend auf ihn hinunterblicken. Vos schnüffelt vorsichtig an einem Fuß, macht dann einen Schritt rückwärts.

»Nehmt ihm die Ausrüstung ab, lasst aber den Anzug an«, sagt Liewe schließlich in das Schweigen hinein. »Und bewahrt den Tauchcomputer gesondert auf.« Er geht in die Hocke, sucht den Anzug nach Spuren von Gewalt ab, findet jedoch nichts und steht wieder auf. Nachdem der Arzt den Toten in Augenschein genommen hat und alle Formalitäten erledigt sind, sagt Liewe: »Dann macht ihn mal transportfertig. Er muss an Land.«

Die Beamten sind gerade dabei, ihn in den grauen Sarg zu legen, als in der Ferne schon der Hubschrauber zu hören ist. Und als er über der *Bad Bramstedt* schwebt, in den Fallwinden des Rotors ein Netz herabgelassen, der Sarg dort hineingestellt und festgemacht worden ist, alle einen Schritt zurücktreten und beobachten, wie der Tote vom Schiff loskommt und aufsteigt, wendet Liewe sich ab und blickt übers Meer.

Erst als der Hubschrauber den Sarg an Bord hat und sich nach dem Schließen der Tür in einem Bogen vom Schiff entfernt, löst Liewe den Blick vom Horizont, wendet sich dem Kapitän zu und bittet ihn um den Gefallen, ihn mit Vos auf Föhr abzusetzen. Der Kapitän macht ein bedenkliches Gesicht, er müsste eigentlich wieder in das ihm zugewiesene Patrouillengebiet. Er schaut Liewe an, danach den Hund, und seufzt.

»Dann aber ganz schnell von Bord«, sagt er.

15

Das RIB hat Liewe und Vos im Innenhafen von Wyk auf Föhr abgesetzt. Vos, endlich wieder festen Boden unter den Pfoten, springt vor Freude an Liewe hoch, beschnüffelt dann die Poller. Cuxhaven hat die Inselpolizei über Liewes Kommen verständigt, aber er schreckt ein wenig vor einem Besuch der Dienststelle zurück. Es ist Springtide und bald Hochwasser, der Wind kommt noch aus West und bringt Regenschauer, das Wasser klatscht schon zehn Zentimeter unter der Oberkante gegen den Kai.

Der Krabbenkutter *SW 1*, der zwischen Innen- und Außenhafen lag, steuert wegen des erwarteten hohen Wasserstands den Innenhafen an. Er fährt in gerader Linie auf den Kai zu, schaltet im letzten Moment auf Rückwärtsfahrt, um abzubremsen, schwenkt dann langsam seitwärts gegen den Wind auf die Dalben am Kai zu, bei denen ein Mann in orangefarbenem Ölzeug mit Südwester steht, um eine Festmacherleine in Empfang zu nehmen. An Bord scheint man sich nicht ganz einig zu sein. Der junge Mann im Ruderhaus lehnt sich halb zur Tür hinaus und sagt etwas zu dem Mann, der auf dem Achterschiff bereitsteht, um die Leine in Richtung Dalbe zu werfen.

Liewe ist stehen geblieben und schaut zu. Das hölzerne Schiff ist tadellos instand gehalten. Der Rumpf ist oberhalb der Wasserlinie rot, darüber cremefarben, darüber dunkelgrün. Im grünen Teil verläuft unmittelbar über der Scheuerleiste ein schmaler cremefarbener Streifen, der sich kurz vor dem Bug schwungvoll aufwärts kringelt. Sobald der Kutter festgemacht ist, spricht Liewe den Mann im Ölzeug an.

»Hafenmeister?«

»Ja?«, erwidert der Mann kurz angebunden, für ein längeres Gespräch wird er sich kaum Zeit nehmen.

»Cupido, Bundespolizei.«

Der Hafenmeister blickt von Vos zu Liewe.

»Bundespolizei?« Er schüttelt den Kopf. »Wegen Jan.«

»Sie wissen Bescheid.«

Der Hafenmeister ist einen Moment unschlüssig. »Da kommt viel Wasser«, sagt er mit einer Kopfbewegung in Richtung Außenhafen. »Gleich ist hier alles überschwemmt, es passt gerade schlecht.«

»Wir sprechen uns später«, sagt Liewe. »Wo lag die *Skua*?«

Der Hafenmeister zeigt quer über den Innenhafen zu einem Anleger, an dem nebeneinander mehrere Sportangelboote liegen. »Die Lücke da«, sagt er. »Kommen Sie nach fünf, dann fällt es wieder. In mein Büro.«

Liewe nickt, der Hafenmeister geht weg, verlangsamt den Schritt, dreht sich um. »Und Jan?«

»Sieht so aus, als hätten wir ihn gefunden«, antwortet Liewe, »aber letzte Gewissheit haben wir noch nicht.«

»Abgesoffen …«

»Tot.«

Der Hafenmeister sucht nach Worten. »Verdammter Mist.« Er nimmt den Südwester ab und sagt mehr zu sich als zu Liewe:

»Dieser blöde sture Bock, ich hab noch gesagt …« Dann schaut er Liewe an. »Ich hatte mich noch nicht vorgestellt. Bernd Peterson.« In einiger Entfernung ruft jemand. »Ich muss los«, sagt er. »Fünf Uhr.« Er entfernt sich. Liewe blickt ihm nach und sieht, dass er unterwegs gegen einen Poller tritt.

Dann dreht Liewe sich um und schaut zu den Sportangelbooten am anderen Ende des Innenhafens hinüber. Eine Reihe elfenbeinfarbener Boote im Regen, etwa gleich groß und fachgerecht am Schwimmsteg vertäut, mit einer Lücke in der Mitte, als wäre dort ein Zahn gezogen worden.

Liewe betrachtet die Gebäude um den Hafen herum; ein paar Betriebe und Lagerhallen, die spartanische Polizeidienststelle mit den Fenstern im Hochparterre, durch die man nicht hineinschauen kann, und einer Treppe, die zum Eingang hinaufführt, die wenigen Häuser am Rand von Wyk mit Aussicht über den Deich. An der Ecke bei der Einfahrt vom Außen- in den Innenhafen, gleich vor dem Hafenamt, steht ein Kran, mit dem Boote oder umfangreiche Ladungen an Land gehievt werden können.

»Komm«, sagt Liewe zu Vos, »wir sehen mal nach, ob die Kollegen Zeit haben. Und du hast noch nichts gefressen.«

Tatsächlich haben die Kollegen noch keine Zeit. Polizeimeisterin Tanja Diekmann hat einen Anruf aus Cuxhaven von einer äußerst gesprächigen Bundespolizistin erhalten, die ihr erklärt hat, dass Liewe Cupido kommen wird, dass er wirklich von der Bundespolizei ist, dass er einen Hund bei sich haben könnte, dass er »der Holländer« genannt wird, weil man ihm noch anhört, dass er in den Niederlanden aufgewachsen ist, dass er aber Deutscher ist und alles seine Richtigkeit hat. Dass sein Besuch mit dem Fall des Ertrunkenen zusammenhängt, über den sie noch nichts Näheres weiß.

Als Liewe sie anspricht, hört Tanja eigentlich kaum etwas Auffälliges an seiner Aussprache. Er sagt nicht viel, aber was er sagt, klingt ungefähr so wie bei anderen Bewohnern der Inseln. Sie schaut auf die Uhr und sagt, dass ein Kollege von ihr in einer Stunde seinen Dienst beginnt und Liewe über die Insel fahren kann.

Liewe schaut ebenfalls auf die Uhr. Niemand hat Zeit. Ein Mord kommt nie gelegen.

»Es gibt hier einen schönen Hundestrand«, sagt Tanja, »in der Nähe vom Fähranleger.« Sie hat sich etwas vorgebeugt, um Vos sehen zu können.

»Wie heißt der Kollege?«, fragt Liewe.

»Snausbjard«, rutscht es Tanja heraus, und sie errötet ein wenig. »Er heißt Aycke«, verbessert sie sich. »Aber wir nennen ihn Snausbjard. Ein Spitzname.« Sie verstummt, aus dem Konzept gebracht.

»Verstehe«, sagt Liewe. »Eine Stunde.« Er grüßt mit einem knappen Nicken und verlässt die Dienststelle, sieht, dass die Kais jetzt überschwemmt sind, und geht auf einem Umweg ins Dorf, wo er sich vor der »Kombüse«, dem ersten Restaurant, auf die beheizte Terrasse setzt, Vos unter den Tisch manövriert und die Leute auf der Straße beobachtet.

Eine junge Frau kommt heraus und legt eine Speisekarte vor ihm auf den Tisch. Als sie kurz darauf zurückkommt, bestellt er Matjes Hausfrauenart und zehn Nuggets.

Die Kellnerin zögert. »Zwei Gerichte? Erwarten Sie jemanden?«

»Nein«, sagt Liewe.

Sie nickt, schreibt etwas auf ihren Block, schiebt eine Locke hinters Ohr zurück. »Zu den Matjes Bratkartoffeln?«

Liewe nickt.

»Und zu den Nuggets? Auch … ach nein, Sie haben schon …«

»Die Nuggets sind für den Hund.«

»Den Hund?«

»Genau.«

»Auch Bratkartoffeln dazu?«

»Bitte.«

Die Kellnerin nickt, klappt ihren Block zu und verschwindet ins Haus. Kurz danach sind aus dem Restaurant Stimmen zu hören. Liewe dreht sich um und sieht, dass der Koch am Fenster steht und ihn mustert. Dann kommt die Kellnerin wieder heraus.

»Möchten Sie, dass wir die Nuggets in einem Fressnapf servieren?«

Liewe schüttelt den Kopf. »Nein«, antwortet er, »es geht auch so.«

16

Im Maklerbüro spricht Christine Pumper mit einem Ehepaar, das ein Ferienhaus oder eine Ferienwohnung auf einer der Nordfriesischen Inseln sucht. Sie hat ihren Monitor gedreht, die beiden Kunden haben ihre Stühle zur Schmalseite des Schreibtischs geschoben, und so betrachten sie zu dritt Fotos von einem reetgedeckten Haus. Es steht auf Föhr, allerdings nicht unmittelbar am Meer. Christine hat daran erinnert, dass auf Föhr das Meer nirgends weit weg ist. »Ist ja auch eine Insel«, meinte der Mann dazu und die Frau, das sei ja gerade das Schöne daran. Woraufhin der Mann eine Bemerkung zum Preis machte – eine halbe Million Euro für lächerliche vierzig Quadratmeter –, er nehme an, das sei die Verhandlungsbasis, und der Verkäufer werde noch etwas heruntergehen. Nicht das ganze Haus ist zu verkaufen, wie man aus der Anzeige zugegebenermaßen schließen konnte, sondern nur eine der vier Wohnungen, in die das Haus unterteilt ist.

»Die Nachfrage ist enorm«, sagt Christine. »Alle wollen nach Föhr, oder Amrum natürlich, aber das ist noch um einiges teurer, von Sylt ganz zu schweigen, sofern da überhaupt etwas angeboten wird.«

In diesem Moment erscheint jemand an ihrem Schreibtisch. Es ist Judith Schulze, die Kriminalbeamtin von der Polizei Wilhelmshaven, Christine erkennt sie sofort. Sie erschrickt und wird ein wenig rot.

»Frau Pumper?«

»Während der Arbeit?« Christine wechselt einen kurzen Blick mit dem Paar und sagt: »Ich bin gerade in einem Gespräch.«

»Das sehe ich. Es tut mir leid, aber die Sache kann nicht warten.«

»Ist etwas mit meinem Sohn?«

»Mit Johnny ist alles in Ordnung, keine Sorge, er sitzt draußen im Wagen und wartet auf uns.«

Christine steht auf, schaut aus einem der Fenster und sieht einen blauen Audi mit getönten Scheiben, durch die nichts zu erkennen ist. Sie lächelt den Kunden zu, sagt: »Einen Moment, bitte«, geht zum Schreibtisch eines Kollegen und bittet ihn, das Kundengespräch fortzusetzen. Dann bittet sie Judith, ihr in ein anderes Büro zu folgen, und schließt hinter ihnen die Tür.

»Kommt er wieder nach Hause?«, fragt sie. »Ehrlich gesagt fand ich es angenehm ruhig so, ich habe noch einen Sohn.«

Judith schüttelt den Kopf. »Ich muss Sie bitten, nach Oldenburg mitzukommen. Man hat einen Taucher gefunden, der ums Leben gekommen ist, und alles deutet darauf hin, dass es sich um Jan Matz handelt. Er ist nach Oldenburg gebracht worden.« Judith schweigt einen Moment. »Es tut mir leid«, sagt sie dann. »Jemand muss ihn identifizieren. Wie Sie wissen, hat er sonst keine nahen Angehörigen.«

Christines Blick schweift ab. »Das Telefon …« sind ihre ersten Worte, und dann: »Aber wir sind geschieden.« Sie fasst sich ins Haar, zögert, steht eine Weile ratlos da. »Ich verstehe nicht, was sagen Sie? Was ist passiert?«

»Er ist auf einem Wrack gefunden worden. In einiger Entfernung vor Amrum.«

»Unter Wasser?«

Judith nickt.

»Und er ist … Was ist passiert?«

»Der Taucher, von dem wir mit Bestimmtheit annehmen, dass es Jan Matz ist, wurde von einem niederländischen Bergungsschiff gefunden, das auf der Suche nach einem Container war. Er steckte im Wrack fest und ist dort, wie wir annehmen, auch gestorben.«

»Weiß mein Sohn es schon? Wo ist mein anderer Sohn, wo ist Paul? Auch im Wagen?« Christine fängt an, auf und ab zu wandern, als suche sie etwas, ihre Hände zittern.

»Nein«, sagt Judith. »Sollen wir ihn abholen?«

»Ach, der Junge, der arme Junge …« Unvermittelt bleibt sie stehen und schaut Judith an. »Johnny war bei ihm. Bei Jan. Auf Föhr.«

»Das ist, was er ausgesagt hat«, sagt Judith. »Aber darauf kommen wir später zurück. Nach dieser Nachricht konnte ich doch nicht einfach Untersuchungshaft für ihn beantragen. Aber ich fahre selbst mit nach Oldenburg. Wenn Sie möchten, kann ich Sie in meinem Wagen mitnehmen. Ihr Sohn fährt auf jeden Fall mit.«

Christine runzelt die Stirn, stützt sich mit beiden Händen auf den Schreibtisch. Dann blickt sie wieder auf. »Ist er es denn überhaupt?«

»Deshalb bitten wir Sie ja, uns nach Oldenburg zu begleiten, er muss identifiziert werden. Auch wenn Sie geschieden sind, sind Sie diejenige, die als Erste dafür infrage kommt.«

»Waren denn keine Papiere auf dem Boot, auf der *Skua*? Er taucht immer von der *Skua* aus. Die übrigens mir gehört.«

»Die *Skua* ist vor Dänemark geborgen worden … bei Hirtshals. Ein Rettungskreuzer hat sie in den Hafen geschleppt. Es war niemand an Bord.«

»Dänemark?« Einen Moment sieht es so aus, als würde Christine wütend. Sie stößt sich vom Schreibtisch ab, schnappt sich ihre Tasche von einem Stuhl, nimmt ihren Mantel von der Garderobe, geht zu Tür.

»Nichts als Ärger mit diesem Mann. Wie um Himmels willen konnte ich jemals … Ein kleines Kind ist er. Ich habe drei Kinder, wussten Sie das? Und eins dieser Kinder ist der Vater der beiden anderen. Ach, verflixt!«

»Frau Pumper«, sagt die Kriminalbeamtin. »Bevor wir zum Wagen gehen, müssen Sie noch etwas wissen. Weil Ihr Sohn es schon weiß.«

»Was denn?«

»Ihr Mann, Ihr Ex-Mann, ist allem Anschein nach ermordet worden.«

17

Snausbjard ist es gewohnt, dass Leute nicht viel erwidern, wenn er ein Gespräch anknüpft, weshalb er sich nicht entmutigen lässt, sondern munter auf den einsilbigen Bundespolizei-Ermittler auf dem Beifahrersitz einredet. Sie haben Wyk verlassen und fahren über die Rundföhrstraße nach Nieblum. Es ist das Dorf, in dem Matz 1965 geboren wurde, als einziger Sohn einer Hebamme und eines Reetdeckers, eines Alkoholikers, der sich bei einem Sturz das Genick gebrochen hat. Die Hebamme stammte nicht von der Insel, lernte aber berufsbedingt schnell alle Einwohner kennen und fand ihren Platz in der Gemeinschaft. Sie hat auch ihm, Snausbjard, auf die Welt geholfen, ein bedeutungsvoller Zufall, wenn man ihn fragt. Ja, er ist ein waschechter Insulaner von Föhr, bei der Inselpolizei der Einzige von hier und der Einzige, der ein bisschen Gespür für die Leute hat – und Nordfriesisch spricht. Und jetzt, mit noch nicht dreißig, muss er sich nicht nur mit dem Tod von Jan Matz beschäftigen, sondern auch noch einmal mit dem Einbruch vor einem halben Jahr, wo doch hier auf Föhr nie eingebrochen wird, weshalb, wenn man ihn fragt, das nur jemand vom Festland getan haben kann, auch wenn es hier auf der Insel so einige gibt, die Jan Matz nicht riechen konnten, oder eigentlich vor allem seine Frau, die wie seine Mutter nicht von der Insel stammt, sie ist als Feriengast gekommen und an Jan hängen geblieben, sie arbeitete bei einem Maklerbüro, hat hier eine Filiale eröffnet und jede Menge Umsatz gemacht, aber es hat so manchem auf der Insel nicht gefallen, dass sie all die Häuser völlig überteuert an Fremde verkaufte, das haben die beiden schon gemerkt und sich nach Wilhelmshaven verzogen. Nach einiger Zeit ist Jan Matz zurückgekehrt und sie auf dem Festland geblieben, und er will ja nichts sagen, aber das ist kein großer Verlust …

»Was ist dein richtiger Name?«, fällt ihm Liewe ins Wort.

Snausbjard schaut überrascht zur Seite. »Aycke Jansen«, antwortet er, »aus Utersum. Meine Vorfahren waren Robbenjäger.« Er lässt das Lenkrad los, richtet mit beiden Händen ein imaginäres Gewehr auf einen imaginären Seehund und imitiert ein Schussgeräusch. Dann lacht er und greift wieder ans Lenkrad. »Mit Gewehr und Haken aufs Watt, mein Urgroßvater hat das noch gemacht. Alles vorbei. Hier, das ist Nieblum, schön, nicht? Bist du das erste Mal auf Föhr?«

»Was hatte man an Matz auszusetzen?«, fragt Liewe.

»Sieh dich mal um, all die schönen Häuser, was glaubst du, wem die gehören? Eins nach dem anderen an Leute vom Festland verkauft, für irrsinnige Summen. Niemand hier könnte so viel zahlen. Matz' Frau, Christine, ich weiß jetzt, dass sie Pumper heißt, Christine Pumper, ich kannte sie nur als Christine Matz, sie hat die Häuser verkauft und tut das noch, aber nicht an Leute von der Insel, oh nein, immer an reiche Leute vom Festland. Die kaufen die für wenige Wochen im Jahr, das muss man sich vorstellen, so viel Geld dafür auszugeben und sie dann nur ein paar Wochen zu nutzen. Die meiste Zeit stehen sie leer. Aber wunderschön renoviert, siehst du?«

Sie fahren im Schritttempo über die geklinkerte Dorfstraße, vorbei an einem heruntergekommenen Haus mit moosüberwuchertem Reetdach. Zwei Bauarbeiter sind gerade dabei, ein Fenster herauszuschlagen.

»Ein Haus in diesem Zustand geht für achthunderttausend weg, und dazu kommen dann noch die Kosten für den Umbau. So was schafft böses Blut. Deshalb sind Jan und Christine mit ihren Söhnen aufs Festland umgezogen, aber die Ehe ist zerbrochen, und der Ältere, Johnny, der baut da nur Mist, tja, wen wundert's? Christine verkauft immer noch Häuser, hier und auf Amrum. Wenn sie auf die Insel kommt, setzt sie immer eine Sonnenbrille auf, sie will nicht erkannt werden. Johnny besucht noch manchmal seinen Vater. Dann sehe ich sie zusammen mit dem Boot rausfahren. Bleiben tagelang weg. Bei schlechtem Wetter suchen sie im Jachthafen von Amrum Schutz.«

»Matz hatte demnach Feinde, weil seine Frau Häuser verkaufte?«

»Matz selbst hat mit seinen Alarmanlagen und Überwachungskameras auch ganz gut dran verdient. Die vielen neuen Hausbesitzer wollen sich gegen Einbruch schützen, sieh mal …« Aycke zeigt auf eine Kamera über der Eingangstür eines strahlend weißen Hauses mit nagelneuem Reetdach. »Das ist eine Kamera von Matz, so kann man in Berlin oder Düsseldorf oder Stuttgart hin und wieder mal nachsehen, ob sich jemand Verdächtiges beim Haus rumtreibt. Aber hier wird nicht eingebrochen … außer bei Matz selbst.«

»Und auch niemand ermordet«, sagt Liewe. »Außer Seehunde.«

Aycke lacht. »Das wollen die Feriengäste nicht, die meisten jedenfalls. Aber mich stört der Tourismus ehrlich gesagt überhaupt nicht. Die Insel lebt davon, und ich bin oft in der Pinte, wo man immer jemanden trifft, mit dem man ins Gespräch kommt. Und so höre ich dies und das.«

»Gibt es auf der Insel noch andere Taucher?«

»Keine wie Matz«, antwortet Aycke. »Aber das wirst du selbst gleich sehen. Und sein Haus, das könnte auch mal eine Renovierung vertragen. Gehört schon seit Generationen der Familie, früher war es bestimmt mal ein Bauernhof, wunderschön in den Hügeln gelegen, kein Deich davor, mit freier Sicht auf Amrum. Aber doch irgendwie verwahrlost, er verbringt zu viel Zeit mit seiner Taucherei, und es gibt niemanden, der sich um ihn kümmert, er läuft rum wie ein Penner. Ich glaube, er müsste nicht mehr arbeiten, obwohl, nach der Scheidung … Na egal, jetzt, wo er tot ist, spielt das alles keine Rolle mehr, bin gespannt, was mit dem Haus passieren wird.«

Aycke biegt in eine Nebenstraße ein, die so schmal ist, dass zwei Autos nicht aneinander vorbeikämen. Ringsum gewelltes Acker- und Weideland, genau vor ihnen kommt die Küste von Amrum in Sicht.

»Da«, sagt Aycke, »die beiden zum Beispiel, mit denen hab ich gestern noch in der Kneipe gesprochen.«

Zwei Männer kommen ihnen auf der schmalen Straße entgegen. Graue Trainingsanzüge mit blauen Streifen, Hüfttaschen quer vor der Brust. An ihren rechten Ärmeln ist ein Abzeichen zu sehen. Schweigend gehen sie nebeneinanderher, bleiben dann am Rand stehen, um den Streifenwagen vorbeizulassen. »Sie haben einen Motorkreuzer im Sporthafen«, sagt Aycke. »Wollten heute nach Sylt weiter, aber anscheinend waren sie zu verkatert. Sie waren gestern ziemlich ausgelassen, haben viel getrunken.«

Er hält an und öffnet das Seitenfenster.

»Doch nicht weitergefahren? Wetter zu schlecht?«

Die beiden schauen Aycke stirnrunzelnd an, ohne ihn zu erkennen.

»Wir haben uns gestern in der Pinte unterhalten«, erklärt Aycke.

»Ach ja, die Uniform hat mich verwirrt«, sagt der eine der beiden, der zum Fenster gekommen ist. Er blickt zu Aycke hinunter. Kurz geschorenes Haar, hellblaue Augen.

»Langen Spaziergang gemacht?«

»Wir haben trainiert, am Strand«, antwortet der Mann. »Rudi bereitet sich auf den Triathlon vor. Machen wir auf jeder Insel.«

Liewe beugt sich vor, damit er an Aycke vorbei den anderen Mann sehen kann. Er sieht tatsächlich erschöpft aus, seine Augen sind noch wässrig von der Anstrengung.

»Wann sind Sie nach Föhr gekommen?«, fragt er.

»Vorgestern«, sagt der Mann vor dem Seitenfenster. »Von Amrum.«

»Wann fahren Sie weiter?«

»Sobald es aufklart.«

»Und danach?«

»Sylt.«

Liewe schaut ihn einen Moment schweigend an.

»Haben Sie ein Sportangelboot auslaufen sehen, als Sie nach Amrum kamen?«, fragt er schließlich.

»Ein Sportangelboot?«

»Die *Skua*.«

»Kann mich nicht erinnern. Du, Rudi?« Er dreht sich zu seinem Freund um, der den Kopf schüttelt. Dann wendet er sich wieder dem Fenster zu und bückt sich ein bisschen, um Liewe richtig ansehen zu können.

»Es hat geregnet, wir waren froh, als wir im Hafen waren.«

»Um wie viel Uhr?«

»Etwa drei, glaube ich.«

»Und Sie kamen woher?«

»Das ist ja wie ein Verhör«, sagt der Mann, auf dessen Stirn sich eine tiefe Falte bildet.

»Woher?«, wiederholt Liewe.

»Von hier, von Föhr«, sagt Rudi und legt seinem Freund die Hand auf die Schulter. »Komm, mir ist kalt.«

»Wir kamen von Föhr, wir wollten nach Sylt, es war kalt, wir haben beschlossen, nach Amrum zurückzufahren, wir kamen bei auflaufendem Wasser an. Wir haben uns beim Hafenamt gemeldet, sind in die Blaue Maus gegangen und haben uns volllaufen lassen.«

»Sie waren also Anfang der Woche auch hier«, sagt Liewe.

»Das ist ja, als ob ich was verbrochen hätte«, erwidert der Mann mit nun unverhohlenem Ärger. Rudi legt ihm wieder die Hand auf die Schulter, doch er schüttelt sie ab.

»Ich stelle nur ein paar Fragen.« Liewe deutet mit dem Kopf auf das Abzeichen am Ärmel. »Sind Sie bei irgendetwas Mitglied?«

»Ja, bei der Deutschen Marine, und Sie? Sind Sie überhaupt von der Polizei, sind Sie Deutscher? Wofür halten Sie sich eigentlich, dass Sie mich so verhören?«

»Reg dich nicht auf«, beschwichtigt Aycke. »Mein Kollege ist Ermittler.«

»Und du bist auch ein Schleicher«, fährt der Mann fort. »Uns in der Kneipe aushorchen, ohne zu sagen, dass du von der Polizei bist. Leben wir in einem Polizeistaat? Werde ich wegen irgendwas verdächtigt?«

»Komm, Martin«, sagt Rudi. »Das bringt doch nichts. Wir gehen weiter.« Und er zieht seinen Freund mit.

Aycke fährt an und sieht im Rückspiegel, dass Rudi seinem Freund die Hand in den Rücken gelegt hat und ihn weiterschiebt.

»Feriengäste«, sagt Liewe. »Nett.«

»Ja, dieser hat 'ne ziemlich kurze Lunte«, gibt Aycke zu. »Die Leute kommen nach Föhr, um sich zu erholen, und manche haben's wirklich nötig.«

»Konntest du das Abzeichen auf ihren Ärmeln genau sehen?«, fragt Liewe.

»Nein«, sagt Aycke. »Eine Gestalt, die von einem Sprungbrett springt, oder so was Ähnliches, ich konnte es nicht erkennen.

Wahrscheinlich irgendwas bei der Marine, oder es hat was mit Triathlon zu tun.«

Liewe nickt, schaut noch einmal in den Außenspiegel. »Das Haus von Matz«, sagt er dann.

»Ja«, sagt Aycke. Er biegt in eine noch schmalere Straße in einem Wäldchen ein und schließlich in eine Einfahrt, die zwischen schiefgewehten Bäumchen einen Bogen beschreibt und auf den von Unkraut überwucherten Vorhof eines Hauses führt. Schmutzig weiße Wände, das Reetdach von Moos bedeckt. Neben der Haustür steht eine jahrhundertealte Schiffskanone, das Rohr auf die Stelle gerichtet, an der Aycke und Liewe aus dem Wäldchen gekommen sind. Es ist das Haus von Jan Matz.

18

Es ist lange her, dass Jan Matz, Christine und ihr älterer Sohn zusammen in einem Raum waren, und sowohl Christine als auch Johnny sind diese Nähe nicht mehr gewohnt. Trotzdem sind sie jetzt wieder für kurze Zeit beisammen, und das Gefühl des Selbstverständlichen daran stellt sich auch gleich wieder ein, nur dass Jan Matz nicht einen seiner üblichen Suffmonologe hören lässt, sondern auf einer gekühlten Bahre liegt, unter einem Tuch, das straff bis unter sein atemloses, unrasiertes Gesicht hochgezogen ist. Johnny versteckt sich hinter seiner Mutter, aber als er das Gefühl hat, dass sie wankt, streckt er doch die Hand aus, um sie zu stützen. Sie haben sich einmal sehr gut verstanden, seine Mutter und er.

Jan Matz ist ergraut und mager, sein Gesicht fahl, aber es sind zweifellos seine sterblichen Überreste. »Es ist Jan«, sagt Christine und schaut Judith Schulze an, die auf der anderen Seite der Bahre wartet. Judith erwidert den Blick, sieht dann Johnny an, der einen verlorenen Eindruck macht. Er hat den Arm seiner Mutter wieder losgelassen und betrachtet mit hängenden Schultern seinen toten Vater. Offensichtlich wird ihm in diesem Moment bewusst, wahrscheinlich zum ersten Mal in seinem Leben, dass es etwas so Endgültiges wie Tod und Abschied gibt. Er atmet betont tief ein, als wollte er für zwei atmen. Doch bei Jan Matz bewegt sich nichts.

»Mein Gott, wie er aussieht«, sagt Christine. Sie umklammert ihre Tasche, als müsste sie den Impuls unterdrücken, etwas herauszuholen. Ein Erfrischungstuch vielleicht, einen Kamm.

»Wollen Sie beide einen Moment mit ihm allein sein?«, fragt Judith.

Christine dreht sich zu Johnny um, der seinen Vater anstarrt. Dann blickt sie noch einmal Jan an, zieht ihren Mantel gerade und sagt: »Nein, ich wüsste nicht, was ich hier noch soll.«

»War in letzter Zeit irgendetwas an ihm anders als sonst?«, fragt Judith. »Etwas, was Ihnen auffiel oder was Sie merkwürdig fanden?«

»Ich hatte keinen Kontakt mit ihm«, antwortet Christine.

Judith schaut Johnny an, doch dessen Blick ist immer noch starr auf das Gesicht seines Vaters gerichtet.

»Wie geht es jetzt weiter?«, fragt Christine.

»Wir behalten ihn noch hier, bis völlig klar ist, wie er ums Leben gekommen ist.«

»Sie haben gesagt, er wäre ermordet worden. Aber wer hätte denn einen Grund dafür gehabt?«

Judith Schulze schaut kurz Johnny, dann wieder Christine an.

»Ertrinken ist so oder so keine natürliche Todesart, Frau Pumper«, erklärt sie. »Wir sind schon rein gesetzlich verpflichtet, der Sache nachzugehen. Es gibt aber auch konkrete Gründe für die Annahme, dass er getötet worden ist.«

»Was für Gründe sind das denn?«

»Dazu möchte ich vorerst noch nichts sagen, aber Sie werden es natürlich erfahren, sobald wir Genaueres wissen.«

Christine betrachtet Jan Matz einen Moment mit wiedererwachtem Interesse, wendet dann den Blick ab, dreht sich um und kontrolliert mit der Hand ihre Frisur. Jan war noch jung, als sie ihn während eines Urlaubs auf der Insel kennenlernte, beide waren sie noch jung. Er konnte endlos erzählen, seine Augen lachten noch, seine Jacke roch nach Meer, er war in die Geheimnisse der Insel eingeweiht, er kannte die Namen der Halligen am südlichen Horizont, und er war stolz auf seine Eroberung, wenn er mit ihr Lokale besuchte oder sie Insulanern vorstellte.

Und nun liegt er hier und ist so tot wie ein angespülter Seehund, die Augen matt hinter halb geschlossenen Lidern, die Wangen eingefallen, der Mund reglos. Sein Gesicht ist alt und welk. Sie ist noch längst nicht so alt wie er, denkt sie, obwohl sie der gleiche Jahrgang sind, aber sie lebt und ist nicht verwelkt. Sie will Johnny mitnehmen, weg von Tod und Erinnerung, doch Johnny hat sich ans Fußende gestellt, sein Mund ist hart, aber die Augen feucht, er sieht aus, als grüble er darüber nach, wer seinem Vater das angetan haben könnte, wem er das heimzahlen soll.

»Komm, Johnny«, sagt Christine, »wir müssen weiter.«

19

Aycke geht vor Liewe und Vos her zur Seite des Hauses. Halb unter Bäumen versteckt steht eine Garage, deren Außenwand mit allerlei Gegenständen vollgehängt ist: Bullaugen, Ventilräder, Ventile, Lampen, Flaschen, ein Signalscheinwerfer, ein Periskop, sogar Torpedorohre.

»Alles vom Meeresboden«, erklärt Aycke. Er drückt die Türklinke eines Hauswirtschaftsraums herunter. »Nicht abgeschlossen, siehst du«, sagt er, »hier besucht man Nachbarn und Bekannte einfach so.« Beim Hineingehen ruft er: »Besuch!«

Eine schwarze Katze schießt an ihm vorbei ins Freie. Vos überlegt, ob sie hinterher soll, blickt dann zu Liewe auf, der Aycke ins Haus gefolgt ist und die Schuhe auszieht. Sie sieht, dass er in den Jackentaschen herumtastet, und stellt die Ohren auf. Aber Liewe sucht Handschuhe, keine Hundesnacks.

»Handschuhe«, sagt Liewe zu Aycke.

Aycke nickt und geht wieder hinaus, um Handschuhe aus dem Wagen zu holen.

Liewe sieht sich im Hauswirtschaftsraum um. Vor einer Wand steht eine leere, blaue Fischkiste von Dayseaday Fresh BV. Vos schnüffelt darin herum, leckt durch eine der Ecken. Liewe zieht sie weg. »Such du mal nach der Katze«, sagt er, befördert sie hinaus, lässt Aycke herein und drückt die Tür mit der Schulter zu.

»Schwierig mit dem Hund, was?«, sagt Aycke. »Oder kann er dir irgendwie nützen?«

Liewe schaut in die Fischkiste.

»Wann wurde hier eingebrochen?«

»Vor etwa einem halben Jahr, Anfang März. Am siebten, glaube ich. Müsste ich nachsehen.«

»War Matz zu Hause?«

»Nein.«

»Auf See?«

»Nein, mit einem Kunden auf der Insel unterwegs.«

»Keine Spuren?«

»Nein, die Tür war offen, so wie jetzt.«

»Woher weiß man denn dann, dass eingebrochen wurde?«

»Von Matz selbst. Er hat's dem Hafenmeister gesagt, der Hafenmeister uns. Matz war ziemlich durcheinander, wir haben uns hier umgesehen, aber nichts gefunden. Nach einer Woche hat Matz dann gesagt, wir sollten die Sache nicht weiterverfolgen. Es würde ja nichts fehlen, meinte er. Er hätte seine Schränke wieder in Ordnung gebracht.«

»Seine Schränke ...«

»Ja, komm mit.«

Aycke geht in die Küche vor. Matz hat gespült, bevor er aufgebrochen ist. Im Abtropfgestell stehen ein Dessertteller und ein umgedrehter Trinkbecher. Auf dem Boden vor der Spüle liegt eine umgestoßene Milchflasche neben einem bis auf den letzten Krümel leer geschleckten Fressnapf.

Aycke ist schon ins Wohnzimmer weitergegangen. »Hier«, ruft er, »das sind Jans Schränke.« Liewe folgt ihm und bleibt schweigend vor einer Reihe von Vitrinenschränken stehen, die mit Gegenständen vom Meeresboden vollgestopft sind. Über jedem Brett brennt ein Lämpchen, sodass die ganze Ausstellung in ein mildes Licht getaucht ist. Es erinnert an einen Trödelladen mit ausgedienten, verstoßenen Dingen. Porzellanteller mit Blümchenmotiv, Tassen und Untertassen, eine Teekanne, grüne Flaschen mit Ornamenten im Glas, eine Espingole, eine Stangenkugel, wie sie aus alten Schiffskanonen verschossen wurden, ein Kochmesser, ein Hygrometer, Patronenhülsen, ein Fernrohr, Metallplatten mit eingravierten Nummern oder Wörtern (*126; U-22; Navigating Officer*), ein Sextant im dazugehörigen Kasten, ein Metallplättchen von einem Torpedo mit der Herstellerangabe *BMAG Schwartzkopff Berlin*, eine Medaille, ein ganzer Schiffsvorrat an Zinnbesteck, eine Scheide von einem langen Messer, ein Druckmessgerät, eine kleine Pyramide aus Musketenkugeln, ein Zinnbecher mit den verschränkten Buchstaben VOC der Niederländischen Ostindien-Kompanie, sechs lange Tonpfeifen, Schiffsnägel, verzierte Knöpfe von einer Offiziersjacke und mitten in diesem Sammelsurium ein Porträtfoto von Matz selbst. Auf seiner Stirn hat das Foto schwarze Kratzer.

»Diese Kratzer«, sagt Liewe.

»Was ist damit?«, fragt Aycke. »Könnte er selbst gemacht haben. Matz war nicht wie andere Leute. Wenn sein Sohn bei ihm war, konnte man noch mit ihm reden, dann sah man ihn auch manchmal in einem Laden, aber wenn er allein war, ging er allen aus dem Weg. Im letzten Jahr jedenfalls. Außer dem Hafenmeister. Ob er noch gesoffen hat, weiß ich nicht.« Er blickt sich um.

»Stammen die Kratzer von dem Einbruch?«

»Keine Ahnung«, sagt Aycke. »Wär auch denkbar.«

»Matz hat das Haus vor drei Tagen verlassen«, sagt Liewe, »jeder kann hier aus und ein gegangen sein, ich würde lieber abschließen.«

Aycke schüttelt den Kopf, lächelt. »Dieser Matz. Läuft schon eine offizielle Ermittlung? Und wer übernimmt die?«

»Das erfahren wir wahrscheinlich morgen«, sagt Liewe. »Besser nicht drauf warten. Kannst du mich zum Hafenmeister bringen?«

Liewe scheint es plötzlich etwas eilig zu haben. Er fotografiert den Inhalt der Schränke, blickt sich noch einmal um, geht dann durch die Küche zurück.

Vos, die vor der Tür des Hauswirtschaftsraums auf ihn gewartet hat, schlüpft noch einmal ins Haus, als Aycke hinausgeht. Sie schnüffelt bei der Fischkiste herum. Liewe, der seine Schuhe anzieht, schickt sie mit lauterer Stimme als gewöhnlich nach draußen.

Als er kurz danach neben dem Wagen steht, Vos auf die Rückbank gelassen hat und selbst wieder einsteigen will, die Hand am Griff der Beifahrertür, fällt sein Blick auf die Garage.

»Ist die auch offen?«

Aycke, der schon eingestiegen ist, steigt wieder aus und geht zum Garagentor. Abgeschlossen. Er blickt sich suchend um, fegt mit dem Schuh etwas Kies zur Seite, hebt einen Blumentopf an, um zu sehen, ob ein Schlüssel darunter liegt, tastet dann auf der Zarge des Tors herum. Nichts.

Liewe geht zur Rückseite der Garage, entdeckt zwei halbkreisförmige kleine Fenster, stellt sich auf die Zehenspitzen und späht ins Innere. Und dort, im Halbdunkel, erkennt er einen kleinen Gabelstapler und einen bis zum Rand gefüllten Big Bag, an dem außen zwei mit Meerestieren bewachsene Platten lehnen. Er winkt Aycke zu sich, der Kollege schaut durch das andere Fenster. »Was ist das?«, fragt er.

»Kupfer«, antwortet Liewe.

»Also deshalb abgeschlossen.«

»Wer auf der Insel weiß, was Matz an Land gebracht hat?«

»Niemand«, sagt Aycke, »nur der Hafenmeister natürlich, aber der wird wohl so tun, als ob er von nichts wüsste.«

Kurz danach, auf der Rückfahrt nach Wyk, sitzt Vos mit angelegten Ohren auf der Rückbank, starrt auf Liewes Kopfstütze und wartet darauf, dass er sich umdreht oder wenigstens etwas sagt. Doch das geschieht nicht, und so legt sie sich schließlich mit einem Seufzer hin, den Kopf auf den Vorderpfoten, schiebt das Ding, das sie in der Fischkiste gefunden hat, mit der Zunge aus der Schnauze, beschnuppert es noch kurz und schläft dann ein.

20

Der Hafenmeister hat für Liewe einen Stuhl frei geräumt, indem er einen Stapel Papiere auf den Boden geworfen hat, und sich gegenüber hinterm Schreibtisch auf seinen Bürostuhl fallen lassen. Er ist untersetzt, hat leicht schütteres, dunkelblondes Haar, noch nass vom Regen, und wachsame, nur ein wenig feuchte Augen. Ein Insulanerleben: gesunde Luft, Menschenkenntnis, keine Flausen, aber Alkohol. Liewe fühlt sich wieder sehr an seinen Vater erinnert, spürt den Appell an seine Solidarität, der von diesem Mann ausgeht, und wehrt sich dagegen.

»Februar 1953«, sagt der Hafenmeister, »damals hatten wir so viel Wasser, dass es sogar hier drin stand. Gibt noch Fotos davon, mein Vater hat für sein Leben gern fotografiert. Das heute war nichts. Aber trotzdem Gedöns.«

Liewe nickt, schaut aus dem Fenster. Auf einem Teil des Kais stehen noch große Lachen Meerwasser. Er merkt, dass der Hafenmeister ihn mustert, ihn einzuschätzen versucht.

»Ich war bei Matz' Haus«, sagt Liewe, den Blick weiter aus dem Fenster gerichtet. Dann schweigt er, wartet ab.

»Ach Gott, Jan«, sagt der Hafenmeister. »War im Grunde zu erwarten. Fast immer allein getaucht. Wo ist es passiert?«

Liewe wendet sich wieder dem Hafenmeister zu und schaut ihn an. »Sie haben doch gewusst, wo er tauchte?«

»Nicht genau. Ich wusste, dass er was Wertvolles gefunden hatte, weil er bis weit in den Herbst weitermachte.«

Liewe schweigt.

»Er kam immer nachts damit zurück, lud das Zeug in seinen Pick-up und war weg. Die Polizei schlief. Und der Zoll war zufällig nicht da.«

»Als hätte der von irgendwem Bescheid bekommen«, meint Liewe.

Der Hafenmeister schüttelt den Kopf. »Nein«, sagt er, und dann: »Ja.«

»Bernd, nicht wahr?«

Der Hafenmeister nickt. »Bernd Peterson. Und Sie kommen von Texel?«

»Wie lautete die Abmachung?«, fragt Liewe. »Sie haben nichts gesehen und bekamen dafür einen Anteil?«

Bernd greift nach einem Beutel Shag und fängt an, sich eine Zigarette zu drehen.

»Und Benutzung des Krans, wenn es nötig war«, ergänzt Liewe. »Für die schweren Sachen.«

Der Hafenmeister zündet sich die Zigarette an und lehnt sich zurück. »Wir kannten uns schon von der Schule, er hat mir damals manchmal geholfen, wenn ich Probleme hatte.«

»Ich bin hier, weil Ihr Geschäftspartner tot ist«, erklärt Liewe, »nicht wegen eventueller Nebenverdienste. Dafür sind andere zuständig.«

Der Hafenmeister schnippt Asche auf den Boden.

»Können Sie tauchen?«

Bernd Peterson schüttelt den Kopf. »Ich gerate sofort in Panik«, sagt er. »Kann nichts auf meinem Gesicht vertragen.«

»Sie haben gesagt, Sie hätten so etwas erwartet.«

»Es ist Habgier«, sagt Bernd. »Ich meine nicht das Geld, nicht die Säcke voll Metall. Das war was Geschäftliches, vielleicht eine Möglichkeit, alles zu finanzieren, aber im Grunde ließ ihn das kalt. Er gab nichts für Kleidung oder sonst welche Äußerlichkeiten aus, aber für die Taucherei: teures Boot, teurer Tauchcomputer, teure Ausrüstung, teure Taucheranzüge, immer nur das Beste. Seine Ex war auch teuer, der Sohn mit seinen Eskapaden … Aber ich meine die Habgier des Sammlers. Haben Sie seine Schränke gesehen?« Er wischt Asche von seinem Pullover. »Was ist Jan passiert?«

»Das wissen wir noch nicht.«

»Wer hat ihn gefunden?«

»Sil van Hee mit der *Freyja*.«

Bernd blickt auf. »Von Terschelling?« Er drückt die Kippe auf einer Untertasse aus. »Wusste der schon von der *Hanne*?«

»Es war die *Hanne*, ja. Sie wussten also doch Bescheid.«

»Über das Wrack, ja, aber nicht, wo genau es lag.«

»Es war Zufall, die *Freyja* hat nach einem Container gesucht.«

»Von der *Medea*.«

Liewe nickt.

»Cleverer Kerl, dieser van Hee«, sagt Bernd. »Immer gerade so am Rande des Legalen.«

»Sie sprachen von Habgier.«

»Ich bin kein Taucher, aber ich weiß schon, was Gier ist und dass sie einen blind macht. Jan ist immer etwas weiter gegangen als die anderen, schon auf der Schule. Manchmal ist er allein bis zu dreißig Meter tief getaucht, wie damals, als er dieses U-Boot gefunden hatte. Am liebsten hätte er's ganz gehoben. Sie haben doch all die Sachen bei ihm im Haus und an der Garagenwand gesehen, oder? Manchmal ist er ein bisschen zu viele Risiken eingegangen. Er allein unten, niemand, der auf ihn aufpasst, und dann denkt er: Hier kann ich noch kurz reinkucken, das geht noch problemlos mit der Luft, die ich übrig hab. Er war wie blind, zuletzt konnte er über nichts anderes mehr reden. Außer über seinen Sohn natürlich, wenn er getrunken hatte.«

»Aber hier ging es um Kupfer«, sagt Liewe.

Bernd zögert, als würde er überlegen, ob er sich dumm stellen soll, schaut Liewe an und geht doch auf die Bemerkung ein. »Ja, Kupfer … Keine Schiffsglocke, kein Sextant, kein Fernglas oder anderer Kram aus einem gesunkenen Schiff … Hierbei ging es nur ums Geld. Er brauchte es wohl für irgendwas.«

»Haben Sie ihn unter Druck gesetzt, Bernd?«

Der Hafenmeister schaut Liewe in die Augen. »Warum hätte ich das tun sollen? Er war mein Freund.«

»Wer hat gewusst, wo er tauchte?«

»Ich wusste es nicht, ich wollte es nicht wissen … Warum fragen Sie das eigentlich? War es denn kein Unfall?«

»Das wissen wir nicht«, sagt Liewe. »Dieser Einbruch …«

»Welcher Einbruch? Bei Jan? Das ist schon wieder … wie lange her?«

»Was fehlte?«

»Nichts.« Der Hafenmeister dreht sich mit seinem Bürostuhl und breitet die Arme aus. »Wer soll diesen Kram auch haben wollen? In Jans Augen ist es ein Schatz, dabei sind es lauter wertlose Sachen. Und damals hatte er kein Kupfer oder Aluminium oder was auch immer in der Garage. Vielleicht hatten die Einbrecher erwartet, irgendwas zu finden, was dann doch nicht da war, vielleicht waren es Leute, die einfach mal sehen wollten, was für eine Sammlung er hat.«

»Die Kratzer auf seinem Foto, stammen die von dem Einbruch?«

»Kratzer?«

Liewe schaut wieder aus dem Fenster. »Gab es in seiner Sammlung Dinge, von denen niemand wissen sollte, dass er sie besaß? Abgesehen von den Metallen?«

Der Hafenmeister denkt nach. »Ich weiß es nicht. Wenn er vor seinen Schränken stand, hatte ich immer den Eindruck, dass ihm noch irgendetwas fehlte. Er musste immer mehr haben, holte auch alles Erdenkliche hoch, stellte es in den Schrank, schön beleuchtet, aber es machte ihn nicht glücklich. Vielleicht sogar unglücklich.«

»Was hat er in den Fischkisten aufbewahrt?«

»Die Fischkisten in der Garage ... Tja ... Krimskrams, mit dem nicht mal er was anfangen konnte, Steine, Scherben, Nägel, Knochen, Plastik ... Krempel.«

»Mit wem hatte er Streit?«

»Hier auf der Insel?« Bernd zuckt mit den Schultern, dreht sich eine neue Zigarette. »Sie wissen ja, wie das ist, Sie kommen selbst von einer Insel ... Irgendwas ist immer. Aber er war isoliert, die Leute haben ihn links liegen lassen. Mit seiner Frau lief es nicht so gut, aber die hat sich ja dann auch von ihm getrennt. Sein Sohn, ja, zwischen den beiden gab es schon Spannungen hin und wieder, Sie wissen schon, Väter und Söhne. Er hat auch manchmal zu viel getrunken, aber wer tut das nicht.«

»Es sind zwei ... Söhne.«

»Der andere war nie hier. Von dem hat er auch nie gesprochen. Von Johnny schon, dem hat er auch aus der Klemme geholfen. Hat immer zu ihm gehalten, auch wenn sie sich gefetzt haben. Ich hab manchmal zu ihm gesagt: Immer nur Probleme mit dem Jungen. Dann sagte er: Die Vaterschaft sollte für jeden ein Problem sein.« Er beleckt das Zigarettenpapier, spuckt einen Krümel Tabak aus. »Aber ich glaube, er fühlte sich schuldig gegenüber diesem Sohn, vielleicht auch dem anderen gegenüber.«

»Schuldig …«

»Wegen der Scheidung? Was weiß ich.«

»Wer auf der Insel taucht sonst noch?«

»Jan ist der Einzige, der sammelt.« Bernd zündet die Zigarette an, stößt Rauch aus. »*War* der Einzige«, korrigiert er sich. »Ich hab noch zu ihm gesagt: Warum bringt dich das so aus der Fassung, du bist doch selbst ein Einbrecher. Das sind Kollegen von dir. Jetzt waren sie mal bei dir.«

»Das fand er nicht witzig.«

»Nein.« Bernd schüttelt den Kopf. »Nein, er stand völlig neben sich. Aber nach einer Woche änderte sich was, da wollte er die Polizei lieber aus dem Spiel lassen. Es ist ja doch nichts weggekommen, meinte er.«

»Hatte er da die *Hanne* schon gefunden?«

Bernd denkt nach. »Weiß ich nicht, ich glaube nicht, nein. Ich kann's im Grunde wirklich nicht sagen. Wie ich schon sagte, ich wollte das alles nicht so genau wissen.«

Liewe schaut den Hafenmeister an, wartet, nickt. »Ist Matz religiös erzogen worden?«

»Was?«

»Sie kennen ihn doch von klein auf …«

Der Hafenmeister schüttelt den Kopf. »Ich hab das Wort Gott bei ihm zu Hause ausschließlich in Flüchen gehört.«

Liewe empfängt eine Nachricht auf seinem Smartphone, er steht auf. Vos schüttelt sich. »Ich muss weg«, sagt er und verlässt grußlos das Büro.

21

Von der Annäherung zwischen Christine und Johnny, die sich in der Gerichtsmedizin anzubahnen schien, ist auf der Rückbank von Judith Schulzes Wagen bald nichts mehr zu spüren. Johnny starrt während der ganzen Fahrt von Oldenburg nach Wilhelmshaven schweigend nach draußen, wo es dunkel geworden ist. Weil sein Vater tot ist, wird keine Untersuchungshaft beantragt, sondern er darf mit seiner Mutter nach Hause, unter der Bedingung, dass er sich jeden Morgen um neun in der Inspektion meldet.

»Bleib wenigstens heute Abend zu Hause«, sagt Christine, als Judith Schulze sie in Wilhelmshaven vor dem Haus abgesetzt hat. Doch Johnny kommt nur mit, um die Schlüssel von Christines Motorroller aus der Obstschale zu nehmen. Wortlos geht er wieder hinaus.

Christine bleibt in der Tür stehen und blickt ihm nach. »Ich hole deinen Bruder ab«, ruft sie, »denk an den Schlüssel. Und bleib bitte nicht so lange weg und komm nicht wieder in Schwierigkeiten!«

Er reagiert nicht, steigt auf den Roller und fährt weg.

Wenige Straßen weiter vor dem Lidl-Markt warten seine Freunde Tjakko und Maxim auf ihn. Auch Nils, Tjakkos älterer Bruder, ist da. Schweigend beobachten sie, wie er auf den Parkplatz gefahren kommt und abbremst. Sie machen ein wenig Platz, um ihn in ihren Kreis aufzunehmen. Johnny schaltet den Motor aus, steigt ab, und die Freunde begrüßen sich, indem sie die geballten Fäuste sanft aneinanderstoßen und dann die geöffnete Hand aufs Herz legen.

»Shit, Bro«, sagt Tjakko, und dann weiß er nicht, was er noch sagen soll. Auch die anderen kommen über etwas Gemurmel in dieser Art nicht hinaus.

Johnny wendet einen Moment den Blick ab und verkündet dann: »Wenn jemand mit der Polizei redet, schlag ich ihn tot.«

»Relax, Bro«, sagt Tjakko.

»Wie sah er aus?«, fragt Maxim.

»Wer?«, fragt Johnny.

»Dein Vater.«

Er antwortet nicht, schaut wieder weg, sagt dann: »Wir sind gefilmt worden, aber sie haben nichts in der Hand. Viel zu undeutlich. Peter, dieser Flachwichser, hat gesagt, dass er uns erkennt, aber den nehmen wir uns noch vor. Sie haben Willy, hoffentlich hält der dicht.«

Die Jungen schweigen. Die Situation verunsichert sie.

»Ich hab meinen Vater gesehen«, sagt schließlich Maxim, der vor anderthalb Jahren mit seiner Mutter aus dem Osten der Ukraine nach Wilhelmshaven gekommen ist. Sein Deutsch macht Fortschritte, aber es fällt ihm noch sehr schwer, sich auszudrücken. »Er war geschossen, tot. Sah aus abgefuckt. Ich hab gerufen: Bist du das?«

»Diese Bitch von der Polizei sagt, mein Vater wär ermordet worden«, sagt Johnny. Er sieht Maxim an, holt Luft, um etwas zu sagen, aber dann zieht ein Schatten über sein Gesicht, als würde in seinem Inneren ein Vorhang zugezogen. Er schüttelt den Kopf, steigt auf den Motorroller und fährt weg, ohne sich zu verabschieden. Vor der Straße zögert er. Dann fasst er einen Entschluss, gibt Gas und verschwindet in Richtung der Häfen.

22

Hauke Mauer geht es nicht gut. Seit Johnny Matz ihn voriges Jahr im Oktober zusammengeschlagen und -getreten hat und er wegen einer schweren Verletzung der Halswirbelsäule ins Krankenhaus musste, erlebt er ein ständiges Auf und Ab. Er besucht noch regelmäßig die Median-Rehaklinik in dem Park beim Marinegelände, und jetzt wird er sogar wieder stationär behandelt, wegen Gedächtnisschwäche und Problemen mit der Koordination. Außerdem hat er oft Nacken- und Rückenschmerzen.

Hauke war an einem Freitagabend mit seinen Freunden Bobby und Benjamin im Kino gewesen. Auf dem Heimweg gingen sie durch die Marktstraße und wurden an der Ecke Mitscherlichstraße von Johnny, Tjakko und Maxim angesprochen. Sie kannten sich, wohnten alle im selben Viertel und hatten bis auf Maxim dieselbe Grundschule besucht. Hauke kann sich nicht erinnern, worum es bei dem Streit ging, nur dass es von Anfang an laut herging und dass Johnny, Tjakko und Maxim ihn schließlich bei dem japanischen Restaurant Haruka auf den Parkplatz schubsten. Maxim und Tjakko stellten sich Bobby und dem etwas jüngeren Benjamin in den Weg und hinderten sie am Weitergehen, während Johnny Hauke am Rand des Parkplatzes vor einem Umspannhäuschen zusammenschlug. Als er schon am Boden lag, verpasste er ihm einen so harten Tritt ins Genick, dass Hauke das Bewusstsein verlor. Das Nächste, woran er sich erinnert, ist, dass er im Krankenhaus aufwachte.

Johnny wurde festgenommen und verhört, aber weil Tjakko, Maxim, Bobby und Benjamin nicht mit auf dem Parkplatz waren und Hauke kaum Erinnerungen an die Prügelei hat, zieht sich die Sache immer noch hin. Ein Gebäudereiniger, der im Friseursalon gegenüber beschäftigt war, hatte etwas gesehen und konnte wenigstens die Kleidung des Jungen beschreiben, der Hauke zusammenschlug. Seine Beschreibung stimmte mit dem überein, was Johnny an dem Abend trug, nur waren in Wilhelmshaven zur fraglichen Zeit noch Hunderte andere Jugendliche unterwegs, die genau die gleichen Sachen anhatten. Und Jan Matz hat ausgesagt, dass sein Sohn gar nicht in Wilhelmshaven, sondern zusammen mit ihm auf See war. Was sonst niemand bezeugen konnte. Johnny hatte kein Telefon bei sich, das hatte seine Mutter an sich genommen.

Und nun ist Hauke wieder zur stationären Behandlung in der Rehaklinik, sicherheitshalber. Sein Vater Jürgen und seine ältere Schwester Lisa besuchen ihn. Der Sechzehnjährige sitzt mit missmutiger Miene im Bett. Sein Vater, ein langer, magerer Mann mit schütterem dunklem Haar und großen Händen, drückt ihm einen Kuss aufs Haar, setzt sich und fragt, wie es ihm geht.

»Nicht so toll«, antwortet Hauke. »Ich bin ein paarmal hingefallen, einfach so.«

Jürgen nickt und überlegt, was er sagen soll. »Ist man denn nett zu dir?«, fragt er schließlich. Hauke zuckt mit den Schultern.

»Deine Mutter ist, soweit ich weiß, wieder auf dem Rückweg, vielleicht ist sie morgen schon hier. Ich nehme an, dass sie dann für ein paar Tage von Bord kann, dann kommt sie dich besuchen.«

Hauke schaut seine Schwester an, die in ihr Smartphone vertieft ist.

»Wem schreibst du?«, fragt er.

»Vickie«, sagt Lisa und tippt mit den Daumen eine Nachricht ein.

»Du bist jetzt bei deinem Bruder«, sagt Jürgen verärgert,

»kannst du nicht mal für zehn Minuten die Finger von dem Ding lassen?«

Lisa antwortet nicht, Jürgen seufzt und sieht wieder Hauke an. »Was ist denn passiert? Als du gefallen bist?«

»Nichts Besonderes, bin normal gegangen und dabei hingefallen.« Hauke hat Lisa nicht aus den Augen gelassen. »Was schreibt ihr?«

»Vickie hat mit Nils gesprochen«, sagt Lisa.

»Wer ist Nils?«, fragt Jürgen.

»Das weißt du doch«, sagt Hauke. »Der Bruder von Tjakko.«

»Aus dieser Clique?«

»Vickie ist mit ihm zusammen.«

Jürgen schüttelt den Kopf.

»Johnny läuft wieder frei rum«, sagt Lisa.

»Was?!«, ruft Jürgen. Er schaut nun auch Lisa an. Eine Krankenpflegerin, die im Flur unterwegs war, bleibt vor der offenen Tür stehen. »Hat dieser Dreckskerl ihm etwa wieder ein Alibi gegeben?«

»Nein …«, sagt Lisa. Sie tippt eine Nachricht. Wenig später reißt sie die Augen weit auf und lässt das Telefon sinken. »Der Vater von Johnny ist tot.«

Jürgen starrt seine Tochter an, die aufs Smartphone schaut und etwas schreibt. »Zeig mal«, sagt er in gebieterischem Ton. Er steht auf und geht zu ihr, aber Lisa drückt das Telefon an die Brust. »Nein«, sagt sie.

»Dann sag wenigstens, was los ist!«

Die Krankenpflegerin, die stehen geblieben war, kommt nun zu Jürgen und sagt: »Könnten Sie etwas ruhiger sein?«

Jürgen sieht sie an, ohne zu antworten, dann wieder seine Tochter.

»Was?!«, sagt Lisa plötzlich.

»Was denn?!«, ruft Jürgen.

»Er ist ermordet worden … im Meer …«

Jürgen lässt die Arme fallen, macht einen Schritt rückwärts und sinkt auf seinen Stuhl. »Dieser Dreckskerl«, flüstert er und umklammert die Armlehnen. Er atmet tief ein und schließt die Augen. Als er sie wieder öffnet, stehen Tränen darin. Er schaut seinen Sohn an und sagt: »Ach, mein Junge, mein lieber Junge.«

»Soll ich Ihnen vielleicht ein Glas Wasser bringen?«, fragt die Pflegerin.

Jürgen scheint ihre Anwesenheit erst jetzt zu bemerken. »Wasser?«

»Sie müssen einfach ein bisschen ruhiger sein, Herr Mauer. Das haben wir Ihnen doch schon öfter gesagt.«

»Entschuldigen Sie bitte«, sagt er, nimmt sich zusammen und fährt fort: »… aber ich habe gerade, ich habe in diesem Augenblick …« Er seufzt, schließt die Augen und sagt nichts mehr.

23

Der Hubschrauber, der das Tauchteam der Bundespolizei von Amrum abgeholt hat, macht auf dem Flug nach Cuxhaven eine Zwischenlandung auf Föhr, um Liewe mitzunehmen. Aycke fährt ihn zu dem kleinen Flugplatz, Vos auf der Rückbank. Als sie auf den Parkplatz einbiegen, schwebt der Hubschrauber langsam durch die Dunkelheit zu dem kurz gemähten Gras vor dem Café Am Flugplatz hinunter. Aycke und Liewe steigen aus und öffnen gleichzeitig die beiden hinteren Türen für Vos. Sie zögert, springt dann auf Liewes Seite aus dem Wagen. Aycke inspiziert die Rückbank, wischt die Pfotenabdrücke vom Bezug und spürt dabei etwas Hartes an der Handfläche. Er hält es ins Licht einer Laterne. Es ist ein Backenzahn.

»Liewe«, schreit er, um den Lärm des Hubschraubers zu übertönen. »Das hat dein Hund dagelassen! Hier.« Er geht zu Liewe, legt ihm den Zahn in die Hand und leuchtet mit seinem Smartphone. »Ein Backenzahn«, sagt er.

Liewe nickt. »Nicht von Vos.« Der Hubschrauber ist gelandet, der Lärm nimmt etwas ab, eine Tür wird aufgeschoben. Jemand ruft etwas.

»Natürlich«, sagt Liewe. »Die Fischkiste.« Er dreht sich zum Hubschrauber um, macht eine Geste, die besagen soll, dass er gleich kommt, und fragt Aycke: »Plastikbeutel?«

Aycke rennt zum Wagen, öffnet die Heckklappe und kehrt mit einem Spurensicherungsbeutel zurück. Liewe lässt den Zahn hineingleiten, schließt den Druckverschluss, nimmt Vos an die Leine und zieht sie zum Hubschrauber.

Unterwegs ruft ihn Lothar Henry an und berichtet, dass die Kriminalpolizei von Wilhelmshaven den Fall übernimmt. Hauptkommissarin Judith Schulze habe ihn schon angerufen und gefragt, wer von der Bundespolizei am Fundort gewesen ist, und als sie hörte, dass Liewe mit dem Kapitän der *Freyja* gesprochen hat und sogar zum Wrack getaucht ist, fragte sie, wie sie ihn erreichen könne.

»Ich hab ihr deine Mobilnummer gegeben und gesagt, dass sie dich morgen ruhig anrufen kann, obwohl Samstag ist.«

Es ist dunkel im Hubschrauber. Unten, weit weg am westlichen Horizont, blitzt schwach das Leuchtfeuer von Helgoland auf. Das Meer ist weit und schwarz. Nur auf den Windkraftanlagen des Windparks Amrumbank gehen Reihen von roten Lampen an und aus.

Liewe betastet den Zahn im Plastikbeutel auf seinem Schoß.

Der Hafenmeister hat gesagt, dass Jan Matz in den Fischkisten Dinge aufbewahrte, mit denen er selbst nichts anfangen konnte. Plastik, Scherben, Knochen. Und Liewe erinnert sich, dass sein Vater früher vor der englischen Küste manchmal Knochen in seinen Netzen fand, nicht die üblichen von Eiszeittieren, die dort umherstreiften, als die Nordsee eine kalte, trockene Steppe war, sondern von Menschen. Getroffene englische Piloten, die es nicht mehr bis zur Küste geschafft hätten, meinte er. Oder abgeschossene Deutsche.

Liewe befühlt im Dunkeln den Zahn und versucht vergeblich, eine Erinnerung an seinen Vater zu unterdrücken. Er saß am Tisch, von einer Fahrt zurückgekehrt, es war Wochenende, und er hatte sich gerade einen großen Bissen Seezunge in den Mund geschoben, als er zu kauen aufhörte und fluchte, weil sich eine Gräte zwischen zwei Backenzähnen festgesetzt hatte. Er pulte mit dem Fingernagel, dann mit der Gabel, dem Messer, stand auf und ging in die Küche, rief etwas.

Liewe nimmt sein Smartphone aus der Tasche und betrachtet die Fotos von den Gegenständen in den Vitrinenschränken. Er bleibt an den Knöpfen der Offiziersjacke hängen, denkt an die ertrunkenen Männer, und da ist wieder sein Vater. Er kehrt an den Tisch zurück und erklärt, er werde sein Leben lang keinen Fisch mehr essen.

Ein paar Monate nach dem Unglück hat sich Liewe, um etwas gegen die fixe Idee zu tun, sein Vater würde doch noch eines Nachts heimkehren, mit der Frage beschäftigt, wie das Leben einen Ertrinkenden verlässt, auf welchem Weg der Tod sich im Körper breitmacht. Er recherchierte in der Bibliothek, fragte den Hausarzt und stellte sich die Sache schließlich so vor, dass sich das Leben zuerst aus den Beinen und Armen zurückzieht, dann aus der Lunge, dann dem Gehirn, dann dem Herzen. Und dass irgendwann bei diesem Vordringen des Todes der Widerstand erlischt, das Sich-Ergeben anfängt und die Bilder des gelebten Lebens kommen. Und er fragte sich, ob sein Vater auch ihn gesehen, ob er an seinen Sohn gedacht hatte, den er im Stich ließ, der all die Jahre nachts auf ihn gewartet, der in seinem Bett in die Nacht gehorcht hatte in der Hoffnung, den Diesel der *TX9* zu hören – und *was* er dann gesehen hatte, als er so kurz vor seinem Tod an ihn dachte, welches Bild, welchen Moment, ob er stolz auf ihn gewesen war oder enttäuscht.

Vielleicht hatte er ihn aber gar nicht gesehen, vielleicht sah er nur seinen eigenen Vater, so wie Liewe jetzt an ihn denkt. Oder seine eigene Mutter … natürlich, seine Mutter, Liewes Oma.

Der Hubschrauber leitet schon den Landeanflug ein, in der Ferne sind die Lichter von Bremerhaven zu sehen. Und Liewe denkt widerwillig an Herrn Koek, seinen Französischlehrer, der ihn später, am Anfang des letzten Schuljahrs, zur Übung eine Passage aus Victor Hugos *Les Misérables* übersetzen ließ. Dieser Abschnitt, *»L'onde et l'ombre«*, handelte vom Tod eines Matrosen, der eines Nachts über Bord gestoßen worden ist, und dem Anblick des Schiffs, das in der Nacht verschwindet. Der Matrose ertrinkt, auch wenn Hugo das nicht ausdrücklich sagt. Liewe wusste zunächst nicht, was ihn erwartete, und fing an zu übersetzen, doch als ihm klar wurde, worum es ging, hielt er es nicht mehr aus, stand auf und verließ verstört den Klassenraum. Herr Koek folgte ihm in den Flur, drückte ihm das DIN-A4-Blatt in die Hand und sagte: »Es ist wichtig, dass du das übersetzt. Wenn's nicht anders geht, zu Hause.«

Herr Koek: schwarze, mit Brillantine zurückgekämmte Haare, eng sitzende Hose um die schmalen Hüften, die ewige Zigarette, auch im Unterricht, nie war er gemein oder auch nur unfreundlich gewesen, weshalb Liewe nicht verstehen konnte, dass er ihm das antat. Es war noch kein Jahr vergangen, seit sein Vater ertrunken war. Er nahm den Text mit nach Hause, übersetzte ihn schließlich doch, und als er damit fertig war, wurde er ruhiger. Vielleicht fing mit diesem Text das Akzeptieren der Tatsache an, dass sein Vater nicht zurückkehren würde.

Warum hatte ihn Herr Koek ausgerechnet diese Passage übersetzen lassen? Liewe erklärte es sich damit, dass sie durch das Unglück in gewisser Weise verbunden waren. Der Matrose, der zusammen mit seinem Vater über Bord gegangen war, sich aber am Netz hatte festklammern können, war mit Koeks Tochter Emma verlobt. Ein junger Mann, der bei der verhängnisvollen Fahrt zum ersten Mal auf der *TX9* dabei war. Mitte zwanzig, aber unerfahren, nicht aus einer Fischerfamilie. Niemand verstand, wieso Jan Cupido ihn an Bord geholt hatte, obwohl man wusste, dass er einige Zeit vergeblich einen Matrosen gesucht hatte. Mees Witte hieß er. Nach dem Unglück fuhr er nicht mehr zur See, heiratete Emma, und die beiden zogen aufs Festland, weg von der Insel, weg von den Erinnerungen, weg von den Schuldgefühlen vielleicht. Emma ist früh gestorben, Brustkrebs, aber Mees lebt noch irgendwo in Südholland.

Indem er ihn diese Passage übersetzen ließ, wollte Herr Koek ihm helfen, die Tragödie zu verarbeiten, dachte Liewe, und das denkt er immer noch. Er kann sich nicht mehr genau an den Text erinnern, nur an den einen Satz: *Il a été poussé, il est tombé, c'est fini*. Er ist gestoßen worden, er ist gefallen, es ist aus.

Der Satz ist zu einem Mantra geworden, das er endlos wiederholt, wenn er nicht einschlafen kann. Fast jede Nacht also. Obwohl es schon besser ist, seit Vos am Fußende liegt.

24

Samstag

Judith Schulze ruft am nächsten Morgen um kurz nach neun an. Liewe, der mit einem Becher Kaffee am Schreibtisch sitzt und die Fotos von Jan Matz betrachtet, steht auf, geht ans Fenster und blickt auf die Kasernenstraße hinunter, in der nichts zu sehen ist. Er hört Judith zu, die das Gespräch in Gang zu bringen versucht. »Sie waren am Fundort, soweit ich weiß, Sie haben mit dem Kapitän der *Freyja* gesprochen, Sie sind sogar zum Wrack getaucht und haben die Situation selbst in Augenschein nehmen können, das habe ich doch richtig verstanden? … Hallo?«

»Ja, ja«, sagt Liewe.

»Ich würde gerne mit Ihnen sprechen«, fährt Judith nach kurzem Schweigen fort. »Vielleicht könnten wir uns treffen und gemeinsam überlegen, in welche Richtung man denken sollte. Könnten Sie zum Beispiel nach Wilhelmshaven kommen? Können Sie sich dafür freimachen? Bis die Ermittlungen richtig angelaufen sind.«

Bevor er sich auf den Weg macht, ruft Liewe Lothar Henry an. »Unternimm jetzt nichts auf eigene Faust«, sagt Lothar wider besseres Wissen. »Und wär es nicht besser, du würdest den Hund zu Hause lassen?«

»Ich fahre gleich weiter nach Terschelling«, sagt Liewe, während er eilig in seine Jacke schlüpft und Blickkontakt mit Vos herstellt. Sie steht auf, gähnt, reckt sich und folgt ihm hüpfend auf den Flur und aus dem Gebäude.

Bis Wilhelmshaven sind es knapp anderthalb Stunden. Liewe hört Nachrichten im Autoradio, während Vos aufrecht auf der

Rückbank sitzt und nach draußen blickt, wo Wälder und Felder vorbeiflitzen. Die Nachricht von dem toten Taucher hat zwar eine regionale Website erreicht, aber der Journalist hat offenbar noch kaum Informationen. Nichts von einem Wrack, nichts über das Kupfer oder einen Mord. Ein toter Taucher ist aus dem Meer geborgen und nach Oldenburg geflogen worden, das ist alles. Ertrunken, ein Unfall. Im Radio selbst davon kein Wort.

Als Judith Schulze in der Inspektion Wilhelmshaven den Aufzug verlässt, um Liewe abzuholen, und ihn zusammen mit dem Hund am Empfang stehen sieht, zögert sie. Sein gedrungener, etwas eckiger Körper in der widerspenstigen Lederjacke, die großen Hände an kräftigen Armen, die hellen Augen und das schwarze Haar, der Hund. Liewe sagt nichts, sondern mustert sie mit abwartendem Blick, und sie fühlt sich gedrängt, etwas zu sagen.

»Es war viel los heute Morgen«, sagt sie, als müsste sie etwas erklären, dann schaut sie auf den Hund hinunter. »Ich habe eine Allergie.«

»Oh«, sagt Liewe. Er lächelt, auch Judith lächelt.

»Ach, kommen Sie«, sagt sie, und während sie vor ihm hergeht, denkt sie: Warum mache ich das mit? Im Aufzug blickt sie mehrmals in den Spiegel, um sicher zu sein, dass nicht irgendetwas an ihr zu sehen ist, von dem sie nicht möchte, dass man es sieht. Aber da ist nichts.

Als sie sich kurz danach in ihrem Büro am Schreibtisch gegenübersitzen und Judith die Ausdrucke der Fotos von Jan Matz auf dem Wrack, die ihr zugemailt wurden, auf dem Tisch ausgebreitet hat, sieht sie, dass Liewe die Lippen zusammenpresst, während er sie betrachtet, und findet ihr Selbstvertrauen wieder. »Was ist passiert, was meinen Sie?«, fragt sie.

Liewe löst den Blick von den Fotos und schiebt seinen Stuhl ein kleines Stück zurück. »Matz ist Wracktaucher«, sagt er. »Dieses Schiff ist ein Hauptgewinn, voll mit reinem Kupfer, alles zusammen knapp eine Million Euro. Matz hat es entdeckt, wie auch immer, und hat angefangen, es auszuräumen. Er hat Hebesäcke bei sich, sehen Sie? Mit Greifern. Professionell.« Er beugt sich wieder über den Tisch, zeigt auf einem Foto auf die Hebesäcke, die Matz mit Ringen an seinem Anzug befestigt hat.

»Hebesäcke?«

»Um Schweres an die Oberfläche zu transportieren«, erklärt Liewe. »Man befestigt den Gegenstand, den man mitnehmen will, zum Beispiel mit einem Netz oder Seilen an den Säcken, füllt sie mit Luft, und sie steigen mit der Last auf. Oben wird sie dann mit der Winde an Bord gehievt.«

»Das Kupfer, sind das Rollen?«

»Platten. Tausend waren es in dem Schiff, wenn ich mich nicht irre.«

»Dann hat man aber ziemlich lange zu tun«, sagt Judith, »jedenfalls, wenn man's allein macht.«

»Kaum zu schaffen«, meint Liewe. »Eine Sisyphosarbeit.«

»Oder arbeitet er mit jemandem zusammen?«

»Sollte man eigentlich annehmen, wahrscheinlich aber nicht, außer mit seinem Sohn. Wracktaucher halten Entdeckungen voreinander geheim«, sagt Liewe. »Aber hundertprozentig klappt das nie, früher oder später sickert doch etwas durch.«

»Wie schwer sind diese Platten?«

»Um die hundert Kilo, glaube ich, vielleicht auch mehr. Das heißt, er brauchte die Winde und die Davits auf seinem Boot. Und den Kran im Hafen und einen Pick-up oder einen ähnlichen Wagen auf der Insel. Und einen Gabelstapler in der Garage. Der

Hafenmeister hat mitgemacht, vermutlich nicht umsonst. Oder er hat bei Matz irgendeine alte Schuld beglichen.«

»Eine alte Schuld?«

Liewe zuckt mit den Schultern. »Insulaner«, sagt er.

Judith schüttelt den Kopf. »Was für ein Aufwand, das Ganze, und alles für das Kupfer.«

»Wäre möglich … Aber hier …« Liewe zieht ein anderes Foto, über die Schulter des Toten aufgenommen, in die Mitte. »Seine Hände sind gefesselt, und da …«, er zeigt auf einen nicht erkennbaren, schwach glänzenden Gegenstand, »… hängen die Schlüssel der Handschellen. Für Matz deutlich zu sehen, aber unerreichbar.«

Judith starrt eine Weile auf das Foto, bis sie das Gesagte ganz erfasst hat. »Die musste er also sehen, bis das Licht ausging.«

Sie greift nach einem weiteren Foto, auf dem Matz ganz zu sehen ist, die Hände aneinandergelegt, den Fuß des gebeugten Beins unter einer Stufe.

»Er hat einen seiner Füße zwischen die Stufen gezwängt«, sagt sie. »Wollte sich wohl damit abstoßen, um sich zu befreien. Und zuletzt die Hände zusammengelegt.«

Sie betrachtet ein Foto, das aus größerer Entfernung aufgenommen wurde: der kleine Taucher vor dem Hintergrund des Schiffs. »Wir suchen jemanden, dem es nicht nur um das Kupfer, sondern auch um Matz ging«, sagt sie. »Der nicht nur Geld wollte, sondern auch, dass Matz leidet. Vielleicht ein Bekannter, der es ihm übel nahm, dass er den Schatz für sich allein wollte.«

»Auf der Insel war er nicht sonderlich beliebt«, sagt Liewe. »Aber das hier …«

»Hier in Wilhelmshaven hatte er auch das eine oder andere Problem«, sagt Judith. Dann klingelt ihr Telefon, sie nimmt ab, hört kurz zu, sagt dann: »Bringt ihn bitte in ein Vernehmungszimmer, ich komme gleich.« Sie legt auf. »Der Sohn von Jan Matz meldet sich, das hätte er eigentlich schon vor Stunden tun müssen. Wir haben zwei Beamte losgeschickt, um ihn zu suchen, und jetzt ist er doch aufgekreuzt. Wir hatten ihn festgenommen, weil er einen Molotowcocktail geworfen hat, genauer gesagt, hat werfen lassen. Vor gut einem Jahr hat er einen Jungen krankenhausreif geschlagen, aber es ist noch zu keiner Anklage gekommen. Hauke Mauer heißt der Junge. Matz hat seinem Sohn damals ein Alibi gegeben, er hat behauptet, er wäre bei ihm gewesen. Deshalb könnte der Junge theoretisch davonkommen. Aber vorgestern Nacht ist er mit einem anderen zum Haus der Familie Mauer gefahren, und der Junge auf dem Rücksitz seines Rollers hat einen Molotowcocktail unters Auto geworfen. Das hat gleich Feuer gefangen, im Carport. Wenn der Vater nicht so schnell beim Wagen gewesen wäre, hätte das Haus selbst in Brand geraten können. Wir haben Videoaufnahmen, der Vater, Jürgen Mauer heißt er, hatte sich schon bedroht gefühlt und kurz vorher eine Kamera aufgehängt, aber die Bilder sind zu undeutlich. Matz junior könnte also wieder Glück haben. Wegen der Sache mit seinem Vater habe ich keine Untersuchungshaft beantragt. Aber für den Jungen, den er schwer verletzt hat, sieht es nicht gut aus, der wird wohl nie mehr ganz gesund. Deshalb ist es denkbar, dass Jürgen Mauer an Johnny Matz, aber auch Jan Matz, Rache nehmen will. Meiner Einschätzung nach ist er dazu durchaus fähig.«

»Vor gut einem Jahr …«, sagt Liewe.

»Am 24. Oktober«, antwortet Judith und steht auf. »So, ich schaue mal kurz nach Johnny Matz, und dann schicke ich ihn wieder zu seiner Mutter.«

»Ich gehe mit.«

Judith verlangsamt ihren Schritt, bleibt stehen, zögert.

»Wenn Sie nichts dagegen haben«, sagt Liewe. Vos steht auf und schüttelt sich.

»Was wollen Sie von ihm?«

»Er hat auch gewusst, wo das Wrack liegt.«

»Er ist minderjährig«, erwidert Judith. »Und er hat gerade seinen Vater verloren.«

»Klar«, sagt Liewe. »Komm, Vos.«

25

Im Vernehmungszimmer, in dem man ihn allein gelassen hat, hat sich Johnny aus Gewohnheit an den Tisch gesetzt. Er hat die Hände in die Taschen seines Hoodies geschoben und wartet mit gesenktem Kopf unter der Kapuze.

Judith hat die Klinke schon in der Hand, als sie zu Liewe sagt: »Nur noch einmal vorsichtshalber: Er ist jetzt nicht zur Vernehmung hier. Er hat nur die Auflage, sich zu melden, das ist alles.« Sie blickt auf Vos hinunter. »Und sie kommt auf keinen Fall mit.« Dann öffnet sie die Tür.

Eine Beamtin in Uniform, die gerade vorbeikommt, bleibt stehen und sagt: »Ich kann einen Moment auf sie aufpassen.« Liewe lächelt sie an, reicht ihr die Leine und folgt Judith.

Johnny hebt eine ganze Weile nicht einmal den Kopf, tut es dann doch. »Kann ich gehen?«

»Gleich«, sagt Judith. »Wie geht es zu Hause?«

»Wie geht *was* zu Hause«, entgegnet Johnny, dann fällt sein Blick auf Liewe. »Wer ist das?«

»Das ist Hauptkommissar Cupido von der Bundespolizei«, antwortet Judith.

»Zwei Kommissare. Schaffen Sie's nicht allein?«

»Wie geht es zu Hause?«, wiederholt Judith, aber Johnny antwortet nicht. Er starrt Liewe an, denkt nach. »Sie können mich mal«, sagt er dann.

Liewe erwidert den Blick schweigend.

Johnny wird etwas nervös. »Ja, was?«, fragt er.

»Du kannst gleich gehen«, sagt Judith. »Aber wenn du dich noch einmal nicht meldest und erst gesucht werden musst, kommst du nicht mehr nach Hause. An deiner Stelle würde ich bei deiner Mutter und deinem Bruder sein wollen, sie brauchen dich.«

»Können Sie nicht sprechen?«, fragt Johnny, der immer noch Liewe anstarrt.

»Ich spreche mit dir, Johnny«, sagt Judith.

»Was will der andere hier? Ich hab das Recht, das zu wissen.«

Judith will etwas sagen, wird aber von einem plötzlichen Niesreiz daran gehindert. Sie holt ein Taschentuch aus der Hosentasche, niest und verlässt den Raum. Aus dem Flur sind ein zweites Niesen und sich entfernende Schritte zu hören.

»Ich habe deinen Vater gefunden«, sagt Liewe zu Johnny und setzt sich ihm gegenüber an den Tisch. Er sieht, dass der Junge ihn prüfend mustert. »Mein Beileid«, fügt er hinzu.

»Wo?«, fragt Johnny. »Beim Wrack?«

»Du weißt, wo es liegt, als Einziger.«

Johnny versucht noch einen Moment, ihn feindselig anzusehen, aber er hat plötzlich etwas Hilfloses an sich, als müsste er zu viele Gefühle gleichzeitig in Zaum halten.

»Es ist verständlich, dass er dich dabeihaben wollte. Du oben an der Winde, er unten beim Kupfer. Hochziehen, immer wieder hochziehen.«

Johnny schüttelt den Kopf, wendet den Blick ab.

»Hatte er Angst? Nach dem Einbruch?«

»Sie haben null Ahnung.«

»Ich will herausfinden, wer es getan hat. Ansonsten hab ich nichts mit dir zu tun.«

»Ihr kriegt die ja doch nicht. Die mit ihren scheinheiligen Fressen.«

In diesem Moment geht die Tür auf, und Judith kommt wieder herein, sie hat eine Handtasche bei sich. Ihre Augen tränen ein bisschen. Sie sieht, dass Liewe Johnny gegenübersitzt. »Habt ihr euch unterhalten?«, fragt sie.

»No fucking word«, sagt Johnny.

»Morgen neun Uhr«, sagt Judith. »Sonst holen wir dich.«

Johnny geht, die beiden Ermittler bleiben im Vernehmungszimmer zurück. Judith setzt sich Liewe gegenüber. Sie holt ein Taschentuch aus der Handtasche und reibt sich damit die Augen.

»Ich möchte, dass Sie den Hund zu Hause lassen, oder von mir aus im Auto«, sagt sie, schnaubt sich die Nase und steckt das Taschentuch ein. »Johnny hat mit seinem Vater sein Alibi verloren, aber ich möchte ihm ein paar Tage Ruhe gönnen. Der Gerichtsmediziner wird sich heute Jan Matz ansehen. Wenn das abgeschlossen ist, kann der Leichnam freigegeben werden. Ich überlasse Johnnys Fälle einem Kollegen, damit ich mich ganz auf den Vater konzentrieren kann.«

Liewe schweigt, blickt sich um, wartet ab.

Judith mustert ihn, zögert. »Lothar Henry hat mir gestern gesagt, dass er bereit ist, Sie ein paar Tage auszuleihen.«

»Verstehe«, sagt Liewe und lächelt.

»Ich habe mich mit der Polizei von Föhr in Verbindung gesetzt«, fährt Judith fort. »Sie haben das Haus von Matz versiegelt. Ich schicke die Spurensicherung hin.«

Liewe nickt.

Judith schaut Liewe einen Moment schweigend an, sie sieht plötzlich verärgert aus, scheint nach Worten zu suchen. »Ich leite die Ermittlungen«, sagt sie ein wenig lauter. »Etwas maritime Sachkenntnis kann für uns sehr hilfreich sein, aber ich erwarte schon eine gewisse Offenheit.«

»Natürlich«, sagt Liewe.

»Dann sagen Sie doch mal was, wie können Sie uns Ihrer Ansicht nach helfen?«

Liewe lehnt sich etwas zurück, schiebt die Hände in die Jackentaschen. »Matz ist von einem Taucher oder von Tauchern ermordet worden. Vielleicht waren es zwei, denn auf einen richtigen Kampf deutet nichts hin. Vielleicht war es aber auch nur einer, ein erfahrener Taucher, für den es nichts Ungewöhnliches ist, Gewalt anzuwenden. Vielleicht haben sie sich gekannt. Matz war ein Einzelgänger und hielt seine Entdeckungen geheim. Wir suchen eine Person oder mehrere, die ihn beobachtet haben, die ihm gefolgt sind und ihn überrascht haben. Wenn man unter Wasser beschäftigt ist, merkt man nicht, wenn sich jemand von hinten nähert. Außerdem glaube ich, dass es jemand ist, der auf Rache aus war. Die Entscheidung, Rache zu nehmen, kann lange heranreifen. Deshalb finde ich es interessant, dass im März in Matz' Haus eingebrochen worden ist. Zuerst war er entsetzt, dann schien es ihm plötzlich egal zu sein, weil nichts fehlte. Ich würde an drei Orten suchen: hier, auf Föhr und vielleicht auf Terschelling. Da war er nämlich auch mal und hat sich umgehört. Und ich vermute, dass Johnny uns helfen könnte, aber ich weiß selbst noch nicht, wie.«

Liewe seufzt, er hat lange geredet. Doch dann fällt ihm noch etwas ein. »Lest die Daten des Tauchcomputers aus. Wenn wir Glück haben, ist eine Art Logbuch gespeichert, sodass wir wissen, wo er in den vergangenen Wochen wann getaucht ist. Außerdem kann man sehen, wann seine Luft aufgebraucht war. Wenn die Flaschen komplett leer sind, wissen wir, wie und wann genau er gestorben ist. Wenn noch Luft übrig ist, muss etwas anderes passiert sein.«

Judith schaut auf ihrem Smartphone nach der Uhrzeit. »Hat Johnny noch etwas gesagt?«, fragt sie.

»Er sprach von Leuten mit scheinheiligen Fressen, die wir doch nicht kriegen würden.«

»Scheinheiligen Fressen?«, sagt Judith. »Meinte er die Mörder seines Vaters?«

»Genauer hat er sich nicht ausgedrückt. Ist das eigentlich ein Wort, das zu seinem normalen Wortschatz gehört, scheinheilig?«

»Nein ... scheinheilig ...« Judith lacht. »Ausgerechnet er ...«

»Haben Jan Matz und der Vater des Jungen, den Johnny so zugerichtet hat, sich gekannt?«

»Jürgen Mauer? Ja, vom Schulhof der Grundschule, wenn sie ihre Kinder abholten«, sagt Judith.

»Was macht Jürgen Mauer beruflich?«

»Die Mauers hatten ein Restaurant, aber das hat Pleite gemacht. Seine Frau hat zuerst im Restaurant gekocht und arbeitet jetzt als Köchin auf einem Minenjagdboot. Sie ist meistens auf See.«

»Kann Mauer tauchen?«

»Sie meinen ... dass Mauer ... wegen seinem Sohn?«

Liewe zuckt mit den Schultern. »Väter und Söhne«, sagt er. Dann steht er plötzlich auf und zieht seine Jacke gerade.

»Was schlagen Sie vor?«, fragt Judith.

»Ich fahre nach Terschelling«, sagt Liewe. »Um eine abgebrochene Unterhaltung fortzusetzen.« Er schiebt die Hände in die Taschen, als wäre ihm auf einmal kalt. »Ich stehe zu Ihrer Verfügung«, sagt er. »Schicken Sie mir die Daten des Tauchcomputers?«

Nach einem knappen Gruß geht er hinaus und sucht die Beamtin, die Vos zu sich genommen hat. Als er die beiden findet, klopft er an seinen Oberschenkel, um Vos zu beruhigen, verlässt mit ihr die Inspektion und geht zu seinem Wagen. Wenn er sich ein bisschen beeilt, erwischt er noch die letzte Fähre.

26

Johnny radelt nach Hause, steigt auf den Motorroller seiner Mutter um und fährt zu Lidl, um seine Freunde zu treffen. Doch als er sie sieht, zögert er, hält in einiger Entfernung an und beobachtet eine Weile, wie sie sich unterhalten. Dann wendet er, gibt Gas und fährt weg.

Er fährt durch die Freiligrathstraße, die Norderneystraße und dann über den Friesendamm nach Süden. Auf beiden Seiten gleiten Häuser, Wohnblocks, Sportanlagen und Parkplätze vorbei; Johnny fährt, ohne nach rechts oder links zu blicken. Er überholt Radfahrer, hält weder vor Stoppschildern noch vor roten Ampeln an, macht sich nicht einmal die Mühe, einem hupenden Autofahrer, der eine Vollbremsung hinlegen musste, um ihn nicht zu rammen, den Stinkefinger zu zeigen. Er fährt, als wäre er unverwundbar. Über die Kaiser-Wilhelm-Brücke, am Marinemuseum vorbei zum Nassauhafen, in dem sein Vater ihn mit der *Skua* abholte, um mit ihm nach Föhr zu fahren. Diese endlose Fahrt.

Jan Matz ließ sich schon seit Jahren nicht mehr bei dem Haus blicken, in dem seine geschiedene Frau und seine Söhne wohnten. Bei geeignetem Wetter verabredete er sich mit Johnny im Nassauhafen. Johnny kam mit dem Fahrrad, schloss es am Rand des Parkplatzes fest und ging über die Brücke zum Bootsanleger hinunter. Dort schlenderte er möglichst lässig zur *Skua*, machte die Festmacherleinen los, stieß das Boot mit dem Fuß ab und sprang an Bord. »Na, du Pirat«, sagte Jan Matz jedes Mal, »was hast du jetzt wieder ausgefressen?« Johnny stellte sich neben seinen Vater ins Ruderhaus und spürte, wie die Kraft der Motoren das Boot vibrieren ließ, wenn Jan drehte und es mit Vollgas in Richtung offene See steuerte.

Immer das Gleiche: *Na, du Pirat, was hast du jetzt wieder ausgefressen?* Sein Vater sagte es lächelnd, legte ihm die Hand auf den Rücken, strich ein paarmal auf und ab. So war es auch beim vorletzten Mal gewesen. Aber am vergangenen Dienstag war alles anders gelaufen. Johnny war wie verabredet zum Nassauhafen geradelt und wie sonst zur *Skua* gegangen. Er hatte die Festmacherleinen gelöst, das Boot mit dem Fuß vom Anleger abgestoßen, war aber nicht an Bord gesprungen. Während es sich entfernte, blickten Vater und Sohn sich an. Zuerst schüttelte Jan den Kopf, dann Johnny, und dann drehte er sich um und ging ohne ein Wort oder auch nur eine Geste zu seinem Fahrrad zurück, das er vorsorglich nicht angeschlossen hatte. Er war den Ablauf vorher in Gedanken immer wieder durchgegangen, hatte sich vorgenommen, sich nicht umzudrehen, auch nicht, wenn er das vertraute anschwellende Motorengeräusch hören würde, aber als er sich schließlich doch umdrehte, war er enttäuscht, dass sein Vater schon wieder auf dem Weg zur offenen See war. Die letzte Erinnerung: das schnell kleiner werdende Boot, das im trüben Wasser einen schmutzig weißen Streifen hinter sich herzog. Der Schaum löste sich schnell auf, und das war alles.

Und nun ist Johnny mit dem Roller seiner Mutter zum Stillstand gekommen und hat den Motor abgestellt. Er steht auf dem Parkplatz und kann in einiger Entfernung die Seeschleuse sehen. Zwei Marineschiffe warten im Neuen Vorhafen darauf, in Richtung Marinearsenal fahren zu können. Johnny sieht die Boote im Nordhafen, die Möwen, die über den Marineschiffen kreisen, den Turm der Schleusenmeisterei. Er sieht, wie die Schiffe sich nacheinander in Bewegung setzen. Von See her nähert sich Regen.

Johnny bleibt stehen, bis die Schiffe die Schleuse auf der anderen Seite wieder verlassen haben und langsam hintereinander durch den Nordhafen fahren. Es dämmert. Er reibt sich die Augen, startet den Roller, wendet und verlässt das Hafengelände.

27

Liewe hat in Harlingen die Fähre nach Terschelling gerade noch erreicht und sich mit Vos an ein Fenster gesetzt. Es ist kurz nach halb acht, die Fähre ist die letzte an einem Samstag der Nachsaison, weshalb es leer und still ist auf dem großen Schiff. Das Wetter hat sich beruhigt, das Licht des noch fast vollen Mondes spiegelt sich im Wasser. An Backbord voraus sieht man das Leuchtfeuer des Brandaris.

Er ruft seine Mutter auf Texel an, wie jeden Samstag. Es sind kurze Gespräche über Alltägliches, von dem sie beide wissen, dass man kaum viele Worte darüber verlieren muss und doch das Wesentliche sagt. Und dieses Wesentliche ist: Du lebst noch, ich lebe noch, wir denken aneinander, wir kommen zurecht.

Liewes Mutter Anna Uelsen hat keine Geschwister, genau wie Liewe. Sie hat außer ihm praktisch keine Verwandten, ihre Eltern sind schon lange tot, nur eine entfernte Cousine wohnt noch in Rheinfelden, doch die ist nie auf Texel gewesen, und Anna wiederum hat die Insel seit Jahren nicht verlassen. Nur Henk Cupido, der jüngere Bruder von Jan, kommt hin und wieder zu Besuch. Dann trinken sie am Küchentisch Kaffee, während Henk Anna mit allerlei Neuigkeiten und Klatsch von der Insel aufwartet, die ihr entgangen sind. Anna freut sich über seine Besuche und gibt sich auch ernsthaft Mühe, etwas zum Gespräch beizutragen, doch im Grunde ist das gar nicht nötig, denn Henk redet sowieso fast ununterbrochen, und sie schaut ihn an, während er einen Keks nach dem anderen aus der Dose nimmt. Er sieht ihrem ertrunkenen Mann nicht ähnlich. Henk, das weiß jeder, ist der Sohn eines georgischen Wehrmachtssoldaten, der während des Zweiten Weltkriegs auf der Insel stationiert war und bei der Niederschlagung des Aufstands der georgischen Einheit durch die Deutschen im April 1945 ums Leben kam. Nur wenige störten sich an seiner Abstammung, Jan verstand sich gut mit ihm und hatte ihn als Maschinisten an Bord geholt.

Deshalb war Henk auf dem Kutter, als das Unglück geschah. So gesprächig er auch ist, dieses Thema vermeidet er.

Ansonsten hat Anna wenig Kontakt, scheint aber nicht darunter zu leiden. Sie liest, gärtnert, und weil sie auch nach ihrer

Pensionierung weiterhin einen Schreibtisch und Computer am Niederländischen Ozeanografischen Institut nutzen darf, mit Zugang zu den Bergen an Daten, die noch auf Fragestellungen und Hypothesen warten, setzt sie in aller Ruhe ein paar Studien fort, die in ihre Spezialgebiete fallen. Und jeden Samstag ruft Liewe an. Anders als früher sprechen sie Deutsch miteinander. Es ist ihre Muttersprache, aber die Sprache im Haus war Jans Niederländisch, auch wenn er auf See war. Sogar nach dem Unglück führten Mutter und Sohn ihre kargen Gespräche weiter auf Niederländisch.

Erst als Liewe Texel den Rücken gekehrt hatte und an der Hochschule der Polizei in Hamburg studierte, schlich sich immer mehr Deutsch in ihre Unterhaltungen ein. Er war es, der die Initiative ergriff, und es dauerte eine ganze Weile, bis er das Gefühl abschütteln konnte, damit etwas allzu Vertrauliches, beinahe Unerlaubtes zu tun. Dadurch, dass er mit seiner Mutter in der Sprache ihrer unzugänglichen Gedankenwelt sprach, wurden die Wörter in einer Weise mit Gefühlen und Bedeutung aufgeladen, wie sie es früher nie gewesen waren, auch wenn es um Alltägliches ging wie Arbeit, Wetter, Ankunft oder Abreise; in ihrer eigenen Sprache kam Liewe seiner Mutter so viel näher als früher in seiner Kindheit. Er brach in die Bastion ihrer Gedanken, Gefühle und Erinnerungen ein. Sie weiß noch, wie sie erschrak, als er ihr auf Deutsch sagte, dass er von nun an gerne immer Deutsch mit ihr reden würde. Sie hatte damals nur knapp geantwortet, auf Niederländisch. Keine Abweisung, auch keine Ermutigung.

Aber er ließ nicht locker, und ihr Gefühl, dass er ihr zu nah kam, wenn er in der Sprache ihrer Jugend mit ihr sprach, hat allmählich einer leichten, nicht einmal sehr unangenehmen Trauer Platz gemacht. Sie weiß, dass seine Kollegen ihn den Holländer nennen, und wenn er redet, hört sie, warum, aber sie korrigiert seine Aussprache und seine Fehler nicht. Vor allem, wenn er anruft, hört sie durch seine Worte hindurch ihren Mann und damit auch die Konsequenzen der Entscheidungen, die sie in ihrem Leben getroffen hat. Sie hört den Abschied von ihrer Vergangenheit in Deutschland, sie hört die Mauer, die sie um ihre Erinnerungen herum hochgezogen hat, sie hört die Insel, und sie empfindet kein Bedauern, oder höchstens ein bisschen.

Und jetzt hört sie, dass er zögert, obwohl das Übliche schon gesagt ist. Dann fragt er: »Lebt Herr Koek noch?«

»Herr Koek?«

»Mein Französischlehrer.«

Anna schweigt. Sie überlegt, warum er das wissen will. »Ich werde Onkel Henk fragen«, sagt sie.

»Ja, bitte«, sagt Liewe.

28

Als Jürgen Mauer von dem Besuch bei seinem Sohn nach Hause kommt, hört er das Festnetztelefon klingeln. Ohne die Jacke auszuziehen, geht er ins Wohnzimmer und nimmt ab. Es ist seine Frau Elise. Sie ruft von der *Grömitz* aus an, dem Minenjagdboot, auf dem sie vor über einem Monat zu einer großen NATO-Übung im Mittelmeer ausgelaufen ist. Solange die Übung andauerte, gab es keinen Kontakt, aber nun ist sie offenbar vorbei, und die *Grömitz* macht auf dem Rückweg nach Kiel Zwischenstation in Wilhelmshaven.

»Morgen früh bin ich wieder zu Hause«, sagt Elise. »Wie geht es euch?«

»Hauke ist in der Reha. Es gibt einfach keine Fortschritte«, antwortet Jürgen. »Der Rücken und auch Schulter und Nacken machen ihm noch schwer zu schaffen.«

»Ich rufe ihn gleich noch an. Und Lisa und Peter, alles in Ordnung?«

Jürgen überlegt hin und her, ob er von dem Molotowcocktail erzählen soll. Stattdessen sagt er: »Matz ist tot. Der Alte.«

Elise antwortet nicht, Jürgen hört, dass sie den Atem anhält.

»Man hat ihn aus dem Meer gefischt«, fügt er hinzu.

»Ist er ertrunken?«

»Lisa weiß es von einer Freundin, und die hatte es wieder von einem Freund von Johnny gehört.«

»War es an *der* Stelle?«, fragt Elise, wobei sich ihre Stimme fast überschlägt.

»Woher soll ich das wissen?«

»Ich weiß nicht, was ich sagen soll. Ich bin hier auch nicht allein.« Im Hintergrund sind Stimmen zu hören. Gelächter. Offenbar herrscht an Bord eine entspannte Atmosphäre, weil das Schiff auf dem Weg nach Hause ist.

»Übung gut gelaufen?«, fragt er, weil ihm nichts anderes einfällt.

Elise seufzt. »Sie essen weniger, wenn es aufregend wird, aber sobald die Übung vorbei ist und sie ein bisschen schlafen konnten, fressen sie wieder wie die Scheunendrescher. Ich frag mich manchmal, wie es wäre, wenn es wirklich ernst würde. Wir mussten auch Brandbekämpfungsübungen machen. Rennen, Anzüge an, runter, löschen, Lecks dichten. Das war hektisch, aber auch spannend. Ich hab mir mehrmals sagen müssen: Es ist eine Übung, nicht real.«

Jürgen hat nicht richtig zugehört. »Matz ist tot«, sagt er, »das *ist* real. Jetzt noch der kleine Dreckskerl.«

»Du mit deinen großen Worten …«

»Ich weiß, ich weiß.«

»Morgen bin ich zu Hause.«

»Ja, komm schnell. Dein Sohn vermisst dich. Es wird ihm guttun, wenn du wieder da bist.«

»Ich ruf ihn gleich noch an«, wiederholt Elise. »Koch was Leckeres für euch, und bleib nicht die ganze Nacht auf. Du kannst doch nichts machen, wir müssen einfach abwarten. Und red kein dummes Zeug. Ich bin morgen wieder da.«

»Ich gebe mir Mühe«, sagt Jürgen. »Ich werde träumen, dass nichts passiert ist, dass die Kinder noch klein sind und wir nichts wissen und voller Hoffnung sind.«

29

Liewe hat ein Zimmer im Hotel Schylge bekommen, durfte aber erst nach längerer Diskussion Vos mitbringen. Man hat ihm schließlich ein Zimmer am Ende eines Flurs gleich neben dem Notausgang gegeben.

»Also bitte durch den Notausgang nach draußen«, sagte der junge Mann an der Rezeption, »damit Sie niemand sieht. Und in den Frühstücksraum können Sie auf keinen Fall mit dem Hund. Sonst bin ich meinen Job los.«

Liewe hat Aussicht auf den Hafen. Er kann sogar die gerade eingelaufene *Freyja* sehen. Im Licht der Decklampen sieht man den Ausleger an Steuerbord, der einen Container vom Deck hebt. »Komm, Vos«, sagt er, und sie gehen durch den Notausgang hinaus und die Feuertreppe hinunter.

Bis zum Kai sind es zehn Minuten, und als Liewe ankommt, sieht er dort Ties Boom. Piet Bonga steht an Deck, van Hee vermutlich auf der Brücke. Der Container ist mit einem dumpfen Dröhnen auf dem Asphalt abgestellt worden, aus den Spalten und Lecks läuft noch Seewasser. Das Manöver hat etliche Zuschauer angelockt, und Liewe bleibt zwischen ihnen stehen. Boom geht um den Container herum, wird von einem Einheimischen angesprochen, kommt näher und bemerkt dann Liewe. Liewe sieht, dass er ihn erkennt, doch der Matrose sagt nichts zu ihm, beendet sein Gespräch mit dem anderen Mann, geht zur *Freyja* zurück und steigt an Bord.

Kurz danach kommt Sil van Hee an Land und spricht mit dem Hafenmeister. Es ist kein angenehmes Gespräch. Der Hafenmeister zeigt, gestikuliert, stiefelt davon. Van Hee schaut zu Liewe hinüber, zögert einen Moment. Liewe geht zu ihm.

»Ich muss hier weg«, sagt van Hee. »Wir müssen ein Stück verholen, damit der Kai wieder frei ist. Jetzt sofort, gleich haben wir zu wenig Wasser.«

Liewe nickt.

»Willst du noch was von mir?«, fragt van Hee. »Bist du extra deswegen auf die Insel gekommen?«

»Möglich«, sagt Liewe.

»Komm mal kurz an Bord.«

Liewe folgt van Hee, der auf den Kutter zurückkehrt. Er hebt Vos hoch, gibt sie über die Reling an van Hee weiter und steigt dann selbst hinauf.

Als sie kurz danach auf der Brücke stehen und die *Freyja* im Schritttempo eine Schiffslänge voraus fährt, sagt van Hee:

»Wir haben noch über die Sache geredet, ich wollte dich schon anrufen, hatte aber deine Nummer nicht.«

Er schaltet auf Rückwärtsfahrt, die *Freyja* stößt gegen die Kaimauer. Liewe hält den Atem an. Auf dem Vorschiff wirft Bonga eine Festmacherleine Boom zu, der wieder auf dem Kai steht.

»Soll ich?«, fragt Liewe.

»Wenn du willst«, sagt van Hee.

»Bleib«, sagt Liewe zu Vos, läuft den Niedergang hinunter, zieht unten angekommen einen der Fender zwischen Bordwand und Kai ein wenig höher, rennt nach achtern und wirft den zweiten Festmacher auf den Kai. Als er später mit der Besatzung auf der Brücke sitzt, zeigt sich, dass sein Einsatz nicht unbemerkt geblieben ist.

»Du bist zur See gefahren«, sagt Bonga anerkennend.

»Wir haben unterwegs noch von diesem Deutschen gesprochen«, sagt van Hee. »Der mal beim Club vorbeigekommen ist. Wir wissen jetzt auch wieder, wie er hieß, ein echter Amelander Name. Metz hieß er.«

»Matz«, sagt Liewe. »Jan Matz. Das war er, der Taucher auf der *Hanne*.«

»Der Taucher?« Van Hee ist einen Moment sprachlos. »Also das war er«, sagt er dann. »Matz, nicht Metz.«

»Ist ja ähnlich«, sagt Boom. »Metz, Matz …«

»Diese Namen kommen auf allen Inseln vor«, sagt Bonga. »Nur überall ein bisschen anders.«

»Hier gibt's auch Cupedos«, sagt Boom.

»Und Cupidos, auch auf Schier.«

»Wer hat mit Matz gesprochen, als er hier war?«, fragt Liewe.

»Ich nicht«, antwortet van Hee. »Ties hat mit ihm geredet, aber bloß kurz. Ties spricht nur Hoteldeutsch. Schlafen, essen, Schnitzel, Bier.«

»Gilles und Halina haben 'ne Weile mit ihm zusammengesessen«, sagt Ties Boom. »Und Maarten natürlich, auch so' n Sprachwunder. Sie haben sogar noch was zusammen getrunken, im Walrus. Ob Halina auch dabei war, weiß ich nicht.«

»War er allein auf der Insel?«

»Keine Ahnung«, sagt Ties. »Aber wenn du morgen früh ins Clubhaus kommst, trommel ich alle zusammen.«

30

Zum Hotel zurückgekehrt, steigt Liewe mit Vos die Treppe zum Notausgang hinauf, den er mit einem Stück Karton offen gehalten hat. Kaum im Zimmer, bekommt er eine E-Mail, an die eine Datei mit dem Logbuch von Matz' Tauchcomputer angehängt ist. Es sind die Daten von vierzig Tauchgängen seit Anfang März.

Liewe startet seinen Laptop, überträgt die Datei und geht die Aufzeichnungen durch. Für fast alle Tauchgänge sind als Koordinaten 54°36' N – 7°55' O und eine Tiefe von zehn Metern registriert. Meistens ist Matz gut eine Stunde getaucht, nie länger. Alles erweckt den Eindruck, dass er überlegt vorgegangen ist, ein Routinier und sicher niemand, der unnötige Risiken einging. Die einzigen Tauchgänge an einer anderen Stelle waren Anfang März, wahrscheinlich, bevor er die *Hanne* entdeckte. Es war nicht allzu weit entfernt, bei 54°34' N – 7°49' O. Dort war es um einiges tiefer, dreiundzwanzig Meter, und er ist auch länger getaucht, bis zu achtzig Minuten, also bis fast keine Luft mehr übrig war. Das sieht dann schon nach Leichtsinn aus. Vielleicht war damals Johnny dabei. Aber ab dem 14. März ist er immer wieder zur *Hanne* getaucht, insgesamt fünfunddreißig Mal, zählt Liewe.

Er denkt an den Big Bag mit Kupferplatten in Matz' Garage. Und an den Hafenmeister von Föhr, der so oft seine schützende Hand über den alten Freund gehalten hat.

Dann geht er die Daten noch einmal durch. Immer wieder die *Hanne*, doch jetzt sieht er, dass Matz noch zweimal zu der tieferen Stelle getaucht ist. Einmal Anfang August und das letzte Mal im vergangenen Monat. Vielleicht hatte er da wieder Johnny bei sich?

Liewe macht ein paar Notizen und öffnet ein Programm, mit dem er auf die Seekarten der deutschen Gewässer zugreifen kann. Er gibt die ersten Koordinaten ein, erkennt die Stelle wieder, an der er zu dem Toten getaucht ist, gibt dann die anderen Koordinaten ein und stellt fest, dass die Stelle weniger als zwei Seemeilen weiter südwestlich liegt. Ob dort weitere Teile der *Hanne* liegen, ist das denkbar? Nicht selten zerbrechen Wracks im Lauf der Zeit in mehrere Teile, von denen manche auch von Strömungen weitertransportiert werden, aber dafür liegen die beiden Stellen dann doch reichlich weit auseinander, zu weit. Auf der Karte ist an keiner von beiden ein Wrack eingezeichnet. Nicht alle Wracks haben es auf die offiziellen Karten geschafft.

Morgen die Taucher fragen, ob sie wissen, was da liegt, denkt Liewe und will den Laptop schon zuklappen. Doch dann wird ihm bewusst, dass er es vermieden hat, sich die Daten von Matz' letztem Tauchgang in allen Einzelheiten anzusehen. Er seufzt, reibt sich die Augen, rafft sich schließlich auf. Und es ist so, wie er es im Grunde schon erwartet hatte. Matz hat an jenem Mittwoch, festgekettet an dem Wrack, seine gesamte Luft verbraucht. Er hat also bis zuletzt gelebt und ist erstickt.

Liewe steht auf und geht zum Fenster. Am Horizont sind undeutlich die Lichter von Harlingen zu erkennen, ein Streifen aus schwach leuchtenden Pünktchen. Zwischen dem Horizont und dem Hafen erstreckt sich breit und dunkel das Watt. Hier und da sieht man die roten und grünen Lichter der Fahrwassertonnen. Über den Himmel streift mit übermenschlichem Gleichmaß das Licht des Brandaris.

Ein wenig erinnert ihn die Aussicht an die aus dem Fenster seines Dachzimmers, von dem er über die Deichkrone aufs Watt blicken konnte und rechts die Lichter des Marinehafens von Den Helder sah. Er kannte sogar die Bezeichnungen der Fahrwassertonnen: hier die rote T8, dort die grüne T1. Alle vier Sekunden blinkten sie. Er passte seine Atmung ihrem Rhythmus an, wartete.

Il a été poussé, il est tombé, c'est fini. Er sieht die Lichter an der Einfahrt des Jachthafens. Sie blinken nicht, sondern leuchten ununterbrochen. Nur weiter weg, vor der Einfahrt des Fährhafens, geht ein grünes Licht an und aus. Er zählt. Acht Sekunden. Dann Dunkelheit.

Il a été poussé, il est tombé, c'est fini.

Er zieht den Vorhang zu, geht zu seinem Laptop auf dem kleinen Schreibtisch, fährt ihn wieder hoch und googelt: *texte français Hugo Misérables*. Der gesamte Text des Buches ist online verfügbar. Liewe sucht nach *L'onde et l'ombre* und findet das Kapitel. Er setzt sich mit dem Laptop aufs Bett neben Vos, die auf dem Kopfkissen leise schnarcht, und fängt an zu lesen. Er erkennt die Sätze, seine Übersetzung fällt ihm wieder ein wie ein alter Song, den er seit Jahrzehnten nicht mehr gehört hat, und dann stößt er auf den Satz, den er sucht. Er liest: *Il a glissé, il est tombé, c'est fini.* Liewe runzelt die Stirn, sucht weiter, aber der Satz, den er all die Jahre wie ein Mantra vor sich hin gemurmelt hat, der ihn als knapp Achtzehnjährigen wie ein Schlag mit dem Vorschlaghammer getroffen hatte, lautet offenbar anders, als er ihn in Erinnerung hatte. Nicht: Er ist gestoßen worden, er ist gefallen, es ist aus, sondern: Er ist ausgerutscht … Er ist ausgerutscht, er ist gefallen, es ist aus.

Ihm wird warm. Er legt den Laptop weg, erhebt sich, bleibt unschlüssig stehen, setzt sich wieder aufs Bett, nimmt den Computer und fängt erneut an zu lesen, als hätte er sich die Augen gerieben und alles wäre deshalb wieder so, wie es zu sein hat. *Il a glissé,* liest Liewe, er ist ausgerutscht … Nein, nein, nein … *Il a été poussé,* er ist gestoßen worden … Er legt den Laptop zur Seite und sieht Vos an, die immer noch reglos auf dem Kissen liegt.

Ist es möglich, dass er den Satz all die Jahre falsch in Erinnerung hatte? Dass er viele Hundert, ja vielleicht viele Tausend Mal das Falsche wiederholt hat? Hat er sich vorgestellt, dass sein Vater gestoßen worden sein könnte, dass es kein Unfall war, die Vorstellung aber andererseits auf diese Weise auf Distanz gehalten, weil es ja nur ein Text war, ein Zitat von einem toten französischen Schriftsteller? Den er als Übung für die Abschlussprüfung übersetzen musste und von dem er sonst nie eine Silbe gelesen hätte.

Liewe versucht nachzudenken. Was war das für ein Blatt, das Herr Koek ihm gegeben hatte? Eine Kopie aus einem Buch? Nein, maschinengeschrieben. Es war der Anfang des Kapitels aus *Les Misérables,* aber getippt, keine Fotokopie. Koek hatte die Passage abgetippt. Und nur für ihn. Weshalb hat er diesen Fehler eingebaut? Warum hat er den Text verändert?

Liewe starrt auf das Bild an der Wand gegenüber. Die Reproduktion eines Seestücks. Vos wird wach, hebt den Kopf, blickt ihn an.

»Il a été poussé«, sagt er. »Er ist gestoßen worden …«

31

Am nächsten Morgen meldet sich Johnny rechtzeitig auf der Inspektion. Auch Judith Schulze ist da, obwohl Sonntag ist.

»Komm mal kurz mit«, sagt sie und geht vor ihm her, am Vernehmungszimmer vorbei, zur Kantine, wo sie sich einen Kaffee eingießt. »Auch einen?«, fragt sie.

Johnny schüttelt den Kopf und schaut sich um.

»Ich will dich nicht lange aufhalten, aber setzen wir uns einen Moment«, sagt Judith. Sie zeigt auf einen der Tische und setzt sich. Doch Johnny bleibt mit den Händen in den Taschen stehen und sieht Judith etwas dösig an, als wäre er nicht ganz da. Vielleicht hat er Drogen genommen.

»Zu Hause alles okay?«

»Sind Sie jetzt mein Mentor oder so was?« Johnny sagt es mit auffallend sanfter Stimme. Er dreht den Kopf ein wenig zur Seite, als hätte er Nackenschmerzen. »Kann ich gehen?«

»Nur eine Frage. Du hast zu Hauptkommissar Cupido gesagt, dass wir die Mörder deines Vaters nicht fassen würden, und du hast sie scheinheilig genannt. Was meintest du damit?«

Johnny schaut sie schweigend an.

»Du hast von Mördern gesprochen, als wären es mehrere, mehr als einer.«

»Ich hab nichts von Mördern gesagt.«

»Du hast so etwas gesagt wie ›die mit ihren scheinheiligen Fressen‹. Das sind dann doch mindestens zwei.«

»Sie checken wirklich gar nichts, was?«, erwidert er. »Können Sie nicht mal behalten, was Sie sagen? Sie haben selbst gesagt, es wären mehrere.«

»Ich soll das gesagt haben? Wann? Wo?«

»In Oldenburg.«

Judith denkt nach, schüttelt den Kopf. »Auf jeden Fall habe ich nicht gesagt, die Täter wären scheinheilig. Wieso scheinheilig?«

Johnny zieht die Schultern hoch und schaut zur Seite, aus dem Fenster. Es ist ein stiller Morgen, kein Verkehr, auf dem Rasen trappeln ein paar Möwen Würmer aus dem Boden.

»Willst du, dass wir denjenigen finden, der deinen Vater umgebracht hat?«

»Ihr seid doch alle Flachwichser, ihr könnt gar nichts.« Von der Geistesabwesenheit ist nichts mehr zu spüren. Er schaut auf Judith hinunter. »Auf der Straße lachen alle über euch.«

Judith steht auf. »Ich habe dich kaum jemals lachen sehen, Johnny.«

»Ihr fahrt in euern Streifenwagen rum, verhaftet immer dieselben Leute und sagt: Wir sind die Polizei. Dabei wollt ihr euch nur aufspielen und Kohle machen.«

»Wir sind also scheinheilig«, sagt Judith und schaut Johnny scharf an.

»Ja.« Er schweigt einen Moment. »Nein«, sagt er dann. »Ihr seid Loser.«

»Aber diese Loser sind jetzt deine Verbündeten, Johnny, ob du willst oder nicht.« Judith deutet in Richtung Ausgang. »Nach dir«, sagt sie. »Wir sehen uns morgen.«

32

Von Hunger getrieben, hat Liewe mit Vos um halb neun das Hotel über die Feuertreppe verlassen, um im Dorf ein Frühstück aufzutreiben. Es wird eine unangenehme Suche vorbei an geschlossenen Cafés und Läden. Der Wind kommt aus Nord und treibt Regenschauer durch die engen Straßen. Liewe hat bald kalte Füße und spürt ein heftiges Verlangen nach Kaffee. Schließlich findet er im Hotel Nap, unterhalb des Leuchtturms, eine Rezeptionistin, die Mitleid mit ihm und seinem zitternden Hund hat. »Na gut«, sagt sie. »Wenn Sie den Hund angeleint lassen.« Sie lächelt Vos an. »Ist dir kalt, großer Wolf?«

Kurz danach sitzt Liewe im Frühstückssaal am Fenster, wärmt sich die Hände an einem Becher Kaffee und betrachtet das nasse Klinkerpflaster und die trostlosen Fassaden der geschlossenen Touristenläden. »So geht es nicht, Vos«, sagt er. Er bricht ein Stück von seinem Käsebrötchen ab und hält es ihr unter dem Tisch hin, wie um das Gesagte abzumildern. Vos nimmt den Bissen vorsichtig entgegen und schaut beim Kauen ihren Herrn durch den Spalt zwischen Stuhl- und Tischbein an, die Ohren vor Wohlbehagen ein wenig zurückgelegt.

Als Liewe aufsteht, um seinen Becher nachzufüllen, empfängt sein Smartphone eine Nachricht von Judith Schulze.

Sie hatten dem Jungen gegenüber doch nicht erwähnt, dass es mehrere Täter gewesen sein könnten? Das hat er von sich aus gesagt, oder?

Liewe holt sich den zweiten Becher Kaffee, nimmt auch noch ein Brötchen mit, setzt sich wieder an den Tisch und antwortet Judith mit einem knappen *Das hat er von sich aus gesagt*. Dann steckt er das Telefon ein und isst sein Brötchen.

Um kurz vor zehn geht Liewe mit Vos am Hafen vorbei zum Vereinshaus von »Costa Rica«. Die festgemachten Krabbenkutter rollen leicht im Wind und scheuern dabei mit kläglichem Winseln an ihren Fendern. Auf dem Kai stehen aufgestapelte Fischkisten, auf den Kuttern tropfen die Baumkurren an den Auslegern. Im Dorf ist immer noch nicht viel los, und die verlassenen Kutter und Fischkisten im Regen strahlen Einsamkeit aus.

Liewe denkt an die Fischkiste im Hauswirtschaftsraum von Jan Matz, und er erinnert sich an die Scheu, die sein Vater jedes Mal vor den eingeholten, triefenden Netzen empfand, kurz bevor die Codleine gelöst wurde und der Fang herausglitt. Man konnte nie wissen, was man mit den Schollen hochgeholt hatte.

Sein Vater bestand darauf, dass alles, was kein Fisch war, wieder zurückgeworfen wurde, gegebenenfalls mit Ehrfurcht. Legte jemand von der Besatzung etwas zur Seite oder steckte es ein, um es mitzunehmen, brauchte er nicht mehr an Bord zu kommen. Wer auf See gebelieben war, sollte auch dort bleiben, meinte sein Vater, ob Mensch oder Tier.

»Es ist wie mit den Gräbern der Pharaonen«, sagte er zu Liewe, der als Kind eine Zeit lang ganz in der Welt der Pyramiden und Mumien aufging. »In Ruhe lassen.«

Es gab aber auch Fischer, die das anders sahen, die Beifänge mitnahmen und in ihren Schuppen ausstellten oder an Händler in Zeeland oder Urk verkauften. Unter den Mitgliedern von »Costa Rica« sind auch ehemalige Fischer.

Auf dem Rasen am Ende des Kais stehen etliche Schiffskanonen aus vergangenen Epochen, ein Flakgeschütz und der beschädigte Turm eines U-Bootes. Es ist der Vorgarten von »Costa Rica«. Das Tor des Vereinshauses, ursprünglich der Bootsschuppen für das Rettungsboot von West-Terschelling, steht offen.

Als Liewe und Vos eintreten, ist Sil van Hee gerade dabei, Bierflaschen und Plastikschälchen mit abgenagten Rippchen von einem großen, dunklen Holztisch abzuräumen. Die Stühle sind kreuz und quer im Raum verteilt, die Theke steht voll mit Gläsern. Überall in dem großen Schuppen mit dem vielen dunklen Holz, an den Wänden, auf der Theke, an den Dachbalken, hängen, stehen und liegen vom Meeresboden hochgeholte Gegenstände, die den Ausstellungsstücken in den Vitrinen von Jan Matz erstaunlich ähnlich sind. Es herrscht eine intime, irgendwie verschwörerische, aber vor allem behagliche Atmosphäre. Insulaner unter sich, lange Abende, Alkohol, fantasievoll ausgeschmückte Geschichten, heftige Gefühle, die hin und wieder wie blasende Wale an die Oberfläche kommen.

»Vereinsabend gestern«, sagt Sil van Hee, während er ein überladenes Tablett hinter der Theke abstellt. »Aufräumen tut dann keiner mehr.«

Ties Boom kommt herein, noch verschlafen, und gleich nach ihm eine Frau mit kurzem, graubraunem Haar, hohen Wangenknochen und hellblauen Augen. »Halina Bokowski«, sagt sie und reicht Liewe die Hand, doch noch während sie sich die Hände schütteln, sucht sie Sil van Hees Blick. »Gilles kommt gleich«, erklärt sie. Dann sieht sie Vos und geht in die Knie. »Wer bist *du* denn?«, sagt sie. Vos fängt eifrig zu wedeln an und leckt ihr die Hände. Halina erhebt sich wieder und spricht mit Sil über die Organisation des jährlichen Grillabends. Das Gespräch ist kaum bei den Koteletts angelangt, als zwei Männer hereinkommen, bei denen es sich um Maarten Kromhout und Gilles Westra handelt, wie Sil Liewe kurz mitteilt. Sie gehen an Liewe vorbei, ohne zu grüßen, lassen sich auf Stühle fallen und sprechen über den Brandaris. Es geht um hartnäckigen Streit zwischen Mitgliedern des Leuchtturmpersonals, jemand ist suspendiert worden, man redet nicht mehr miteinander, in einer Kneipe ist es zu tätlichen Auseinandersetzungen gekommen – für einen Außenstehenden bleibt das Gesagte ziemlich rätselhaft. Liewe hört mit halbem Ohr zu, schaut sich um, nimmt dankend eine Tasse Kaffee an, die Sil ihm anbietet, und wartet ab. In einem Spiegel, vermutlich auch vom Meeresboden hochgeholt, sieht er, dass Maarten Kromhout ihn beobachtet.

Sil versucht, das Gespräch mit Halina über den Grillabend zum Abschluss zu bringen oder wenigstens zu vertagen. Schließlich ergreift Ties das Wort.

»Liewe Cupido ist hier, um euch ein paar Fragen über den Deutschen zu stellen, der im Frühjahr mal bei uns war. Liewe ist von der deutschen Polizei, und wie es aussieht, ist dieser Mann ertrunken. Aber das wisst ihr ja schon.«

Gilles und Maarten haben ihr Gespräch unterbrochen und hören zu. Als Ties fertig ist, sehen sie Liewe an.

»Cupido …«, sagt Gilles. »Von Texel, was?« Er hat langes, schütteres Haar, das einmal blond gewesen ist, und eine Spinnen-Tätowierung im Nacken. Sein blaugrauer Pullover ist ihm etwas zu weit. »Und dann bei der deutschen Polizei?«

Liewe zieht resigniert die Schultern hoch. »Deutsche Mutter«, erklärt er.

»Und Matz ist auf der *Hanne* ertrunken?«

Liewe schaut Maarten an, der konzentriert mit einem Päckchen Zigaretten auf seine geballte Faust klopft, um einen Glimmstängel herauszubefördern.

»Ja«, sagt er. »Habt ihr mit ihm über die *Hanne* gesprochen?«

Maarten schüttelt den runden, fleischigen Kopf. Sein dichtes, dunkelblondes Haar ist zurückgekämmt, und er hat einen kurzen Bart. Der Reißverschluss seiner Trainingsjacke ist bis zum Kinn zugezogen.

»Wir machen hier keine illegalen Sachen«, sagt er, während er eine Zigarette aus dem Päckchen pult.

»Er kam wegen dem U-Boot-Turm draußen«, behauptet Halina. »Er ist reingekommen, hat gesagt, dass er auch taucht und uns mal kennenlernen wollte. War ganz in Ordnung, auch von einer Insel, glaube ich, oder?«

»Föhr«, sagt Gilles.

»Sehr umgänglich, wir kamen sofort ins Gespräch. Ein Taucher, der sich auskannte, das merkte man gleich.«

»Was wollte er wissen?«, fragt Liewe.

»Er wollte nichts wissen, nur ein bisschen reden«, sagt Maarten, während er aufsteht. Er hat seine Zigarette angezündet, nimmt seinen Stuhl, setzt sich schräg hinter Liewe ans geöffnete Tor, inhaliert tief und bläst den Rauch ins Freie.

»Er hat gefragt, wie wir den U-Boot-Turm raufgeschafft hätten«, sagt Gilles. »Aber das waren wir ja gar nicht, den hat die *Arianne* gehoben.«

»Wir haben noch längere Zeit über Hebesäcke gesprochen«, erklärt Halina. »Und über Greifer, die man daran befestigen kann. Er hat gesagt, dass er nur wenige Leute kennt, mit denen er über solche Sachen reden kann, dass er uns um dieses Clubhaus und um die vielen Mitglieder beneidet.«

»Die meisten hier sind noch nie getaucht«, wirft Maarten ein. »Ist unser Polizeibeamter jemals getaucht?«

Liewe dreht sich um. »Klar. Ich bin zu Matz getaucht und hab mir auch die *Hanne* mal genauer angesehen.«

Maarten hebt die Augenbrauen, murmelt etwas, drückt seine Kippe aus und schnippt sie mit dem Zeigefinger auf den Rasen. »So, so«, sagt er dann und trägt seinen Stuhl zurück. »Und, war noch alles drin?«

Liewe dreht sich wieder zu den anderen und sieht, dass Halina und Gilles einen Blick wechseln. »Wann war Jan Matz hier?«, fragt er.

»Am ersten April«, antwortet Halina. »Das weiß ich, weil wir hinterher drüber gesprochen haben. Wir haben ihn sogar ein bisschen in den April geschickt. Gilles und Maarten sind dann noch mit ihm ins Walrus, einen trinken.«

»Hat er euch erzählt, wo er tauchte?«

»Er hat ein paar Wracks aufgezählt«, sagt Gilles. »Nichts Besonderes, nichts Geheimes.«

»Nichts Illegales«, fügt Maarten hinzu. Er sieht Liewe an. »In welchem Zustand ist die *Hanne*? Durchgebrochen?«

»Es ist noch ein Vermögen in Form von Kupfer drin«, sagt Liewe. »Aber darüber habt ihr damals im Walrus sicher schon gesprochen, oder?«

Maarten will etwas sagen, überlegt es sich aber anders.

»Die *Hanne* ist damals auch zur Sprache gekommen, ja«, sagt Gilles, »aber nur als eins der gesunkenen Schiffe, die verschollen sind. Er hat sich auch unser Archiv angesehen. Wir haben Unterlagen zu allen Wracks und verschollenen Schiffen. Aber ich hatte den Eindruck, dass er doch eher ein Sammler war. Er ist sogar mit mir nach Hause gegangen, um sich meinen Kram anzusehen.«

Liewe nickt. »Sein Boot, die *Basstölpel*, hat man vor Dänemark geborgen.«

»Was?«, fragt Maarten. »*Wie* soll sein Boot heißen?«

Liewe schaut ihn an. »*Skua*, was hab ich denn gesagt?«

»*Skua*, ja, ja …«

»Sein Telefon hat man übrigens auch gefunden«, fährt Liewe fort. »Kontakte, Mails, Nachrichten, alles noch da.«

Ein Schweigen tritt ein. Schließlich steht Sil van Hee auf. »Jemand noch Kaffee?«, fragt er.

33

Elise hat das Schiff verlassen dürfen, um ihren Sohn zu besuchen, und ist geradewegs zum Rehazentrum gegangen. Hauke liegt noch im Bett, die Schmerzen im Nacken und im Rücken sind schlimmer geworden, und man hat seine Schmerzmitteldosis erhöht. Als er seine Mutter hereinkommen sieht, richtet er sich auf. Er fühlt sich schlapp, und das Sprechen fällt ihm schwer. Sie schließt die Tür hinter sich. Er streckt die Arme aus, schlingt sie um ihren Hals. Sie spürt seine Wärme, seine Tränen.

»Ich will nicht weinen«, sagt er.

»Mein Großer. Komm.« Sie fasst ihn an den Schultern und löst sich liebevoll von ihm, streicht ihm übers Haar, zieht seine Bettdecke glatt.

»Du fühlst dich warm an«, sagt sie. »Hast du Fieber?«

Hauke zuckt mit den Schultern, wischt sich die Augen, versucht zu lächeln. »Ich hab wieder Schmerzen im Nacken.«

»Hat man dir was gegeben?«

»Ja, aber das hilft nur ein bisschen. Es hilft immer weniger.«

Elise steht auf, nimmt ein Glas, füllt es mit Wasser, kommt zurück. »Hier, trink was.«

Hauke nimmt einen Schluck.

»Hat man heute irgendwas mit dir vor?«

»Weiß nicht«, sagt Hauke. Er seufzt. »Ich langweile mich zu Tode.«

»Auch bei deinen Therapiestunden?«

»Gerade dann«, sagt Hauke. »Hilft doch sowieso alles nichts.«

»Das ist nicht wahr, Hauke. Du musst Vertrauen haben, dann wirken die Therapien auch besser.«

Hauke schweigt, wendet sich etwas von seiner Mutter ab.

»Ich hab das Gefühl, dass Papa wütend auf mich ist, weil das passiert ist«, sagt er. »Er hat überhaupt kein Verständnis.«

Elise nimmt seine Hand, streichelt kurz seinen Arm.

»Das stimmt nicht, Hauke. Du kennst ihn doch.«

Hauke zuckt mit den Schultern. »Er hört nur, was er hören will, er hört nicht zu. Und dann wird er wütend, und dann werde ich auch wütend, aber dann hab ich wieder Schmerzen. So gewinnt er immer. Das ist das Einzige, was er will: gewinnen und mich kleinhalten.«

Elise schüttelt den Kopf, klopft noch einmal kurz auf seine Hand, lässt sie los und richtet sich auf ihrem Stuhl auf. »Es ist nichts als Sorge und Liebe, mein Junge. Natürlich findet er es auch ganz furchtbar, was dir passiert ist. Er ist unendlich wütend auf Johnny und seinen Vater. Er würde ihnen am liebsten etwas antun, und ich habe auch solche Fantasien, wirklich. Zum ersten Mal in meinem Leben. Und dass wir das Restaurant schließen mussten, ist auch schlimm für ihn, und dass ich wieder zur See fahren muss.«

»Warst du weit weg?«

»Im Mittelmeer.«

»War es warm? Hast du ein bisschen was gesehen?«

»Wir hatten eine Übung. Ich hatte sehr viel zu tun. Aber ich habe Afrika gesehen. Einen hohen Berg mit einer arabischen Aufschrift, bei Tanger.«

»Du musst aufhören zu arbeiten und Reisen machen, zusammen mit Papa. Ich will reisen, wenn ich hier rauskomme.«

Elise schaut aus dem Fenster, sagt eine Weile nichts. »Und wo möchtest du hin?«, fragt sie dann, aber sie klingt abwesend.

»Asien. An einen Fluss am Rand des Dschungels, mit einem Wasserfall, da setze ich mich drunter. Und meditiere.«

»Eine wunderbare Idee, Hauke.«

»Papa wird gleich sagen, dass Asien ganz anders ist, als ich glaube, dass ich enttäuscht sein werde. Ich hasse ihn.«

Elise blinzelt und schaut ihn wieder an. »Er will eben nicht, dass du enttäuscht wirst.«

»Wieso enttäuscht er mich dann immer?«

Elise seufzt. »Denk an die positiven Dinge. Versuch doch mal, aufzulisten, was er gut macht und was er schlecht macht, dann wirst du schon sehen, welche Liste länger ist. Er besucht dich jeden Tag, er spricht mit den Ärzten, er hat dafür gesorgt, dass du dieses Einzelzimmer bekommen hast, er hat dich begleitet, als du als Zeuge befragt worden bist, er hat mir gesagt, dass er stolz auf dich war, wie du dich gewehrt hast, er bringt dir was Leckeres zu essen mit, er hilft dir bei den Hausaufgaben ...«

»Hör bitte auf«, sagt Hauke. »Er ist gar nicht stolz auf mich.«

Elise schweigt, nimmt wieder seine Hand, doch er entzieht sie ihr.

»Weshalb hab ich mich verprügeln lassen?«, sagt er. »Weshalb hab ich zugelassen, dass diese Assel mich schlägt? Ich hab mich gar nicht gewehrt. Und jetzt hat er diese Bombe geworfen.«

»Wer? Papa? Was für eine Bombe?«

»Hat Papa dir das nicht erzählt? Vor ein paar Tagen, nachts, ein Molotowcocktail. Vor dem Haus, unters Auto. Papa musste löschen.«

»Was?!«, sagt Elise. »Ich verstehe nicht, noch mal der Reihe nach.«

»Johnny ist in der Nacht von Mittwoch auf Donnerstag mit einem anderen zu unserem Haus gefahren, mit einem Motorroller. Johnny fuhr, der andere hat dann einen Molotowcocktail unters Auto geworfen. Das hat Feuer gefangen. Sie haben ihn erst verhaftet, aber dann wieder laufen lassen, weil sein Vater ermordet worden ist.«

Elise schüttelt den Kopf, streicht sich übers Haar, steht auf, setzt sich wieder hin. »Papa hat mir nichts gesagt. Und Johnny läuft wieder frei herum?«

»Die Polizei kann man vergessen, alles Loser.« Hauke will sich aufrichten, aber ein heftiger Schmerz schießt vom Rücken in den Nacken, und er lässt sich vorsichtig aufs Kissen zurücksinken.

»Ach Gott, mein Junge, mein armer Junge … Soll ich fragen, ob man dir noch etwas gegen die Schmerzen geben kann?«

Hauke liegt einen Moment still, die Augen geschlossen. Er seufzt, versucht dann eine Position zu finden, in der er weniger Schmerzen hat. »Frag, ob man mir eine tödliche Spritze geben kann.«

»So etwas darfst du nicht sagen.«

»Ich sag, was ich will«, flüstert er. »Du musst ja nicht hier liegen. Geh doch nach Hause, geh doch.«

Elise steht auf, beugt sich über ihn, küsst ihn auf die Stirn. »Ich komme heute Nachmittag wieder«, sagt sie. Und dann: »Ich hab dich lieb, mein Junge.«

Hauke erwidert nichts und bleibt reglos liegen. Erst als sie die Tür hinter sich zugezogen hat, sagt er: »Ich dich auch.«

34

Das Gespräch im Vereinshaus von »Costa Rica« hat sich in knappen Antworten und unbehaglichem Schweigen festgefahren. Maarten und Gilles sind aufgestanden und grußlos gegangen, danach entschuldigte sich Halina, sie müsse ihre Tochter zur Reitbahn bringen. Und sogar Ties Boom sagte, ohne Liewe anzusehen, den Blick auf seine Fingernägel geheftet: »Sie müssen natürlich auch nicht mit dir reden.«

Vos ist unterm Tisch hervorgekommen und hat sich neben Liewes Stuhl gesetzt. Er legt kurz die Hand auf ihren Kopf, dann wendet er sich Sil zu.

»Hast du die Unterlagen zur *Hanne* hier?«

Sil nickt, steht auf, verschwindet durch eine Tür hinter der Theke und kehrt kurz danach mit einer Mappe zurück, die Fotokopien und eine Seekarte mit Bleistiftnotizen enthält. Liewe blättert die Unterlagen flüchtig durch. *1000 Platten Anodenkupfer, 160 000 kg*, liest er. *Duisburger Kupferhütte, 16. September 1950*. Er blättert weiter. Sein Blick bleibt an einem Auszug aus dem Schiffstagebuch des Fischdampfers *Rotersand* aus Bremerhaven vom 17. September 1950 hängen. … *sichten kleines Motor-Fahrzeug »Hanne«, welches (beim Sichten) vor der See lag. (Wind SW 9–10) …*

»Ich würde mir diese Mappe gern ausleihen«, sagt Liewe. »Du weißt ja jetzt sowieso, wo die *Hanne* liegt. Ich schicke die Sachen schnell zurück.«

Sil und Ties wechseln einen kurzen Blick. Ties zuckt mit den Schultern. »Warum nicht«, sagt Sil dann.

»Noch eine Frage«, sagt Liewe. Er legt seine Tasche auf den Schoß und holt den Laptop heraus. »Ich habe die Daten von

Matz' Tauchcomputer. Ich weiß, dass ihr in euren Dateien mehr Wracks habt als wir …« Er schaltet den Computer ein und ist einen Moment mit dem Eingeben von Passwörtern beschäftigt. Dann erscheint das Dokument mit der Tauchchronik von Jan Matz. Liewe stellt den Laptop auf den Tisch, und nach kurzem Zögern schieben Ties und Sil ihre Stühle neben seinen. Schweigend sehen sie sich die Daten des letzten Tauchgangs an. Niemand braucht etwas zu erklären.

»Armes Schwein«, sagt Ties.

Dann scrollt Liewe langsam aufwärts. Sil und Ties lesen mit.

»Ganz schön fleißig«, sagt Ties. »War ihm ernst.«

»Und das hier?«, fragt Sil, als sie zu einem der Tauchgänge an der anderen Stelle kommen.

»Ja«, sagt Liewe. »Da ist er viermal getaucht, bevor er die *Hanne* entdeckt hatte, und später noch zweimal. Bevor er hier zu Besuch war, hatte er schon angefangen, zur *Hanne* zu tauchen.«

»Ja, hatte er«, sagt Ties. Er schaut Sil an. »Das hattest du ja sowieso schon rausgefunden.«

»Kanntet ihr ihn schon länger?«

»Kann sein, dass er schon mal hier gewesen war«, sagt Ties ausweichend. »Wär möglich. Ich kann nicht für Maarten und Gilles sprechen. Will ich auch nicht.«

»Die beiden sind nicht zur Amrumbank gefahren, falls du das annehmen solltest«, sagt Sil.

Liewe schaut ihn an, schweigt.

»Die fahren nicht gern weit raus«, ergänzt Sil. »Sie haben hier alles.«

»Verstehe«, sagt Liewe. Er nickt, wartet ab.

Ties lehnt sich zurück. »Kann sein, dass sie ihm Tipps gegeben haben. Wie man das Zeug raufschafft. Es sind tausend Platten, allein schafft man das nicht …«

Liewe scrollt weiter, verweilt dann bei der anderen Stelle, an der Matz getaucht ist.

»Wisst ihr, ob hier etwas liegt?«

Sil liest, faltet dann die Seekarte aus der Mappe auf, sucht. »Das ist hier«, sagt er, »in dieser Mulde, zwischen der Bank und dem Windpark.« Er starrt auf die Karte, schüttelt den Kopf. »Wüsste nicht, dass da was liegt, aber es könnte natürlich sein …«

»*U-22*?«, fragt Ties.

»Da?« Sil schaut wieder auf die Karte. »Das war viel weiter nördlich unterwegs, Richtung Kattegat.«

»*U-22*?«, wiederholt Liewe.

»Ein verschollenes deutsches U-Boot«, sagt Ties. »Auf der Fahrt zum Kattegat, 1940, wenn ich das richtig im Kopf habe. Noch ziemlich am Anfang des Krieges. Wir haben gehört, die Deutsche Marine hätte es gefunden, aber es ist nicht immer leicht rauszukriegen, ob so was stimmt.«

Liewe holt sein Smartphone aus der Tasche und sucht die Fotos von Matz' Vitrinenschränken. »Hier«, sagt er, als er das richtige gefunden hat, und vergrößert den Teil des Bildes mit dem Schild, auf dem *U-22* steht.

Ties und Sil sehen es sich an und fangen an zu lachen.

»So ein Schuft«, sagt Ties anerkennend. »Davon hat er nichts gesagt, als er hier war.«

»Aber das Schild hat er selbst anfertigen lassen, nehme ich an«, sagt Sil. »Ich hab so was noch nie in einem U-Boot gefunden.«

»Vorn am Turm?«, fragt Ties.

»Die sehen anders aus.«

Liewe steckt das Telefon wieder ein, klappt den Laptop zu und steht auf. »Ich erwarte nicht, dass ihr mir sagt, was ihr wisst«, beginnt er. »Aber ihr braucht ja nicht abzustreiten, was ich denke.«

Er leint Vos an, überlegt kurz und fährt fort: »Matz kam nach Terschelling, weil er euch mindestens vom Hörensagen kannte. Er taucht lieber zu U-Booten und anderen Kriegsschiffen, für seine Sammlung, aber jetzt wollte er, aus welchem Grund auch immer, die *Hanne* ausräumen, konnte das nicht allein, wollte sich hier Tipps holen, vielleicht sogar Hilfe, hat wahrscheinlich Abmachungen getroffen, was den Verkauf der Ladung betraf.« Er schaut Sil an. »Dich wollte man da raushalten, du sorgst schon für dich selbst.« Er nimmt die Mappe vom Tisch, hält sie kurz hoch. »Danke fürs Ausleihen«, sagt er und verlässt mit Vos das Vereinshaus. Ihm bleibt noch eine Viertelstunde, um die nächste Fähre zu erwischen.

Als er zwei Stunden später in Harlingen auf dem riesigen Parkplatz seinen Wagen gefunden, Vos auf die Rückbank gelassen und den Motor gestartet hat, klingelt sein Smartphone. Es ist seine Mutter. Am Sonntag, obwohl sie gestern erst telefoniert haben. Das ist ungewöhnlich.

Er nimmt ab, begrüßt sie auf Niederländisch. Sie zögert, sagt dann ebenfalls auf Niederländisch: »Bist du auf dem Weg hierher?«

»Kommt drauf an«, sagt er.

»Mit mir ist alles in Ordnung.«

»Gut.«

»Du hast mich doch nach deinem Französischlehrer gefragt.«

Liewe erschrickt ein wenig, stellt den Motor ab, lehnt sich zurück, beobachtet durch die Windschutzscheibe die Urlauber, die ebenfalls von der Fähre kommen und ihre Autos suchen.

»Ja.«

»Er lebt noch. Im Pflegeheim. Ist allerdings ein bisschen verwirrt, meinte Henk.«

»Verstehe.« Er schweigt, seine Mutter wartet.

»Wolltest du nun kommen oder nicht?«, fragt sie schließlich.

Liewe lässt den Motor wieder an. »Nein«, sagt er. »Aber bald.« Er wechselt zum Deutschen. »In nächster Zeit. Nächste Woche. Oder die Woche danach. Bald.«

35

Montag

Am Montagmorgen will es nicht hell werden. Es nieselt und ist windig, und um halb zehn hat Johnny sich noch nicht gemeldet. Judith Schulze findet auf ihrem Schreibtisch ein Päckchen aus Dänemark vor. Es ist das Telefon von Jan Matz, das bei der Polizei von Hanstholm abgegeben wurde. Es steckt in einer wasserdichten Hülle mit einer Schnur, an der ein leuchtend orangefarbener Schwimmer befestigt ist. Auf Judiths Bitte hin haben die dänischen Kollegen das Telefon schon auf Fingerabdrücke untersucht, aber weil die beiden Finder am Strand es in der Hand hatten, ist das Ding überall von verschiedenen Abdrücken bedeckt.

Judith nimmt das Smartphone aus der Hülle und verbindet es mit ihrem eigenen Ladegerät. Sie schaut auf die Uhr, dann aus dem Fenster, steht auf und holt Kaffee.

Um elf trifft sich ihr Ermittlerteam, um den Fall Matz zu besprechen. Liewe hat sie nicht eingeladen, vor allem, weil sie nicht sieht, was er zu diesem Zeitpunkt schon beitragen könnte, ohne die anderen zu verwirren. Dafür aber ihren Kollegen Tobias Schwarzhappel, der die Ermittlungen zu Johnnys Molotowcocktail übernommen hat. Sein Schreibtisch steht neben ihrem, und Tobias steht auf und kommt zu ihr.

»Hat er sich noch nicht gemeldet? Soll ich ihn herbringen lassen?«

Judith schüttelt den Kopf. »Gib ihm noch eine Stunde.«

»Du bist zu nett zu ihm«, meint Tobias. »Wird wohl dein Mutterinstinkt sein.«

Ihr Telefon klingelt. Es ist Liewe, der in knappen Worten berichtet, dass er auf Terschelling war, dass Matz dort mit Tauchern von »Costa Rica« über die *Hanne* gesprochen hat und dass es sinnvoll wäre, die Polizei von Terschelling sicherheitshalber die Alibis der Vereinsmitglieder Maarten Kromhout und Gilles Westra überprüfen zu lassen. »Ich glaube nicht, dass sie was damit zu tun haben«, sagt er, »aber es kann nicht schaden.«

»Ich spreche gleich mit Matz junior«, sagt Judith. Sie zögert. »Wie, äh ... Wie schätzt du inzwischen seine Rolle ein?« Sie schiebt Matz' Smartphone über den Tisch.

»Nach dir«, sagt Liewe.

Judith runzelt verärgert die Stirn, tippt mit dem Finger einmal kurz auf das Smartphone, legt die freie Hand unter ihrem halblangen Haar in den Nacken und lehnt sich zurück.

»Also gut«, sagt sie knapp, hält einen Moment inne, holt tief Luft. »Matz hat ihm ein Alibi gegeben, aber ich weiß nicht, wie das Verhältnis zwischen den beiden war. In der Gerichtsmedizin wirkte Johnny allerdings ziemlich verstört, er hat seinen Beschützer verloren, er ist ratlos.« Sie denkt eine Weile nach, und Liewe unterbricht ihr Schweigen nicht. »Hat Matz seinem Sohn aus einem Schuldgefühl heraus geholfen, wegen der Scheidung?«, fährt sie fort. »Oder hat er eine Gegenleistung verlangt? Ich kannte den Mann nicht.«

»Er brauchte Geld«, sagt Liewe. »Wegen Johnny.«

»Wegen Johnny«, wiederholt Judith. »Weil er trotz seiner Aussage mit einer Verurteilung seines Sohnes rechnete.«

»Nicht nur einer Verurteilung«, sagt Liewe.

»Schadensersatz- und Schmerzensgeldklagen.« Judith schüttelt den Kopf. Dann hört sie Gebell.

»Vos will raus.«

»Wo bist du jetzt?«

»Cuxhaven.«

»Johnny wird sich wohl gleich melden«, sagt Judith. »Ich will ihn noch mal auf das Scheinheilige ansprechen, und wir haben das Telefon seines Vaters.«

»Aha!«

»Hast du noch was, wonach man ihn fragen sollte?«

Liewe denkt nach, er nimmt sich Zeit. »Frag ihn nach der anderen Stelle, an der sein Vater getaucht ist, die findest du im Logbuch des Tauchcomputers. Wenn er ihn dahin auch mitgenommen hat, ging es ihm nicht nur um eine Gegenleistung.«

»Sondern …?«

»Dann war es auch ein Vater-Sohn-Ding«, sagt Liewe nur.

»Dann war es auch Zuneigung, meinst du?«

Liewe antwortet nicht.

Judith sieht Tobias gestikulieren: Johnny ist da. »Ich rufe um zwölf zurück«, sagt sie und legt auf.

»Er ist unten«, sagt Tobias. »Soll ich mit?«

Judith denkt einen Moment nach und fasst einen Entschluss. »Wir machen Folgendes«, sagt sie. »Hol du ihn ab, sprich nicht von dem Molotowcocktail, bring ihn rauf. Wir haben ja nachher die Teambesprechung nebenan. Ich hänge da schon mal ein paar Fotos von Matz auf, die Seekarte, und schreibe Daten und Koordinaten dazu. Als ob die Besprechung jeden Moment anfängt. Du bringst ihn rauf, sag ihm einfach, dass er spät dran ist und ich mit was Dringendem beschäftigt bin. Wir können ihn ein bisschen aus dem Gleichgewicht bringen. Nicht unter Druck setzen, nur verunsichern.«

Tobias nickt und will weggehen.

»Warte noch kurz«, sagt Judith. Sie schaut auf das Smartphone von Matz, das ein Passwort verlangt. »Weißt du Johnnys Geburtsdatum auswendig?«

»3. August 1998.«

Judith gibt 030898 ein, erhält aber eine Fehlermeldung. Sie versucht es mit 980803. Auch das ist nicht richtig. Sie hat noch einen Versuch. Sie überlegt, zögert, wagt es dann doch und tippt 381998: Das Passwort stimmt. »Sieh einer an«, sagt sie und lächelt.

»Dann hole ich ihn jetzt«, sagt Tobias.

»Lass dir Zeit«, ruft Judith ihm nach.

Als wenig später Johnny heraufkommt, hat er die Kapuze tief ins Gesicht gezogen. Er blickt sich schweigend um.

Judith hat die Tür des Sitzungsraums offen gelassen. Sie hält das Smartphone von Jan Matz in der Hand, die wasserdichte Hülle liegt auf dem Tisch, an dem magnetischen Whiteboard hängt die Seekarte mit der Amrumbank und den Nordfriesischen Inseln, außerdem einige der Fotos, die das Tauchteam der Bundespolizei von Matz auf dem Wrack gemacht hat.

»Willst du wirklich rein?«, hört sie Tobias fragen. »Oder soll ich Hauptkommissarin Schulze rausrufen? Da hängen Fotos, die du vielleicht lieber nicht sehen willst.«

Gemurmel.

»Musst du selbst wissen. Dann geh rein.«

Johnny erscheint in der Tür. Er blickt an Judith vorbei auf die Fotos und bleibt stehen. Macht einen Schritt vorwärts. Greift an die Kapuze, wie um sie abzunehmen, überlegt es sich anders.

»Johnny«, sagt Judith. »Wieder zu spät. Unser Ermittlungsteam hat hier gleich eine Besprechung. Du hast dich gemeldet, du kannst wieder gehen. Morgen bitte pünktlich, sonst behalten wir dich hier.«

Johnny zieht nun doch die Kapuze vom Kopf und schaut Judith kurz an, ohne etwas zu sagen, starrt dann wieder auf die Fotos. Er kneift die Augen zusammen, als wäre er kurzsichtig.

»Das sind schlimme Fotos, Johnny, sieh nicht hin. Du kannst gehen.«

»Ich will sie sehen«, sagt er, macht erneut einen Schritt vorwärts, bleibt stehen und starrt. Seine Hände zittern ein wenig.

»Na gut, setz dich kurz hin«, sagt Judith. »So wurde dein Vater aufgefunden. Wir werden den oder die Mörder finden, Johnny.«

»Hat man ihn angekettet?«, fragt er heiser.

»Handschellen«, antwortet Tobias hinter ihm. »Skrupellos.«

»Wir werden den Fall lösen«, sagt Judith. »Aber wo du gerade hier bist, wir haben das Telefon deines Vaters, und ich dachte, vielleicht kennst du sein Passwort?«

Johnny antwortet nicht, er starrt immer noch auf die Fotos. Sein Blick ist hart, seine Kiefermuskeln angespannt.

»Tobias, holst du bitte etwas Wasser für den jungen Mann?«

Tobias geht hinaus.

»Setz dich doch, Johnny«, sagt Judith. Er reagiert nicht, aber seine Lippen beginnen nun auch zu zittern. »Ist egal, keiner sieht es«, sagt Judith. »Ich mache die Tür zu.« Sie geht zur Tür, nimmt von Tobias einen Becher Wasser entgegen, gibt ihm mit einem Nicken zu verstehen, dass er sie mit Johnny allein lassen kann, und schließt die Tür.

»Komm, ich weiß, das sind schockierende Bilder, und du hättest sie besser nicht gesehen. Wie dem auch sei, wir stellen alles andere zurück, zuerst müssen wir diesen Fall lösen. Setz dich und trink einen Schluck.«

Johnny setzt sich, und Judith stellt ihm den Becher hin. Danach legt sie auch das Smartphone seines Vaters auf den Tisch. »Es wurde in Dänemark am Strand gefunden«, erklärt sie. »Heute Morgen angekommen. Es war in dieser Hülle …«

Johnny erkennt die Hülle. Er presst die Lippen aufeinander.

»Es ist wichtig, dass wir an die Daten auf dem Telefon rankommen. Vielleicht finden sich da entscheidende Hinweise. Kennst du das Passwort?«

»Wieso soll ich das kennen?«, sagt Johnny. »Ist ja nicht mein Telefon.«

»Lass uns mal was ausprobieren«, sagt Judith. »Was könnte sein Passwort sein? Du kennst deinen Vater am besten.«

»Das ist nicht Ihr Telefon. Es geht Sie nichts an.«

»Dein Vater ist ermordet worden, Johnny. Alles geht mich jetzt etwas an.«

Johnny schüttelt den Kopf. Er holt tief Luft, stockend.

»Was war noch dein Geburtsdatum?«

»Was?« Johnny starrt Judith an. »Was soll die saublöde …«

»3. August … 1998, stimmt's?« Judith löst den Blick nicht vom Display des Smartphones. »Mal sehen … 381998 …« Sie tippt es ein, das Telefon schaltet sich frei. »Hab ich mir doch gedacht, der Geburtstag seines ältesten Sohnes. Doch ein stolzer Vater.«

»Scheiße …«, sagt Johnny. »Verdammte Scheiße.« Er tritt gegen ein Tischbein, zieht sich die Kapuze über den Kopf.

»Dein Vater hat an dich gedacht, Johnny. Aber das wussten wir eigentlich schon. Er hat alles getan, um dir zu helfen. Hat dir sogar ein falsches Alibi gegeben.«

Johnny hat den Kopf abgewandt, seine Fäuste sind geballt.

»Du kannst gehen, wenn du willst«, sagt Judith. »Wir besprechen hier gleich unser Vorgehen bei den Ermittlungen. Ich würde nur eins noch gern wissen, vielleicht kannst du mir wenigstens das sagen: Bist du mit deinem Vater auch an einer anderen Stelle getaucht, zu einem anderen Wrack? Das kannst du mir doch ruhig sagen, oder?«

Johnny steht auf, starrt wieder auf die Fotos. Er holt sein Smartphone aus der Tasche, geht zu der Seekarte, zeigt mit dem Telefon auf eine Stelle knapp zwei Seemeilen westlich der Amrumbank und fotografiert die Fotos. Judith lässt ihn gewähren. »Da, im Frühjahr. Ein paarmal«, sagt er. »*Das* war sein Ding, nicht die fucking *Hanne*.«

»Und vor ein paar Wochen, im Oktober, warst du da auch bei ihm?«

»Nein, können Sie nicht zuhören? Im Frühjahr. Sonst immer nur das Kupfer. Er unten …« Johnny unterbricht sich, schaut auf die Fotos, »… ich oben«, sagt er leiser. »Zehn Scheißplatten in einer Stunde. Dann wieder nach Amrum, warten, bis es dunkel wurde, bis die Luft rein war, dann nach Föhr, Sachen auf den Pick-up. Nach Hause, den Scheiß in die Garage.«

»Tut es dir leid, Johnny? Dass er das tun musste?«

Er dreht sich ruckartig zu ihr um. »Halten Sie den …«, sagt er, reißt sich zusammen, verpasst dann aber doch einem Tischbein einen so heftigen Tritt, dass das Telefon seines Vaters auf den Boden fällt. »Beschäftigt euch ausnahmsweise mal nicht mit mir, sondern kümmert euch um diese fucking Mauers mit ihren scheinheiligen Fressen.«

Und er stürmt auf den Flur hinaus.

36

»Sie heißen Renate Richter, Mädchenname Schubert, geboren 1941 in Lohmen in Sachsen?«

Die Nachbarin der Mauers nickt. Sie sitzt in einem Sessel am Fenster, von dem aus sie die Straße und das Haus der Mauers auf der anderen Seite gut sehen kann, selbst aber dank der Gardine vor Blicken geschützt ist. Ihr gegenüber sitzen ein Polizeibeamter und eine Beamtin, Renate hat ihnen Kaffee angeboten, und sie haben lächelnd angenommen. Sie haben ein kleines Aufnahmegerät auf den Tisch gestellt und gefragt, ob sie etwas dagegen habe, wenn sie das Gespräch aufzeichnen, um ihre Aussagen eventuell für ihre Ermittlungen zu verwerten.

»Aber nein«, hat sie geantwortet.

Es sind dieselben Beamten, die am letzten Freitag bei ihr geklingelt und sie gefragt haben, ob sie etwas von dem Brandanschlag in der Nacht von Mittwoch auf Donnerstag vor dem Haus der Mauers mitbekommen habe. Sie konnte ihnen nur sagen, dass sie leider nicht helfen könne. Leider, denn sie hätte doch gern gesehen und gehört, was passierte, wie sie bereitwillig eingestand. Aber sie habe tief und fest geschlafen.

»Unglaublich, nicht wahr? Aber sobald ich das Kissen spüre, bin ich weg.«

Renate ist eine korpulente Frau in einem dunklen Kleid mit geblümter Weste. Ihr Haus riecht nach Zigarettenrauch, Katzenklo und lange gekochtem Gemüse. Sie hat ein fleischiges, aber lebendiges Gesicht. Wenn sie redet, was sie gern tut, wabbeln ihre Hängewangen und ihr Doppelkinn ein wenig mit. Sie trägt eine Halskette mit einem leuchtend roten Edelstein.

»Als mein Mann noch lebte, habe ich viel schlechter geschlafen, weil er so schnarchte, aber seit er tot ist, schlafe ich wie ein Murmeltier.« Sie schüttelt den Kopf. »Auf einmal hörte er auf zu schnarchen und war tot.« Sie befühlt den Edelstein.

»Sie haben uns angerufen, Sie wollten uns etwas erzählen, was Sie beobachtet haben?«

»Ja, ich weiß nicht, ob Sie irgendwas damit anfangen können. Aber am Freitag haben Sie mir doch ein Foto von dem jungen Matz gezeigt. Der das mit der Brandbombe gemacht hat.«

»Sie sagen jetzt, dass er das war? Aber Sie haben doch nichts gesehen?«

»Sie haben mir das Foto gezeigt, deshalb dachte ich, dann ist er das wohl gewesen.«

»Sie sollen nur sagen, was Sie selbst gesehen haben, Frau Richter. Es ist ganz wichtig, dass wir bloße Gerüchte und das, was Sie tatsächlich gesehen haben, auseinanderhalten.«

Renate nickt. »Natürlich, natürlich.«

»Sie haben uns angerufen, weil Ihnen etwas eingefallen ist.«

»Ja, richtig«, sagt Renate und holt tief Luft, schließt die Hand um den Edelstein und konzentriert sich. »Ich bin zu dick«, beginnt sie, »ich habe einen Herzinfarkt gehabt, keinen schweren, aber immerhin … ein Warnschuss. Der Arzt hat gesagt, ich muss mich bewegen, jeden Tag. Das mache ich auch brav. Jeden Vormittag, wenn die Leute bei der Arbeit sind und die Kinder in der Schule, gehe ich spazieren.« Sie schaut aus dem Fenster. »Ich gehe in den Park, zu den Teichen, füttere die Enten, und wenn schönes Wetter ist, gehe ich dann noch zum Friedhof, zu meinem Mann. Da liege ich auch irgendwann, unter den Bäumen, neben Andreas.« Sie lacht. »Der schnarcht nicht mehr.« Sie schaut die Beamten nacheinander mit strahlenden Augen an, aber sie lachen nicht mit.

»Sie haben gesagt, dass Sie etwas über die Familien Mauer und Matz erzählen wollten«, wirft der männliche Polizeibeamte ein.

Renates Miene wird ernst. »Sie denken, die Alte redet nur blödes Zeug. Aber ich bin noch völlig klar, das können Sie mir glauben.«

»Das haben wir sofort gemerkt«, erwidert die Beamtin. Sie wirft ihrem Kollegen einen mahnenden Blick zu.

»Auch wenn ich von einem Bauernhof im Osten stamme, ich bin nicht dumm. Mein Mann war ein hohes Tier bei den Olympia-Werken, bevor sie geschlossen wurden.«

»Entschuldigen Sie«, sagt der Beamte.

»Sie warten natürlich auf Informationen, die Ihnen weiterhelfen, das ist mir schon klar.« Renate seufzt. »Heute muss immer alles schnell gehen.«

»Lassen Sie sich Zeit«, sagt die Beamtin.

»Es war ein schöner Morgen, der erste Tag, an dem man den Frühling spürte, dabei war es noch Februar. Die Vögel sangen um die Wette.«

»Erinnern Sie sich an das genaue Datum?«

»Oh ja, es war der 28. Februar. Ich weiß noch, dass ich dachte: Es ist schon Frühling und noch nicht einmal März. Ich hatte meinen Wintermantel an, aber ich spürte die Wärme der Sonne im Rücken, durch den Mantel. Überall blühten schon die Krokusse. Ich dachte: Warum nicht, ich besuche Andreas. Also bin ich bis zum Friedhof gegangen. Andreas liegt am Rand, hinter der Hecke fängt schon der Ehrenfriedhof der Marine an.«

»Wo ist das genau?«, fragt der Beamte.

»Ich kann Ihnen die Grabnummer geben, suche ich nachher raus«, sagt Renate. »Ich hab eine Weile am Grab gestanden. Manchmal hört man Leute mit einem Grab reden. Ich rede gern, aber nicht mit einem Stein. Andreas ist tot, der hört nichts. So vor sich hin zu schwatzen, ins Nichts, nein danke.« Sie lacht, es klingt ein wenig bitter. »Er hat sowieso nie viel gesagt. Als er noch lebte, meine ich … Aber zuhören, das konnte er. Er vergaß nie etwas. Ein Gedächtnis wie ein Elefant.« Sie betastet ihren Edelstein, hebt ihn an der Kette ein wenig an, damit die beiden ihn besser sehen können. »Den habe ich von ihm bekommen, als wir frisch verheiratet waren, echter böhmischer Granat. Aus den Bergen. Die konnte man bei schönem Wetter von unserem Hof aus ganz deutlich sehen. Ohne besonderen Anlass hat er ihn mir geschenkt, ich hatte nicht mal Geburtstag, es war, kurz bevor wir in den Westen gegangen sind. Mir fiel es schwer, alles zu verlassen, die Berge, diese Aussicht. Er sagte: Hiermit kannst du etwas von den Bergen mitnehmen. Vielleicht kommen wir ja nie wieder zurück, dann hast du trotzdem immer etwas davon bei dir. Und damals hatte er ja noch gar keine gute Stelle, wie konnte er den Anhänger überhaupt bezahlen, ich weiß nicht, woher er ihn hatte, aber ich habe ihn immer getragen. Die Berge sind so schön, wenn der erste Schnee gefallen ist, dann macht es einem auch nicht viel aus, dass der Winter kommt, verstehen Sie? Die Tiere wurden in den Stall geholt, es wurde geschlachtet …« Renates Gedanken schweifen immer weiter ab, ihre Hand hat sich um den Stein geschlossen. »Als meine Mutter starb, konnte ich nicht zu ihr …«

»Soll ich Ihnen ein Glas Wasser holen?«, fragt die Beamtin.

Renate schaut sie an und lächelt. »Ach, liebes Kind, sind alle bei der Polizei so nett?«

»Sie waren also auf dem Friedhof am Grab Ihres Mannes«, sagt der Beamte. Sein Blick schweift durchs Zimmer. Die Standuhr schlägt elf.

»Wenn ich mit Andreas geredet hätte, hätte ich nicht gehört, was auf der anderen Seite der Hecke gesagt wurde«, sagt Renate.

»Manchmal ist es nützlich, wenn man den Mund hält.« Sie schaut ihn an.

Seine Kollegin kommt mit einem Glas Wasser aus der Küche zurück. »Erzählen Sie bitte weiter«, sagt sie. »Was haben Sie gehört?«

»Ich hörte Jürgen und Elise Mauer, das Ehepaar von gegenüber, mit einem Mann sprechen. Ich wusste erst nicht, wer es war. Sie sprachen von ihrem Sohn Hauke, der im Krankenhaus lag. Oder in der Rehaklinik?«

»Was haben Sie denn gesagt?«

»Jürgen Mauer war wütend, aber er regt sich ja immer schnell auf, nicht wahr? Aufbrausend, aber nicht rabiat. Seine Gefühle gehen eben mit ihm durch. Früher hab ich ihn oft mit seinen Jungs Fußball spielen sehen, bevor Hauke so zugerichtet wurde.«

»Was hat er denn gesagt?«

»Er sagte: Jan, am liebsten würde ich deinen Sprössling mit eigenen Händen krankenhausreif schlagen.«

»Jan?«

»Ja, einen Moment, und dann hörte ich sie, Elise Mauer, wie sie versuchte, ihn zu beruhigen. Sie sagte: Deshalb sind wir nicht hergekommen, Jürgen. Wir wollen doch vernünftig miteinander reden … Sie fährt ja wieder zur See, seitdem sie das Restaurant schließen mussten, nicht wahr?«

»Das ist jetzt wichtig, Frau Richter. Wenn ich Sie richtig verstehe, sprachen Herr und Frau Mauer mit einem gewissen Jan, und nach dem zu urteilen, was Herr Mauer zu ihm sagte, handelte es sich um den Vater von Johnny?«

»Genau!«, antwortet Renate. »Ich sage Ihnen, so wahr ich hier sitze, das waren Elise und Jürgen Mauer, die mit Jan und Christine Matz gesprochen haben.«

»Christine war auch dabei?«

Renate blinzelt einen Moment und sagt dann: »Ich nehme es an, ja.«

»Haben Sie gehört, dass sie auch etwas gesagt hat?«

Renate schüttelt den Kopf. »Nein, das nicht, aber …« Sie denkt nach. »Nein«, sagt sie dann, »daran kann ich mich wirklich nicht erinnern. Aber ich habe Jan weggehen sehen, und er war nicht allein. Da war er allerdings sehr weit weg, schon beim Ausgang.«

»Wir kommen darauf gleich noch zurück«, wirft die Beamtin ein. »Erinnern Sie sich noch an anderes, das gesagt wurde?«

»Jan Matz sagte zu Jürgen Mauer, dass er seinen Sohn in Ruhe lassen soll, dass die Sache so schon schlimm genug wäre. Wenn er schon Gewalt anwenden wollte, dann sollte er sich lieber ihn selbst vornehmen, oder so ähnlich. Er verteidigte seinen Sohn. Das ist normal. Auch wenn der Sohn ein Rotzlöffel ist.«

»Und dann?«

»Dann schaltete sich Frau Mauer wieder ein. Sie sagte etwas über ein Schiff, aber das habe ich nicht richtig verstanden. Sie ist ja Köchin auf einem Marineschiff. Sie sagte … Ich weiß nicht genau, ich habe es nicht richtig verstanden …«

»Versuchen Sie es trotzdem ungefähr wiederzugeben, soweit Sie sich erinnern können.«

»Sie sagte, ihr Marineschiff hätte in der Nähe des U-Boots bei der Minensuche ein Schiffswrack gefunden, da wäre viel drin, und wenn er das für sie rausholen würde, würden sie die Angelegenheit als erledigt ansehen.«

37

NDR Info. Die Nachrichten für den Norden. Elf Uhr.

Der ertrunkene Taucher, der am vergangenen Freitag von der Bundespolizei See in der Deutschen Bucht geborgen und nach Oldenburg gebracht wurde, ist höchstwahrscheinlich einem Verbrechen zum Opfer gefallen, wie die Polizei Oldenburg heute Morgen mitteilte. Der Tote, ein fünfzigjähriger Mann aus Wilhelmshaven, wurde von der Besatzung eines niederländischen Bergeschiffs auf einem Wrack bei der Amrumbank entdeckt. Die Polizei geht davon aus, dass er bereits am vergangenen Mittwoch ums Leben gekommen ist. Zu den Umständen seines Todes will sich die Polizei wegen der laufenden Ermittlungen noch nicht äußern.

Der von Föhr stammende Taucher war dafür bekannt, allein aufs Meer hinauszufahren und zu tauchen. Allem Anschein nach war er auch bei seinem letzten Tauchgang allein.

Im Interesse der laufenden Ermittlungen wird die Position des Wracks, auf dem der Tote gefunden wurde, vorerst nicht bekannt gegeben. Auch die Frage, ob es eine wertvolle Ladung enthält, kann noch nicht beantwortet werden. Fest steht aber, dass der Taucher das Wrack ein halbes Jahr lang regelmäßig aufgesucht hat. »Wer so oft zu einem Wrack zurückkehrt und dafür auch noch im November rausfährt, trotz aller Unannehmlichkeiten und Risiken, muss schon einen sehr triftigen Grund haben«, sagte der Sprecher der Polizeidirektion Oldenburg.

So weit die Nachrichten.

38

Liewe hat Vos von der Leine gelassen und sieht sie schwanzwedelnd über den vertrauten Sandweg rennen, der neben dem Heidefeld aufwärtsführt. Er faltet die Leine zusammen, schiebt sie in die Jackentasche und geht hinter Vos her. Sie kennt den Weg, Liewe auch, und bald sind beide ganz von jeweils eigenen Dingen in Anspruch genommen. So merkt Liewe gar nicht, dass in einiger Entfernung eine Frau mit einem Langhaar-Bernhardiner aus dem Wäldchen kommt. Das Riesenvieh entdeckt Vos und beginnt zu traben. Die Frau bleibt stehen und beobachtet, wie die beiden Hunde sich begrüßen und zu spielen anfangen. Erst im letzten Moment sieht Liewe die Frau und verlangsamt den Schritt. »Entschuldigung«, sagt er.

»Tief in Gedanken?« Sie schaut ihn freundlich an. Sie hat halblanges rötliches Haar und dunkle Augen. Die Hundeleine hat sie sich umgehängt, ihr langer Mantel ist mattschwarz mit rotem Innenfutter, wie der hochgeschlagene Kragen verrät.

»Scheint so«, sagt Liewe und nickt. Er blickt zur Seite, wo die Hunde spielen.

»Sie mögen sich«, sagt die Frau. Vos hat einen Ast in die Schnauze genommen, den der Bernhardiner zu packen versucht. Vos rennt ihm davon. »Ich hab Sie schon öfter mit Ihrem Hund gesehen, immer in Gedanken. Sie haben mich bestimmt nie bemerkt.«

Liewe hebt resigniert die Hände und lässt sie wieder fallen.

»Wohnen Sie hier in der Gegend?«

»Cuxhaven«, antwortet Liewe.

»Hier haben sie richtig viel Platz zum Toben«, sagt die Frau.

Zusammen beobachten sie die spielenden Hunde. »Hunde freunden sich schnell an«, sagt sie. »Und sie vergessen andere Hunde nie wieder, auch nach Jahren nicht.«

Liewe nickt zerstreut.

»Und sie suchen sich uns aus, nicht umgekehrt. Haben Sie sie als Welpen bekommen?«

«Äh, nein.« Er zögert, überlegt, was er sagen soll. »Sie hat mich ausgesucht, ja. Aber erst später.«

Der Bernhardiner hat sich auf den Rücken gelegt, Vos rollt über ihn hinüber. Sie knurren spielerisch.

»Sie war eine Streunerin«, erklärt Liewe.

»Ich habe eine Hundeschule in der Nähe«, sagt die Frau. »Viele Leute aus Cuxhaven kommen hierher. Nicht nur wegen ihrer Hunde, auch, weil sie selbst es nötig haben, das sieht man gleich. Manchmal denke ich, man kann an einem Hund sehen, wie's dem Besitzer geht.«

»Verstehe.«

»Sie haben eine freundliche, entspannte Hündin, aber sie lässt Sie kaum aus den Augen.«

»Das könnte sein«, sagt Liewe. Sein Telefon klingelt, er holt es aus der Tasche, es ist Lothar. »Entschuldigung, ich muss dieses Gespräch annehmen … aber … bitte bleiben Sie noch, wenn Sie Zeit haben, wenn es Ihnen nichts ausmacht, tut mir leid, aber, das hier muss ich …«

Er nimmt ab.

»Hallo, Liewe, die Dänen wissen nicht, was sie mit dem Boot des Tauchers machen sollen. Ich habe Wilhelmshaven gefragt, aber den Kollegen dort wäre es lieber, wenn du dich darum kümmern würdest. Kannst du hin? Es ist in Hirtshals, ziemlich weit oben.«

»Hirtshals«, sagt Liewe. Er beobachtet Vos. Der Bernhardiner ist aufgestanden, Vos schnüffelt an seiner Schnauze und leckt über seine hängenden Lefzen. »In Ordnung.«

»Wie war Wilhelmshaven?«

»Sie verfolgen die Kupfer-Spur«, sagt Liewe.

»Klingt nicht so, als ob du dir viel davon versprichst. Liegen sie falsch?«

Liewe schweigt, lächelt kurz der Frau zu, die ein Stück entfernt auf dem Sandweg ihren Hund ruft. »Möglich. Ich muss jetzt weiter.« Er legt auf und geht wieder zu der Frau.

»Ich heiße Liewe Cupido.«

»Miriam Roth.« Sie schaut ihn an, er erwidert den Blick nur kurz.

»Ich muss los …« Liewe scheint unschlüssig, ob er sie etwas fragen soll. »Ich nehme sie möglichst immer mit, aber manchmal geht es einfach nicht. Ich muss jetzt dienstlich nach Dänemark.«

»Könnte schwierig werden«, meint Miriam. »Dänen lieben zwar auch Hunde, trotzdem kann man sie fast nirgendwohin mitnehmen.«

»Sie haben eine Hundeschule … ähm … nehmen Sie vielleicht auch Hunde in Pension?« Er deutet mit dem Kopf auf Vos und den Bernhardiner. »Sie kommen gut miteinander aus …« Er scheint einen Gedanken abschütteln zu wollen, sagt dann aber doch: »Ich habe sie am liebsten bei mir, und wir verstehen uns gut … Ich hab hier ein Haus gesehen, das zu verkaufen ist, Sie müssen nicht denken, dass …«

Miriam lacht. Sie schüttelt den Kopf.

»Sie klingen wie ein Holländer.«

Liewe runzelt die Stirn. »Ja …«, sagt er. »Sie sind nicht die Erste, die das sagt.«

»Das wäre auch seltsam«, sagt sie.

Liewe lächelt.

»Sie können sie bei mir lassen und sie in ein paar Tagen wieder abholen.« Sie nimmt eine Karte aus ihrer Manteltasche. »Meine Adresse. Haben Sie auch eine Karte?«

Liewe klopft auf seine Jackentaschen und sucht, findet aber nur seinen Dienstausweis. »Vergesse ich immer mitzunehmen. Ich, ähm …«

»Das mit der Bezahlung regeln wir später«, sagt Miriam, »da werden wir uns schon einig. Kann ich an Ihrem Hund sehen.«

39

Polizeimeister Aycke Jansen hat den Wagen vor der Dienststelle im Hafen abgestellt. Er hat Dienstschluss. Er steigt aus und geht auf den Eingang zu, um sich abzumelden, doch als er den Hafenmeister über den Kai gehen sieht, bleibt er stehen.

Matz' Haus ist noch versiegelt, man wartet auf ein Spurensicherungsteam, und bei der Inselpolizei weiß man nicht so recht, was man davon halten soll. Der Einbruch liegt schon ein halbes Jahr zurück, und Matz ist auf See ums Leben gekommen, nicht auf der Insel. Wenn ein Fischer bei Helgoland ertrinkt, versiegelt man auch nicht sein Haus auf Föhr. Es erscheint als überflüssige Maßnahme, die kaum etwas bringen wird, aber zusätzliche Arbeit macht. Weil das Haus so versteckt liegt, muss man mehrmals täglich nachsehen, ob sich nicht jemand dort zu schaffen macht.

»Das kann doch Snausbjard übernehmen«, hat Kollegin Tanja

Diekmann vorgeschlagen, und im Grunde waren alle ihrer Meinung.

Und so fährt Aycke Tag für Tag ein paarmal hin, geht ums Haus und denkt über die Sache nach. Morgens bringt er etwas für die Katze mit. Weil Jan Matz nicht mehr für sie sorgen kann, hat er versucht, sie ins Auto zu locken, um sie zu sich mitzunehmen, doch das hat nicht geklappt. Deshalb hat er zwei Näpfe gekauft und sie vor die Tür des Hauswirtschaftsraums gestellt. Den einen füllt er morgens mit Milch, den anderen mit dem Inhalt eines Bechers Katzenfutter, wobei die Katze ihn aus sicherem Abstand misstrauisch beäugt. Wenn er nachmittags zum zweiten Mal kommt, sind die Näpfe leer und saubergeleckt. Die Katze sitzt vor der Tür, doch wenn sie Aycke kommen sieht, läuft sie ein Stück weg, wartet ab, ob er für sie die Tür öffnet, und macht sich davon, wenn er das nicht tut. Aycke steht vor den geleerten Näpfen und schaut ihr nach. »Ik koon di ein ienlät, dü sutje kat«, ruft er. »Unskillige …«

Dann geht er ums Haus herum, setzt sich auf der Seeseite auf einen Gartenstuhl und nimmt die Aussicht in sich auf. Vom Haus fällt das sanft gewellte Acker- und Weideland zur See hin ab, und von seinem Platz aus hat Aycke freie Sicht auf Amrum, die niedrigen Dünen und das Amrumtief. Sein Blick schweift über die Umrisse der Insel, auf der er nicht wohnen möchte, und er fühlt sich zu Hause, wo er ist. Doch dann erscheint vor seinem inneren Auge wie eine Regenwand am Horizont Jan Matz, der tot ist, und er spürt die Stille des verlassenen Hauses wie einen kalten Luftzug im Nacken. Er steht auf, geht noch einmal ums Haus, steigt in den Wagen und fährt weg.

Vergangene Nacht konnte Aycke nicht einschlafen. Er dachte an das Haus, an Liewe, wie er die Vitrinenschränke fotografierte, vor allem aber an die Katze. Und jetzt sieht er den Hafenmeister in Richtung Hafenamt gehen, den Einzigen, der Matz wirklich gut gekannt und ihn manchmal besucht hat. Aycke rennt hinter ihm her.

»Bernd!«, ruft er. »Warte mal!«

Die halbherzige Art, wie Bernd seinen Schritt verlangsamt, lässt erkennen, dass er keinen großen Wert auf Ayckes Gesellschaft legt. Nur ist der immerhin von der Polizei, da ist nichts zu machen. Aycke holt ihn ein.

»Snausbjard …«, sagt Bernd.

»Bernd, ich war bei Jans Haus, und ich mache mir Sorgen um seine Katze.«

»Seine Katze?« Bernd bleibt stehen und holt ein Päckchen Shag aus der Jackentasche. »Was ist mit der?«

»Sie streift ums Haus, niemand kümmert sich um sie, und ich würde sie gern mitnehmen, aber sie traut mir nicht.«

Bernd schüttelt den Kopf und dreht sich eine Zigarette. »Ist das deine Aufgabe bei der Polizei? Katzen nachlaufen? Vollzeitjob, was?«

»Wir haben Jans Haus versiegelt und warten auf die Spurensicherung, und ich fahre tagsüber mehrmals hin, und dann sehe ich die Katze.«

»Die Katze ist immer draußen, wenn Jan unterwegs ist«, sagt Bernd. »Die kommt schon zurecht.«

»Aber weißt du nicht, wie sie heißt? Dann kann ich sie rufen.«

»Wie sie heißt?« Bernd entzündet die Zigarette, inhaliert tief, bläst Aycke den Rauch ins Gesicht und schaut ihn an. »Du willst also den Namen von Jans Katze wissen?«

»Ja …« Aycke wartet ab.

Bernd denkt nach, fängt dann an zu lachen, schüttelt wieder den Kopf. »Die Katze hat keinen Namen, Aycke«, sagt er in fast vertraulichem Ton. »Aber eigentlich hätte ich mir jetzt gern einen ausgedacht, und dann hätte ich dich beobachtet, wie du nach ihr rufst.« Er lacht. »Stjåmp! Tumbak! Ååwihäid! Komm mal zu Snausbjard!«

Aycke wendet den Blick ab, nimmt sich zusammen. »Sie hat also keinen Namen.«

»Nein, ist eine Halbwilde. Er hat sie immer vor die Tür gesetzt, wenn er rausfahren wollte. Und sie ist noch nie verhungert, also mach dir bloß keine Sorgen um das Biest.«

Aycke schaut Bernd an. »Warst du noch mal in seinem Haus?«

»Wann?«

»Seit er weg ist.«

Bernd tut einen letzten Zug und schnippt die Kippe mit dem Daumen ins Hafenbecken. »Nein«, sagt er.

Aycke sieht ihn unverwandt an.

»Was ist?«, fragt Bernd.

»Die Katze war im Haus, als ich mit dem Kollegen von der Bundespolizei hinkam.«

40

Judith Schulze parkt ihren Wagen Ecke Allmersstraße und Neuengrodener Weg. Sie bleibt noch einen Moment am Steuer sitzen, betrachtet das Haus der Familie Mauer, blickt über die Gärten mit ihren Rasen und Bäumen und lässt die friedliche Atmosphäre des Viertels auf sich wirken. Vorige Woche ist es durch einen Molotowcocktail und das dadurch verursachte

Feuer aufgeschreckt worden, die Spurensicherer und Brandursachenermittler lockten Neugierige an, Nachbarn schauten ihnen zu und sprachen über den Anschlag, Polizeibeamte gingen von Tür zu Tür und suchten nach Zeugen. Die chemische Analyse der Brandspuren hat ergeben, dass es sich bei dem Benzin in der Flasche um E5 gehandelt hat, womit unter anderem Motorroller betankt werden. Ein Ergebnis, das niemanden überrascht. Der Junge, der die Brandbombe geworfen hat, sitzt in Untersuchungshaft. Er äußert sich nicht zu der Frage, wer den Motorroller gefahren hat. Das Einzige, was man von ihm zu hören bekommt, sind Vorwürfe an die Adresse der Polizei und der Mauers, weil sie ihn der Tat bezichtigen und behaupten, ihn auf den Videobildern zu erkennen, und deshalb aus seiner Sicht daran schuld sind, dass er in Haft ist.

Doch wegen dieser Sache ist Judith jetzt nicht hier. Sie steigt aus und geht auf das Haus mit dem schmutzig gelben Anstrich zu. Die Nachbarn haben neben ihren Haustüren Geranien gepflanzt und Sitzbänke aufgestellt, aber bei den Mauers fehlen diese Attribute von Heimeligkeit. Schwarze Brandspuren auf dem Pflaster unterm Carport und an der Hauswand verraten, wo der Molotowcocktail explodiert ist. An der Haustür ist ein nüchternes Schildchen angeschraubt, »Mauer« in weißer Druckschrift auf schwarzem Grund.

Judith klingelt, wendet der Tür den Rücken zu, betrachtet die Häuser gegenüber und wartet. Schon nach kurzer Zeit öffnet Elise Mauer die Tür, aber so leise, dass Judith es nicht merkt und deshalb erschrickt, als sie die Stimme hinter sich hört.

»Frau Schulze«, sagt Elise Mauer.

Judith dreht sich um und lächelt entschuldigend. »Ich habe Sie gar nicht gehört, Sie waren so leise.«

»Das kann sein«, sagt Elise. »Ich genieße die Stille, wenn ich an Land bin. Auf dem Schiff ist man nie allein, und es ist immer laut. Aber kommen Sie doch rein.«

»Störe ich gerade?«

»Nein«, sagt Elise. »Mein Mann ist nicht da. Soweit ich weiß, macht er nur einen Spaziergang. Er steht immer noch etwas neben sich wegen des Brandanschlags und weil sein Auto weg ist. Aber er kommt bestimmt gleich.«

Judith folgt Elise in die Diele und knöpft ihre Jacke auf, zieht sie aber nicht aus. »Ich bleibe nicht lange«, sagt sie.

»Trinken Sie wenigstens einen Kaffee«, sagt Elise und geht in die Küche vor. »Setzen Sie sich.« Während sie einen Wasserkessel füllt, schaut sie aus dem Fenster.

»Ihr Mann ist also noch ganz durcheinander?«

»Er kann keinen Motorroller oder was Ähnliches hören, ohne zum Fenster zu rennen und rauszukucken. Auch in der Nacht. Springt aus dem Bett und läuft zum Fenster. Und der Junge ist immer noch auf freiem Fuß?«

»Wir beobachten ihn, er ist frei, hat aber die Auflage, sich täglich zu melden. Sein Vater ist ums Leben gekommen. Wir sehen ihn jeden Morgen.«

Elise nickt und setzt den Kessel auf. »Hat er irgendetwas gestanden?«

»Über laufende Ermittlungen darf ich nichts sagen.«

Elise bleibt vor der Arbeitsplatte stehen und schaut wieder aus dem Fenster. »Ich kann den Gedanken schwer ertragen, dass der Kerl frei herumläuft, während es meinem Sohn so schlecht geht. Bei Jürgen ist es genauso.«

»Wie gut kannte Ihr Mann eigentlich den Vater des Jungen, den Mann, der jetzt ertrunken ist?«

Elise starrt aus dem Fenster, das Wasser im Kessel fängt an zu rauschen.

»Vom Schulhof«, antwortet sie schließlich, »aber das ist viele Jahre her. Ich habe die Kinder morgens zur Schule gebracht, danach bin ich dann zum Markt und hab fürs Restaurant eingekauft. Wenn die Kinder aus der Schule kamen, war ich schon im Restaurant. Dann hat Jürgen sie abgeholt, er hatte ja nicht so viel vorzubereiten wie ich. Johnny war auf derselben Grundschule wie unsere Kinder. Als Jan Matz noch hier wohnte, haben Jürgen und er sich beim Abholen schon mal ein bisschen unterhalten.«

»Waren sie befreundet?«

Elise öffnet einen Küchenschrank, nimmt Kaffee heraus und füllt einen Filter. Das Wasser fängt an zu kochen. »Nein, mein Mann freundet sich nicht so schnell mit jemandem an. Damals musste er immer den ganzen Abend nett und freundlich zu den Gästen sein, das war sehr anstrengend für ihn. Na ja, es war eben ein Familienbetrieb, und von irgendetwas muss man ja leben.« Sie gießt den Kaffee auf, schaut aus dem Fenster.

»Kommt er schon?«

Elise antwortet nicht. Sie wischt grob mit einer Hand über die Arbeitsplatte. Eine Minute, in der sie Wasser nachgießt, vergeht ohne ein weiteres Wort. Dann ist der Kaffee fertig, Elise füllt zwei Becher, stellt sie auf den Tisch und setzt sich ebenfalls. Sie rührt ihren Kaffee nicht an, sondern schaut Judith in die Augen.

»Manchmal sehe ich aus dem Fenster, weil ich mir vorstelle, mein Junge würde nach Hause kommen. Aber er kommt nicht, er sitzt todunglücklich in seinem Bett in der Rehaklinik.«

Judith nickt.

»Was kann ich für Sie tun?«, fragt Elise. »Warum sind Sie gekommen? Nur um mir zu sagen, dass Sie den Kerl, der meinen Jungen fast umgebracht hat, frei herumlaufen lassen?«

Judith kennt diese heftigen Stimmungsschwankungen von

Elise und Jürgen Mauer. Sie schüttelt den Kopf. »Ich wollte Ihnen sagen, dass ich die Ermittlungen zu der schweren Körperverletzung bis auf Weiteres einem Kollegen übertragen habe. Wir warten ohnehin noch auf die Eröffnung des Verfahrens, und bis dahin ermittle ich im Mordfall Jan Matz.«

Sie schaut Elise an, die den Blick gesenkt hat. »Aber ich spreche jeden Tag mit Johnny«, fährt sie fort, ohne Elise aus den Augen zu lassen. »Seit dem Tod seines Vaters ist seine Position um einiges schwächer, vor allem, was die Sache mit dem Molotowcocktail betrifft, sein Vater kann ihm kein Alibi mehr geben. Und ich habe ein neues Thema, über das ich mit ihm sprechen kann, nämlich das Wrack, auf dem Jan Matz ermordet worden ist. Er hatte angefangen, die Ladung aus Kupferplatten zu bergen, und von Zeit zu Zeit hat Johnny ihm dabei geholfen. Anscheinend brauchte Jan Matz für irgendetwas viel Geld. Wofür? Wir wissen es nicht.«

Elise ist aufgestanden und schaut wieder aus dem Fenster. »Aha, da kommt er«, sagt sie.

Judith stellt sich neben Elise ans Küchenfenster. Jürgen kommt durch den Neuengrodener Weg. Kurz bevor er in seine eigene Straße einbiegt, nähert sich von hinten ein Motorrad. Es hält neben ihm an, Jürgen bleibt stehen, der Fahrer klappt das Visier seines Integralhelms hoch, und die beiden sprechen miteinander.

»Immerhin eine Art sozialer Kontakt«, sagt Judith. »Wissen Sie, wer das ist?«

Elise schüttelt den Kopf. »Der Helm … Ich kann es nicht sehen. Vielleicht fragt er nur nach dem Weg.«

Der Fahrer klappt das Visier herunter und fährt weiter. Jürgen geht langsam zum Haus.

»Noch etwas wollte ich Sie fragen. Sie können dazu vermutlich eher etwas sagen als Ihr Mann. Ich habe erfahren, dass Ihr Minensucher ein U-Boot gefunden hat. *U-22*, wenn ich richtig informiert bin?«

Elise schaut Judith verwundert an. »Woher haben Sie das? Das ist eigentlich eine vertrauliche Information.« Dann hellt sich ihre Miene auf. »Ach natürlich, wegen der Gedenkfeier mit den Angehörigen, die wir damals hatten, da wurde auch die Polizei informiert. Aber vertraulich.«

»Es geht mir nicht um das U-Boot, sondern ich habe mich gefragt, ob Ihr Schiff damals, nach der Entdeckung des U-Boot-Wracks, ob es damals vielleicht auch noch auf die *Hanne* gestoßen ist, die ja nicht allzu weit entfernt liegt.«

»Ich weiß nicht, was Sie meinen«, sagt Elise. Die Haustür wird geöffnet, sie blickt durch die Küchentür in die Diele. »Jürgen ist jetzt da. Können wir ein andermal darüber sprechen?«

»Das Wrack der *Hanne* ist der Ort, an dem Jan Matz ermordet worden ist, Frau Mauer«, fährt Judith ruhig fort. »Wir wissen nicht, woher er wusste, dass es dort lag. Ich dachte: Vielleicht könnte ein Mitglied Ihrer Besatzung …«

In diesem Moment erscheint Jürgen Mauer in der Tür.

»Jürgen«, sagt Elise. »Frau Schulze ist hier.«

»Guten Tag, Herr Mauer.«

»Was führt Sie zu uns?«, fragt Jürgen. »Ist etwas passiert?« Er schaut Elise und dann wieder Judith an. »Worum ging es?«

»Es geht mir, kurz gesagt, um den Tod von Jan Matz, und ich habe gerade Ihre Frau gefragt, ob sie als Besatzungsmitglied eines Minensuchers die Position des Wracks kannte, auf dem Matz ums Leben gekommen ist. Das ist eigentlich alles.«

Jürgen dreht sich um und geht in die Diele, um seinen Mantel auszuziehen.

»Meine Frau erzählt mir nicht alles«, sagt er. »Aber es kann natürlich sehr gut sein, dass es bei der Marine Leute gibt, die den Meeresboden besser kennen als irgendjemand sonst.«

Er kommt zurück, geht zur Arbeitsplatte und gießt sich selbst einen Becher Kaffee ein. Die Haustür wird erneut geöffnet, aus der Diele ist die Stimme von Tochter Lisa zu hören.

»Wir müssen später noch einmal darauf zurückkommen«, sagt Judith, während sie ihre Jacke zuknöpft. »Vielleicht bitte ich Sie demnächst einmal, auf die Inspektion zu kommen. Da kann man sich besser unterhalten.«

Sie nickt dem Ehepaar zu, grüßt im Vorbeigehen Lisa. Jürgen folgt ihr. »Haben Sie diesen Johnny schon wieder laufen lassen?«, fährt er sie an.

»Wir behalten ihn im Auge, Herr Mauer, glauben Sie mir, wir tun, was wir können.« Sie schaut in sein wütendes, trauriges Gesicht. »Ein Motorradfahrer hat Sie eben angesprochen?«

»Ich war im Park«, sagt Jürgen, als er die Tür für sie öffnet. »Darf man jetzt nicht mal mehr in Ruhe eine Runde durch den Park gehen, ohne dazu vernommen zu werden?«

Und er wirft die Tür hinter ihr zu.

41

Um nicht in die Staus bei Hamburg zu geraten, nimmt Liewe die Fähre über die Elbmündung nach Brunsbüttel. Von See her treibt Regen zur Küste, und auf der Zufahrt zur Fähre wird Liewes Wagen von heftigen Windstößen geschüttelt, die den Schauern vorangehen. Der Kartenkontrolleur im leuchtend orangefarbenen, um Bauch und Rücken zu engen Regenanzug läuft weg, um sich unterzustellen.

»Schietwetter, Vos«, sagt Liewe und schaut in den Rückspiegel, um zu sehen, ob der Hund ihn gehört hat. Aber Vos ist nicht da. Mit einem Ruck dreht Liewe sich um. »Vos?«

Erst dann fällt ihm wieder ein, dass er Vos bei der Hundetrainerin gelassen hat. Er fischt ihre Karte aus der Jackentasche, fügt ihre Telefonnummer den wenigen Einträgen in seinem Telefonbuch hinzu und schickt ihr eine Nachricht.

Liewe Cupido 15:13

Mit Vos alles okay? L.

Das Fahrzeugdeck wird geöffnet, und Liewe legt das Smartphone weg. An Bord, immer noch in seinem Wagen, stellt er fest, dass Miriam geantwortet hat. Er liest die Nachricht ein paarmal.

Miriam Roth 15:41

Sie ist so phlegmatisch wie ihr Herr.

Never worry. Miriam.

Liewe googelt nur sicherheitshalber das Wort *phlegmatisch*, seufzt, zögert, antwortet nicht, sondern ruft stattdessen die Fotodateien auf, sucht einen Moment und vertieft sich dann in den Anblick von Matz auf dem Wrack. Eins der Fotos zeigt ihn von der Seite: die Arme ausgestreckt, die Handflächen aneinandergelegt, das linke Bein gestreckt, das rechte gebeugt. Er betrachtet es eine Weile, wechselt zu anderen Aufnahmen, kehrt aber immer wieder zu dieser zurück.

Er schaut auf die Uhr, blickt sich dann um. Das Fahrzeugdeck ist verlassen, alle anderen sind nach oben gegangen, nur er ist im Wagen sitzen geblieben. Es ist die Macht der Gewohnheit des auf Texel Aufgewachsenen, der Insel mit der kurzen Überfahrt. Aber diese Überfahrt dauert eine gute Stunde, und das Fahrzeugdeck ist abgeschlossen. Liewe lässt die Rückenlehne ein wenig herunter und schließt die Augen. Doch nach ein paar Minuten öffnet er sie und betrachtet wieder dieses eine Foto von Matz.

Dann ruft er Lothar Henry an und fragt ihn, ob er sich an Xander Rimbach erinnert, den jungen Kollegen von der Bundespolizei, der an der niederländischen Grenze bei Bunde stationiert ist.

»Der dir in dem Wattwanderer-Fall geholfen hat. Ja, natürlich erinnere ich mich. Bist du so verzweifelt?«

»Er hat diesen scharfen Blick«, sagt Liewe. »Kannst du dafür sorgen, dass er die Fotos von Matz bekommt?«

»Willst du ihn wieder aus seiner Dienststelle wegholen, wie letztes Mal? Ich weiß nicht, ob ich das noch mal hinkriege.«

»Er soll sich nur die Fotos ansehen. Ich sehe immer das Gleiche.«

»Was siehst du denn?«

Liewe seufzt, schließt die Augen. »Einen Taucher in Panik, der sich aus den Handschellen befreien will und sich deshalb mit einem Fuß gegen eine Stufe stemmt, um mehr Kraft anwenden zu können. Dabei wird der Fuß unter einer Stufe eingeklemmt. Er weiß, dass es aus ist. Er ergibt sich in sein Schicksal, legt die Hände zusammen, betet.«

»Moment«, sagt Lothar, »ich leg dich kurz ab.« Liewe hört, dass er die Fotos sucht, nach einer Weile ist er wieder am Apparat. »Ich kann eigentlich auch nichts anderes sehen als das«, erklärt er. »Was lässt dich zweifeln«?

»Betest du manchmal?«

Lothar lacht auf. »Nach meinem Coming-out hab ich der Kirche Lebewohl gesagt. Nach alledem. Ich gehörte da nicht hin. Weg damit.«

»Das habe ich nicht gefragt.«

»Was denn?«

Liewe schweigt.

»Ob ich bete? Nein, eben nicht … Liewe?«

»…«

»Oder … na ja … Wenn ich nicht ganz zurechnungsfähig bin … Manchmal liege ich wach, und mir kommen allerlei quälende Gedanken … Und dann werde ich rückfällig. Wie ein Alkoholiker. Sei gegrüßt, Maria.« Lothar lacht wieder. »Maria konnte auch nichts dafür. Man kann sich seine Kinder nicht aussuchen.«

»Die Erziehung«, sagt Liewe.

»Ja«, sagt Lothar, »vor allem meine Mutter, und natürlich war ich auch Messdiener. Ganz kann man sich nie davon befreien. Aber wieso fragst du?«

»Jan Matz ist religionslos erzogen worden.«

»Ah. Du willst also sagen … Das mit dem Beten, das stimmt nicht.«

»Unwahrscheinlich.«

»Und jetzt überlegst du: Wenn das nicht stimmt, was stimmt dann sonst alles nicht?«

Liewe schweigt.

»Ich schicke Rimbach die Fotos zu.«

»Ja«, sagt Liewe und legt auf.

42

Liewe ist der einzige Gast in dem Bed & Breakfast in Hirtshals, und der Besitzer legt zu Liewes Erleichterung keinen Wert auf Konversation. Er schiebt ihm den Zimmerschlüssel hin, ermahnt ihn unverblümt, als einziger Gast nicht allzu spät zum Frühstück zu erscheinen, und das war's.

Das Zimmer ist typisch skandinavisch mit viel hellem Holz eingerichtet, an den Wänden hängen ein paar maritime Darstellungen, ein Kutter, ein Hafen, eine Küstenlinie, eine aus Holz geschnitzte Schule Makrelen.

Liewe setzt sich aufs Bett und horcht auf den Wind. Es hat aufgehört zu regnen, aber die Böen sind noch heftig. Er schaut sich um, starrt eine Weile auf das Hafengemälde am Fußende des Bettes, zieht die Jacke wieder an und geht in die Nacht hinaus.

Im Hafen herrscht viel Betrieb, die Fähre von Kristiansand läuft ein, auf der Zufahrt warten Autos und Lastwagen im Licht der Natriumlampen. Nur der Teil, in dem sonst die Kutter liegen, ist fast leer, weil Montag ist und die Flotte auf See. Liewe blickt auf den verlassenen Kai, zwischen den einsamen Laternen herrscht Dunkelheit. Er schiebt die Hände tief in die Jackentaschen und sucht am Rand des Hafengeländes nach einem Café oder Restaurant. Das Fiskehus ist geschlossen, Café Møller ebenfalls.

Die Fähre hat angelegt, und das lärmende Ausschiffen beginnt. Liewe macht kehrt und geht zur Pension zurück. In seiner Innentasche vibriert kurz das Smartphone, eine Nachricht. Er schüttelt sich, weil ihm ein Schauder über den Rücken läuft, lässt das Telefon in der Tasche und öffnet die Tür der Pension. Drinnen ist es feuchtkühl und wie ausgestorben, die Lichter im Flur sind aus. Im Zimmer zieht er die Vorhänge zu und holt das Telefon heraus. Eine lange Nachricht von Xander Rimbach, dem jungen Kollegen, hungrig nach Leben und Kontakt.

Wir sprechen uns später, antwortet Liewe. *Sieh dir die Fotos unabhängig von mir an. Schreib mir, was du siehst.*

Er steckt das Smartphone wieder ein, holt die Mappe mit den Dokumenten zur *Hanne* aus der Tasche, blättert zu dem Bericht für die Versicherung und fängt an zu lesen. Aus unerfindlichen Gründen wird das Schiff darin hartnäckig »Hanna« genannt.

> Das Motorschiff »HANNA«, Heimathafen Westrhauderfehn ist auf der Fahrt von Rheinberg nach Hamburg am 16. September 1950 in der Nähe von Terschelling letztma~~i~~lig gesichtet worden, und seitdem fehlt jede Nachricht von dem Schiff und seiner Besatzung, sodass das Schiff als verschollen anzusehen ist. Irgend ein Verschulden eines Beteiligten liegt nicht vor.
>
> …
>
> Am 16. September 1950 wurde das Motorschiff »Hanna«, geführt von seinem Eigner, den Kapitän Meiners, auf einer Reise~~e~~ von Rheinberg nach Hamburg ~~a~~um 16 Uhr Terschelling ausgehend gemeldet. Am 17. Sept. 1950 ist auf dem Fischdampfer »Rotersand« um 17 Uhr 45 auf Position 54° 23,5'' Nord und 6° 44'' Ost ein kleines Motorfahrzeug »Hanna« bei Windstärke 9–10 gesichtet worden. Irgendwelche Nachrichten über das Schiff und die Besatzung liegen seitdem nicht vor. Die vom Seeamt angeordnete öffentliche Bekanntmachung hat auch keinen Erfolg gehabt.

Als Besatzung sind vier Personen aufgeführt:

> Kapitän Johannes Meiners, geb. am 20. August 1920 …
> Leichtmatrose Johann Koopmann, geb. am 16. Novbr. 1934 …
> Leichtmatrose Richard Bahn, geb. am 6. Januar 1932 …
> Schiffsjunge Jürgen Lessentin, geb. am 21. Novbr. 1934 …

Liewe wirft einen kurzen Blick auf das Hafenbild am Fußende. »Kinder«, sagt er laut. Er kehrt zum Anfang des Abschnitts zurück und überfliegt die Angaben zum Schiff. Die *Hanne* war klein, nur knapp 32 Meter lang. Sie war den Rhein abwärts gefahren, war von Rotterdam aus zunächst auf einen nördlichen Kurs gegangen, hatte dann südlich von Terschelling Schutz vor dem Sturm gesucht, aber, als der Wind nachließ und die Aussichten auf der Wattseite der Inseln wieder besser erschienen, die Fahrt in Richtung Elbmündung fortgesetzt. Ein Schiff mit einer Besatzung aus Jugendlichen, so alt wie Johnny und Hauke, geführt von einem unerfahrenen Kapitän. Jeder Inselbewohner weiß, dass ein Sturm, der abgeflaut ist, sehr schnell mit doppelter Gewalt wiederkommen kann. Doch Kapitän Meiners, gerade erst dreißig und aufgewachsen in einem Moorgebiet auf dem Festland, fuhr auf die Nordsee hinaus. Mit seinen Fünfzehn- bis Achtzehnjährigen.

Liewe blättert weiter zu dem Auszug aus dem Logbuch der *Rotersand*, den er auf Terschelling schon gesehen hat.

15.50 Uhr	Feuerschiff P 11 an B.B. querab, Kurs Rw. 300°
17.45 "	Position auf: 54° 23,5' Ost, sichten kleines Motor-Fahrzeug »Hanne«, welches (beim Sichten) vor der See lag. (Wind SW 9–10) dampfen in Rufweite ob Hilfe benötigt wird. Da keine Hilfe benötigt wird, (Schiffer winkte ab) gehen auf Kurs zurück und setzen die Reise fort.
18.00 "	Wetter: SW 9–10, hohe grobe See, Regenböen, mässige Sicht.

»Um Hilfe bitten«, murmelt Liewe. »Bloß nicht.« Er seufzt. Dann vibriert sein Telefon. Eine Nachricht von Xander.

Xander Rimbach 19:03
Er hat sich mit dem Bein abgestoßen, um mehr Kraft zu haben.
Gibt es Spuren an den Handgelenken?

Liewe zögert. Er schaut in seinen Posteingang. Noch nichts von der Gerichtsmedizin. Oder Judith hat es noch nicht gemailt.

Liewe Cupido 19:08
Angenommen, es wäre doch kein Befreiungsversuch gewesen.
Was siehst du dann?

Es wird still. Als Liewe aufsteht, erfasst ihn ein Schwindel, er stützt sich an der Wand ab, atmet ein paarmal ruhig aus und ein, geht ins Bad, lässt Wasser über seine Handgelenke laufen. Als er ins Zimmer zurückkehrt, hat er zwei Nachrichten von Xander.

Rimbach 19:15
Hing der rechte Fuß fest? Warum?
Und warum nur dieser Fuß?
Mit zwei Füßen kann man sich stärker abstoßen.

Rimbach 19:18
Wie wahrscheinlich ist es, dass ein Fuß,
wenn man sich windet und stirbt,
da bleibt, wo er war,
außer es war beabsichtigt,
dass man so gefunden wird?

Liewe unterdrückt den Impuls, gleich zu antworten. Er betrachtet noch einmal das entscheidende Foto. Dann schickt er doch eine Nachricht.

Cupido 19:21
Ein Tableau vivant?

Er schaut aufs Display, sieht, das Xander tippt, aufhört, wieder tippt.

Rimbach 19:23
Was meinst du?
Dass er betend kniet?

Cupido 19:24
Matz war nicht religiös,
auch nicht so erzogen.

Rimbach 19:26
Du bist genauso gottlos wie dieser Matz.
Wenn das Beten ist, ist es eine Karikatur.
Er imitiert etwas oder jemanden.
Man muss den Kopf drehen, oder besser das Foto
um 45 Grad nach rechts.

Liewe probiert einen Moment erfolglos herum, und bevor er herausfindet, wie es funktioniert, kommt schon eine Nachricht von Xander mit dem gedrehten Foto. Er sieht jetzt einen knienden Mann, der die Arme ausstreckt.

»Verstehe«, murmelt Liewe. »Verstehe.« Er starrt auf das Foto. »Aber was … was könnte das darstellen …«

Rimbach 19:29
Siehst du, was ich meine?

Cupido 19:30
Ich schicke dir morgen eine Nachricht.

Er legt das Telefon weg. Er starrt wieder auf das Hafengemälde, dann auf seine Schuhe, tritt sie von den Füßen, schließt die Augen und versucht, ruhig zu atmen. Dann greift er wieder zum Telefon und tippt eine letzte Nachricht an Xander.

Cupido 19:33
Merci.

Es vergehen Stunden, in denen Liewe nicht einschlafen kann. Die ganze Zeit liegt er auf dem Rücken und wartet. Und als der Schlaf ihn endlich überwältigt, kommt er nicht als Erlösung, sondern als Schatten, der am Fußende heraufwölkt, sich wie ein Schleier über das Bett ausbreitet und ihm die Luft nimmt. Reglos liegt er auf dem Bett, die Arme gestreckt neben dem Körper, doch in seinem Traum dreht er sich um und breitet die Arme aus, um alles, was ihm lieb und teuer ist, vor dem Schatten zu schützen, der wie ein auf ihn geworfenes Netz ist.

Als er aus dem Schlaf aufschrickt, zieht sich der Schatten nur sehr allmählich zurück. Liewe hat noch nie solche Angst gehabt.

43

Früh am Dienstagmorgen ruft Judith Schulze Christine Pumper an und teilt ihr mit, dass Johnny sich heute nicht zu melden braucht, weil sie selbst zu ihnen kommen möchte.

»Ich muss aber zur Arbeit«, sagt Christine.

»Es dauert nicht lange. Und es ist wichtig. Es geht um die sterblichen Überreste von Jan Matz.«

Es bleibt einen Moment still. »Das ist aber doch eigentlich nicht mehr meine Sache«, sagt Christine schließlich. »Wir waren geschieden.«

»Vielleicht nicht mehr Ihre Sache«, erwidert Judith, »aber die seiner Kinder. Und weil sie minderjährig sind, geht es auch Sie etwas an.«

»Kann man ihn denn nicht dort lassen? Für die Wissenschaft? Das geht doch, oder?«

»Auch diese Entscheidung können Sie nicht allein treffen. Ihre Kinder sind die einzigen direkten Verwandten, auch wenn sie minderjährig sind.«

Christine seufzt. »Gut, dann kommen Sie. Aber tun Sie mir einen Gefallen und kommen Sie zur Abwechslung mal nicht mit einer ganzen Mannschaft. Und wenn es sich machen lässt, möglichst schnell. Ich versuche, Johnny wach zu kriegen.«

Eine halbe Stunde später sitzt Judith mit Christine am Esstisch, auf dem zwei unberührte Frühstücksteller stehen. Judith lehnt den angebotenen Kaffee dankend ab. »Und die Jungs?«, fragt sie.

»Ich habe Johnny Bescheid gesagt. Er kommt.«

»Und Ihr jüngerer Sohn?«

»Können wir Paul aus dem Spiel lassen? Ich möchte ihn aus alldem möglichst heraushalten. Er ist sehr sensibel.«

»Es geht um seinen Vater. Wie alt ist Paul?«

»Im vergangenen Monat dreizehn geworden.«

Judith nickt. »Kein kleines Kind mehr.«

»Mit dreizehn ist man noch ein Kind. Und Paul erst recht.«

»Es ist mir klar, wie schwer das alles für Sie ist.«

Christine steht auf und verlässt das Zimmer. Judith blickt sich um. Sie hört, dass Christine laut auf Johnny einredet, der anscheinend noch im Bett liegt.

Dann erscheint, klein und zart, Paul Matz in der Tür. Er bleibt stehen, konzentriert und in sich gekehrt, als stünde er auf einem Schwebebalken.

»Guten Morgen, Paul«, sagt Judith.

Er schaut sie kurz an, hebt langsam die Arme und macht vorsichtig einen Schritt vorwärts. »*A small step for men*«, sagt er.

Judith lächelt. »*Good morning, Mister Armstrong.*«

Paul blickt in Richtung Decke, reißt die Augen auf. »*Houston, we have a problem.*«

»Welches Problem, Jim?«

»*The oxygen tank*«, sagt Paul und sieht sie zum ersten Mal richtig an. »*What did you do? What's the story here, Jack?*«

Judith schaut in seine hellen Augen. Irgendwo im Haus hört sie Christine, die ihre Wut zu beherrschen versucht.

»*We've got a main bus b undervolt*«, sagt Paul. »*It's got to be the oxygen.*«

Judith mustert den zarten Jungen und weiß nicht, was sie erwidern soll. Sie hat den Film *Apollo 13* vor Jahren einmal gesehen, wenn auch nicht auf Englisch wie offensichtlich dieser Junge, sie kann sich sogar undeutlich an die Aufregung erinnern, als die echte Apollo 13 in Schwierigkeiten war. Es war die Unruhe ihrer Eltern, die ihr Angst gemacht hatte; ihre Mutter war aus der Küche gekommen, ein Geschirrtuch noch in der Hand, und hinter ihrem Vater stehen geblieben, der angespannt auf den Fernseher starrte. Was genau eigentlich los war, hatte sie nicht verstanden, sie war damals viel jünger als Paul jetzt.

Im Haus wird eine Tür zugeknallt. Energische Schritte. Christine kommt zurück.

»Wer hat den Sauerstofftank kaputt gemacht, Paul?«, fragt Judith.

»*The Avengers*«, sagt Paul. Er geht zum Tisch, legt die Hände auf die Platte. »*Let's work the problem, people. Let's not make things worse by guessing.*«

Christine kommt wieder herein. »Paul! Was machst du hier? Ich hatte gesagt, du sollst in deinem Zimmer bleiben.« Sie nimmt seinen Arm und zieht ihn vom Tisch weg. »Was hast du alles gesagt?«

»Wir haben über Apollo 13 gesprochen, stimmt's, Paul?«, sagt Judith.

»*Let's stay cool, people*«, sagt Paul. »*One at a time.*«

»Geh in dein Zimmer und kuck einen Film«, sagt Christine und zieht ihn sanft, aber unerbittlich von Judith weg. »Mama muss hier etwas besprechen.«

In diesem Moment kommt Johnny angeschlurft. Er sieht seinen Bruder an und blockiert die Tür. »Wieso darf Paul nicht dabei sein?«, fragt er.

»Meine Güte, lass deinen Bruder durch!«, zischt Christine.

Aufreizend langsam macht Johnny einen Schritt zur Seite, wobei er Paul kurz die Hand auf die Schulter legt. Dann geht er zu einem der Sofas und legt sich hin. »Habt ihr sie schon?«, fragt er, ohne Judith anzusehen.

»Wen meinst du, Johnny?«, fragt Judith.

Christine setzt sich mit gequältem Gesichtsausdruck ihr gegenüber an den Tisch, wirft einen Blick auf Johnny, scheint zu überlegen, ob sie ihn auffordern soll, sich auch an den Tisch zu setzen, lässt es aber.

»Möchtest du nicht kurz zu uns kommen?«, fragt deshalb Judith.

»Ich hör Sie hier auch.«

»Gut«, sagt Judith und wendet sich Christine zu. »Dann fasse ich kurz zusammen. Erstens hat die Autopsie ergeben, dass ihr geschiedener Mann tatsächlich durch Ersticken ums Leben gekommen ist. Es wurden fast keine Spuren von Gewalt gefunden, die auf einen Kampf oder dergleichen hindeuten. In seinem linken kleinen Finger ist eine Sehne gerissen, als hätte er sich hart gestoßen oder gewehrt. An den Handgelenken ist zu sehen, dass er versucht hat, sich zu befreien, und am linken Ärmel seines Tauchanzugs gibt es so etwas wie Kratzspuren. Trotzdem deutet alles darauf hin, dass er überrascht wurde, dass man ihm Handschellen angelegt und sie am Geländer der Treppe zur Brücke festgemacht hat, bevor ihm bewusst wurde, was überhaupt geschah. Weil die Beschädigung und die Verletzung nur an der linken Seite sind, vermuten wir, dass ihn zwei Personen überfallen haben, von denen diejenige, die sich um die linke Hand gekümmert hat, weniger erfahren im Anlegen von Handschellen war. War er Links- oder Rechtshänder?«

»Rechts«, sagt Christine. Sie steht auf, sucht ihre Handtasche, kramt darin, nimmt wieder am Tisch Platz, schaut zu Johnny hinüber und bleibt mit abgewandtem Kopf sitzen.

»Möchten Sie etwas sagen?«, fragt Judith.

Christine schüttelt den Kopf.

»Wir haben auch das Telefon Ihres Ex-Mannes aus Hanstholm bekommen«, sagt Judith. »Er hat anscheinend nicht oft telefoniert, aber das müssen wir noch genauer prüfen. Es gibt eine Nummer, die wir bisher niemandem zuordnen können, von der aus er aber in den zurückliegenden Monaten mehrmals angerufen wurde. Den letzten dieser Anrufe konnten wir dem Mobilfunkmast in der Nähe des Einkaufszentrums zuordnen, bei Lidl, nicht weit vom Haus der Familie Mauer. Hatte er wohl noch Kontakt mit den Mauers, oder vielleicht auch Sie selbst?«

Christine wendet den Kopf wieder Judith zu und schaut sie an, als hätte sie das Gesagte nicht verstanden. »Jan kam nicht mehr nach Wilhelmshaven«, sagt sie.

»Ich meinte, ob er mit jemandem von den Mauers telefoniert hat.«

»Seit die Kinder nicht mehr auf der Grundschule sind, hat Jan nicht mehr mit ihnen gesprochen.«

»Wir wissen, dass er vor einiger Zeit auf dem Ehrenfriedhof mit dem Ehepaar Mauer gesprochen hat.«

»Was?« Christine wirkt aufrichtig überrascht. »Jan mit den Eltern von dem armen Jungen? Wann?«

Johnny liegt reglos da, scheint aber gespannt zuzuhören.

»Vor einem Dreivierteljahr, genauer gesagt am 28. Februar.«

»Wie kommen Sie da drauf?« Johnny ist aufgestanden und geht zum Tisch. »Wer sagt das?«, fragt er.

»Vielleicht sprechen wir demnächst mal darüber«, sagt Judith.

»Warum sollte Jan mit ihnen gesprochen haben?« Christine schaut zu Johnny auf. »Weißt du was darüber?« Doch Johnny antwortet nicht. Er sieht Judith an. »Es sind scheinheilige Arschlöcher«, sagt er.

»Es gab also auch nach dem Vorfall mit der Körperverletzung überhaupt keinen Kontakt zwischen den Mauers und Ihnen?«

Christine schüttelt den Kopf. »Warum sind sie nicht zu uns gekommen, wenn sie Vorwürfe erheben wollten?«

»Weil Hauke bewusstlos getreten wurde, Frau Pumper. Vermutlich haben sie gehofft, dass die Eltern des mutmaßlichen Täters *sie* aufsuchen. Sie hatten keine große Lust, auf Sie zuzukommen.« Judith erwidert Johnnys Blick. »Möchtest du dich nicht kurz setzen?«

Doch er macht eine abwehrende Handbewegung, geht zum Sofa zurück und lässt sich fallen. »Wenn ihr wissen wollt, von wem die Nummer ist, wieso ruft ihr sie nicht an?«

»Mensch, Johnny, dass wir darauf nicht gekommen sind!«, sagt Judith. Sie wendet sich wieder Christine zu. »Also jetzt zu den sterblichen Überresten von Herrn Matz. Da die Untersuchung durch die Gerichtsmedizin abgeschlossen ist, wird der Leichnam freigegeben. Und nun ist die Frage, was damit geschehen soll.«

Christine schüttelt den Kopf. »Ich habe kein Interesse daran. Nichts als Kummer hab ich mit diesem Mann gehabt.«

»Welche Art Kummer?«

Christine deutet kurz mit dem Kopf auf das Sofa, auf dem Johnny liegt.

»War er Ihnen gegenüber gewalttätig?«

Christine lacht auf. »Jan? Gewalttätig? Nein, nein, das hätte er sich gar nicht getraut.«

»Auch nicht, wenn er getrunken hatte?«

»Dann saß er nur wie ein Häufchen Elend da und hat geflennt.«

Judith nickt und knöpft ihre Jacke zu. Sie bleibt noch sitzen, schaut Christine an und fragt: »Hat er Ihr Leben zerstört?«

Die Frage scheint Christine zu erschrecken, und plötzlich werden ihre Augen feucht. »Hätte er das bloß getan, dann würde mir das, was passiert ist, nicht so viel ausmachen, dann könnte ich es an mir abgleiten lassen.«

»Keine Rachegedanken?«

Sie schüttelt den Kopf. »Nur Bedauern. Sehr viel Bedauern.«

Einen Moment sitzen sie sich schweigend gegenüber. Schließlich fragt Judith: »Was soll also mit dem Toten geschehen?«

Christine kramt ein Taschentuch aus ihrer Tasche und schnäuzt sich die Nase. »Lassen Sie bitte einem Bestatter in Oldenburg Bescheid sagen, dass er uns anrufen soll. Wir bringen ihn auf seine Insel zurück. Da gehört er doch hin, auch wenn er eine gescheiterte Existenz war.«

44

Die Polizei von Hirtshals hat die *Skua* auf einen großen Bootsanhänger hieven lassen und in einem Schuppen auf dem Hafengelände untergebracht. Das Boot hatte zunächst im Fischereihafen auf dem Kai gelegen und dort viele Neugierige angelockt. Jemand vom Hafen hatte am Vortag sogar einen Mann weggeschickt, der an Bord klettern wollte.

»Was war das für ein Mann?«, fragt Liewe die Polizeibeamtin Andrea Jenssen, mit der er an diesem Morgen verabredet ist. Sie hat ihn in der Dienststelle mit einem Kaffee empfangen, und nun gehen sie gemeinsam zum Schuppen.

»Das wissen wir nicht«, antwortet Andrea. »Der Mann vom Hafen, der ihn weggeschickt hat, ist nicht befugt und ehrlich gesagt auch nicht geistesgegenwärtig genug, jemanden nach seiner

Identität zu fragen. Es war ein Ausländer, glaube ich, vielleicht gehörte noch ein Zweiter dazu. Da ist mein Kollege Liam Berg. Er hat den Schuppen schon geöffnet.« Andrea schaut Liewe von der Seite an. »Er war abgeschlossen«, sagt sie. »Keine Sorge. Innen hängt eine Kamera. Es war jetzt niemand mehr am Boot.«

Die Sonne ist noch nicht aufgegangen, im Schuppen ist es sehr dunkel. Aber Liam Berg hat rings um die *Skua* ein paar starke Lampen auf hohen Stativen aufgestellt, die das perlweiße Boot in grelles Licht tauchen. Weil der Bootsanhänger im Dunkeln bleibt, scheint die *Skua* zu schweben.

»Der Anker fehlt«, sagt Andrea. »Der Schäkel war aufgeschraubt.«

Liewe nickt, betrachtet schweigend das Boot, fängt an, es zu umrunden. Andrea und Liam folgen ihm. Vor der Beule an Backbord bleibt er stehen. Eine Leiter ist an den Rumpf gelehnt. »Da ist es wohl gerammt worden, oder gestreift«, sagt Liam. »Offensichtlich von einem Schiff mit blauem Rumpf.«

»War schon jemand an Bord?«, fragt Liewe, während er an der Leiter hinaufschaut.

Andrea und Liewe wechseln einen Blick. »Wir haben nur kurz nachgesehen, ob wirklich niemand unten im Vorschiff war«, antwortet Andrea. »Das war alles.«

Liewe holt Handschuhe aus der Jackentasche, zieht die Schuhe aus und steigt an Bord. Er geht nach achtern und blickt hinunter. Die plattformartige Klappe, von der Matz sich ins Wasser gleiten ließ und über die er auch wieder an Bord klettern konnte, ist geöffnet. Liewe betrachtet sie einen Moment. Genau von hier aus ist Matz getaucht. Alles ist noch bereit für seine Rückkehr, sogar hier, im grellen Licht in dem dunklen dänischen Schuppen schwebend, weit nördlich seiner Jagdgründe. Liewe dreht sich um und geht über das Angeldeck zum Ruderhaus.

»War die Tür offen?«, fragt er.

Aber Liam und Andrea sind inzwischen im Eingang des Schuppens ins Gespräch vertieft und hören ihn nicht. Liewe geht ins Ruderhaus. Erstaunlich wenige Dinge sind darin zurückgeblieben, über den Raum verstreut: eine durchweichte Seekarte, eine Tasche, ein Becher, ein Fernglas. Die Kunstlederbezüge der Sitze sind noch nass, die analogen Messgeräte stehen alle auf Null. Nichts deutet darauf hin, dass die Motoren liefen, als die *Skua* kenterte. Über den vorderen Fenstern ist ein Messingschild mit der Aufschrift *Navigating Officer* angeschraubt. Zwischen den Gashebeln der beiden Motoren hat sich ein Fotorahmen festgeklemmt, das Glas ist zerbrochen. Auf dem Foto stehen zwei Jungen hinter dem Haus auf Föhr. Der ältere hat einen Ball unterm Arm, der jüngere neben ihm starrt geradeaus. An der Seite eine junge Birke. Hinter der Fensterscheibe ist trotz des Lichts der tief stehenden Sonne, die darauf fällt, eine weibliche Gestalt zu erkennen. Die Birke treibt aus, im Gras wachsen Narzissen. Frau und Kinder an einem Tag zu Frühlingsanfang, eine Sekunde des vergangenen Lebens, auf See immer vor Augen.

Die Tür zum unteren Teil des Vorschiffs ist zugefallen. Liewe öffnet sie und steigt die wenigen Stufen hinunter. Trotz des Lampenlichts, das durch zwei kleine Bullaugen hereinfällt, ist es dunkel. Alles ist noch nass und durcheinandergeworfen. Auf dem Boden liegen ein Schlafsack, ein Buch, ein Kissen, eine Whiskyflasche, eine Tasche mit Kleidung. Liewe schaltet das Lämpchen seines Smartphones an und öffnet nacheinander die kleinen Seitenstauräume. Die meisten sind leer. Er findet nur Handtücher, Werkzeuge, einen Kugelschreiber, ein paar Gläser und eine unangebrochene Flasche Ballantine's. In einem größeren Stauraum halb unter dem Ruderhaus liegen zwei Teleskopangeln, eine Fischkiste und ein Schiffskompass, der von einem

Seeschiff aus der Vorkriegszeit stammen muss, zweifellos vom Meeresboden geholt. Er ist von Seepocken bedeckt. Das Messinggehäuse ist schwer. Liewe zieht es etwas zu sich hin, macht ein paar Fotos und steigt zum Ruderhaus hinauf.

Liam und Andrea stehen wieder neben dem Boot und schauen zu ihm hinauf.

»Ich würde das Boot gerne schnell abholen und nach Deutschland bringen lassen«, sagt Liewe. Er blickt sich um und geht noch einmal nach achtern. Auf dem Angeldeck sind auf beiden Seiten vor dem Schanzkleid Backskisten angebracht, die auch als Sitzbänke dienen können. Liewe versucht die erste zu öffnen, aber sie ist verschlossen, wie auch die nächsten beiden. Bei der vierten lässt sich der Deckel anheben, anscheinend haben sich die Schrauben, mit denen das Schloss auf der Innenseite befestigt war, gelöst. In der Kiste liegen ein paar verschlissene Festmacherleinen, eine kleine Schüssel mit Putzlappen, eine Pütz und ein Schrubber. Liewe schaltet wieder das Lämpchen seines Smartphones ein, kniet sich hin und beugt sich vor, um besser in die Kiste schauen zu können. Vorsichtig streicht er mit der Hand über die Innenseite der vorderen Kistenwand, an der das Schloss befestigt war.

»Ist da was?«, fragt Liam.

Liewe steht auf. »Kannst du mir helfen?«

Liam geht weg, kehrt kurz danach mit Handschuhen zurück und steigt an Bord.

»Das Schloss ist kaputt«, sagt Liewe. »Kannst du mal leuchten?« Liam übernimmt das Smartphone und richtet das Lämpchen auf die Innenseite der Kistenwand, während Liewe sich wieder hinkniet und den Kopf vorsichtig in die Kiste senkt. »Bei meiner rechten Hand«, sagt er, es klingt gedämpft. Nach längerer Fummelei hebt er den Kopf wieder heraus und steht auf. Er hat ein kleines, schwarzes Kästchen in der Hand und zeigt es Liam, der es schweigend betrachtet. Liewe dreht das Kästchen um und öffnet es. Es enthält einen ovalen Gegenstand, ebenfalls schwarz, aber mit einem blauen, gerade einmal stecknadelkopfgroßen Lämpchen darin, das langsam blinkt.

»Er tut's noch«, sagt Liam.

»Genau«, sagt Liewe.

»Habt ihr was gefunden?«, ruft Andrea von unten.

»Einen GPS-Tracker«, antwortet Liam. »In einer der Backskisten auf dem Angeldeck.«

Liewe nimmt einen Spurensicherungsbeutel aus einer Jackentasche, lässt den Tracker hineingleiten und schließt den Druckverschluss. »Könnte ich mit dem Mann sprechen, der gestern die Neugierigen weggeschickt hat?«

Andrea sieht den Beutel mit dem Tracker in Liewes Jackentasche verschwinden. »Wenn du den mitnimmst, wird man sehr schnell hinter dir her sein«, sagt sie.

»Ja«, sagt Liewe.

Am Nachmittag verlässt Liewe Hirtshals. Der Mitarbeiter des Hafenamtes, ein kleiner, gedrungener Mann in den Vierzigern in einem zu großen Regenmantel, hatte kaum brauchbare Erinnerungen an die Leute, die sich bei der *Skua* herumgetrieben hatten. Nur dass ein Mann sich nicht so leicht wegschicken ließ, konnte er Liewe sagen. Aber es war dunkel gewesen und hatte geregnet, weshalb er nicht genau beschreiben konnte, wie der Fremde aussah. Er hatte eine Regenjacke angehabt, die Kapuze auf dem Kopf, und war erst weggegangen, als der Mann vom Hafenamt gesagt hatte, dass er sonst die Polizei holen würde. Er hatte nicht viel gesprochen und das Wenige auf Englisch.

»Was hat er denn gesagt?«

»*Okay, okay*. Und: *It's just a boat*.«

»Welches Alter?«

»Normal.«

»Was heißt denn ›normal‹?«

»Nicht alt, nicht jung, ein Mann in einer Regenjacke.«

»Größer als Sie?«

Jetzt wurde er einsilbig. »Vielleicht ein kleines bisschen«, sagte er, und dann kamen eine Zeit lang nur sehr knappe Antworten. Die Regenjacke sei dunkel gewesen, ja, aber im Licht dieser Lampen sehe ja alles dunkel aus … nein, keine Brille, kein Bart, nein, wieso kahl geschoren? »Es war ein Mann in einer Regenjacke, der etwas auf Englisch sagte und wegging«, fasste er zusammen. »Er hat fast nichts gesagt, er hatte eine normale Stimme, er hatte nichts Bedrohliches an sich, sondern war nur schwer wegzukriegen.«

»Überlegen Sie bitte genau«, sagte Liewe zum Schluss. »Als er neben dem Boot stand, war das achtern, in der Mitte oder am Bug?«

Der Mitarbeiter des Hafenamtes lebte ein bisschen auf. Endlich eine Frage, auf die er eine klare Antwort geben konnte. Der normal alte Mann mit normaler Stimme und normaler Regenjacke, der normal Englisch sprach – wenn auch mit einem leichten Akzent, nicht ohne Weiteres erkennbar, vielleicht Deutsch, Niederländisch wäre auch möglich –, hatte eindeutig achtern gestanden, als hätte er an Bord steigen wollen. Ach ja, und kurz nachdem der Mann gegangen war, hatte er ein Auto wegfahren sehen, das hinter dem Café Møller gestanden hatte. Ob es das Auto des Unbekannten gewesen war, wusste der Mann vom Hafenamt natürlich nicht. Und er konnte auch nicht sagen, um was für ein Auto es sich handelte. Ein normales Auto, das auf jeden Fall. Gestern Abend kurz vor sechs, das wusste er noch, denn ohne diese Geschichte wäre er längst zu Hause gewesen. Aber dann hatte er vorsichtshalber doch noch die Polizei gerufen und bis zu ihrem Eintreffen gewartet und war erst anschließend nach Hause gegangen.

45

Judith hat Jürgen Mauer angerufen und gefragt, ob er eventuell zur Polizeiinspektion kommen und ein paar Dinge mit ihr und einem Kollegen besprechen könne. Jürgen Mauer war so in Anspruch genommen von seinem Bemühen, sich für seinen Ausfall am Vortag zu entschuldigen, dass er zu fragen vergaß, worum es eigentlich ging.

Nun meldet er sich pünktlich zur vereinbarten Zeit am Empfang. Judith kommt aus dem Aufzug, einen großen braunen Umschlag unterm Arm. Sie fragt, ob Jürgen Mauer einen Kaffee möchte, doch er verneint. Dann nimmt sie ihn mit zum Vernehmungszimmer.

»Hier können wir in Ruhe reden. Kennen Sie meinen Kollegen Tobias Schwarzhappel?«, sagt sie mit einer Geste in Richtung Tobias, der hereinkommt und die Tür hinter sich schließt.

»Wir sind uns schon mal begegnet.« Jürgen nickt Tobias zu und blickt sich dann um. »Ist das ein Vernehmungsraum?«

»Hier haben wir Ruhe. Es ist keine offizielle Vernehmung, Herr Mauer, wir zeichnen nichts auf. Wir haben nur ein paar Fragen, die wir bisher nicht klären konnten und die wir Ihnen gern vorlegen möchten.«

Jürgen Mauer sieht die beiden Kriminalbeamten abwechselnd an. »Wollen Sie mich auf den Arm nehmen?« Er gibt sich offensichtlich Mühe, aufkommenden Ärger zu unterdrücken.

»Natürlich können wir Sie auch offiziell vernehmen, Herr Mauer«, sagt Judith. »Das machen wir aber nur, wenn wir es wirklich für nötig halten, und vielleicht ist es das ja gar nicht. Es hängt davon ab, ob Sie unsere Fragen zufriedenstellend beantworten können.«

Jürgen verschränkt die Arme. »Dann schießen Sie los«, sagt er.

Judith zieht ein Mobiltelefon aus dem Umschlag und legt es auf den Tisch. »Das ist das Telefon von Herrn Matz«, erklärt sie.

Jürgen schaut sie an, ohne etwas zu erwidern.

»Es wurde am Strand bei Hanstholm in Dänemark gefunden, wasserdicht verpackt. Zum Glück haben wir gleich das richtige Passwort gefunden, Jan Matz hatte dafür das Geburtsdatum seines älteren Sohnes gewählt. Wir wissen ja alle, wie eng die beiden verbunden sind. Oder waren, muss man jetzt sagen.«

Jürgen schnaubt durch die Nase und spannt die immer noch verschränkten Arme an.

»Wann haben Sie zuletzt mit Herrn Matz gesprochen?«, fragt Judith, während sie eine Mappe aus dem Umschlag zieht. Sie stellt keinen Blickkontakt mit Jürgen her, sondern blättert in den Papieren, als wäre irgendwo dort die Antwort auf ihre Frage zu finden.

»Wir kannten uns vom Schulhof der Grundschule, da haben wir uns gesehen, wenn wir unsere Kinder abgeholt haben«, sagt Jürgen. »Aber das ist ja nun schon viele Jahre her.«

»Worüber haben Sie dann so gesprochen?«, fragt Tobias.

»Er sprach gern übers Tauchen«, sagt Jürgen. »Ich bin immer darauf eingegangen, sie kamen ja manchmal zum Essen in unser Restaurant, dann bemüht man sich natürlich, höflich zu sein.«

»Und später haben Sie sich nicht mehr gesehen?« Judith liest immer noch in den Papieren, aber als keine Antwort kommt, blickt sie auf. Sie hebt die Augenbrauen. »Manchmal begegnet man sich doch, bei Lidl, im Park, wechselt ein paar Worte …«

»Wir waren keine Freunde«, sagt Jürgen. »Wir haben uns nie besucht. Und er ließ sich ja nicht mehr in der Stadt blicken.«

»Das wissen Sie dann aber doch«, sagt Judith.

»Was?«

»Dass er auf Föhr wohnte und nicht mehr nach Wilhelmshaven kam.«

»Das hatte ich gehört, ja.«

»Von ihm selbst oder von wem?«

Jürgen legt die Hände auf den Tisch und beugt sich etwas vor. »Worauf wollen Sie hinaus? Was wollen Sie andeuten? Sein Sohn hat meinen Sohn schwer verletzt. Glauben Sie wirklich, dass ich dann mit ihm ein Bier trinken gehe und über Föhr rede? Wir hatten inzwischen Pleite gemacht, Frau Schulze, kein Restaurant mehr, keine Gäste mehr, ich brauchte mich niemandem mehr anzubiedern. Auch ihm nicht.«

Judith schaut ihn an. Ihre graublauen Augen verraten keinerlei Gefühlsregung, nicht einmal Neugier. Jürgen erwidert den Blick einen Moment, schlägt dann die Augen nieder. »Ich bin ihm noch mal begegnet, irgendwo in der Stadt. Er kam mir auf der anderen Straßenseite entgegen. Unsere Blicke trafen sich, er blieb stehen, ich ging weiter. Ich dachte: Wenn ich jetzt zu ihm gehe, knalle ich ihm eine. Aber wir leben nicht in einer Gesellschaft, in der man so etwas tut. Ich überlasse die Angelegenheit der Polizei und der Justiz und versuche mit aller Kraft, optimistisch zu bleiben.«

Judith blinzelt, schaut auf das Smartphone auf dem Tisch. »Wir haben in den zurückliegenden Monaten oft miteinander gesprochen, Herr Mauer. Ich weiß, was für eine schwierige Zeit Sie durchmachen.«

Jürgen lehnt sich wieder zurück. »So ist es«, sagt er. »Ein Vater, der seinen Sohn so leiden sieht, hat eigentlich keine Geduld mehr. Sonst wäre er auch nichts wert.«

»Hätten Sie die Sache manchmal am liebsten selbst in die Hand genommen?«, fragt Tobias.

Jürgen schaut ihn an. »Wir kennen uns noch nicht so lange, Herr Schwarzhappel, und ich muss versuchen, wieder Vertrauen zu einem neuen Ermittler zu fassen. Es gibt nur leider nichts, worauf sich dieses Vertrauen gründen könnte. Sie von der Polizei ermitteln oder denken nach oder machen Urlaub oder tun Gott weiß was, und inzwischen muss mein Sohn wieder stationär behandelt werden, und unter meinem Auto ist eine Brandbombe explodiert, und wieder ist dieses kleine Dreckstück Johnny Matz verantwortlich. Meine Kinder schnappen auf der Straße allerlei Gerüchte auf, meine Frau muss wieder zur See fahren, ich sitze zu Hause, und Johnny läuft fröhlich frei herum.«

»Wir müssen eine weitere Frage klären«, fährt Judith unbeirrbar fort, »die mit dem Telefon von Herrn Matz zusammenhängt. Ihre Nummer steht nicht in seinem Telefonbuch, es finden sich keine Nachrichten von Ihnen, auch nicht in der Voice-Mailbox, es sieht nicht danach aus, dass Sie miteinander telefoniert haben. Ihre Angaben dazu scheinen also zu stimmen. Auch in der Liste der gewählten Nummern kommt Ihre nicht vor. Aber …« Judith zieht ein paar DIN-A4-Blätter mit Listen von Telefonnummern aus der Mappe … »wir sind auf ein paar anonyme Nummern gestoßen, von denen eine zu einem Prepaid-Telefon gehört, das wir niemandem zuordnen können. Wir sind dabei, der Sache nachzugehen, meistens finden wir doch heraus, wer sich hinter solchen Nummern verbirgt. Das ist also eine Frage der Zeit. Auffällig ist, und deshalb wollten wir auch einmal mit Ihnen sprechen – zumindest, um eine Möglichkeit auszuschließen –, auffällig ist, dass einige der Anrufe von anonymen Nummern aus der Umgebung Ihres Hauses kamen. Von dem Mobilfunkmast bei Lidl, um genau zu sein. Deshalb folgende Frage, Herr Mauer: Haben Sie außer dem Telefon, dessen Nummer wir kennen, vielleicht noch ein anderes mit Prepaid-Karte?«

Jürgen bringt einen Moment kein Wort heraus. Er schüttelt fassungslos den Kopf. »Was legen Sie sich da zurecht, Frau Schulze ...« Er holt tief Luft, wendet den Kopf ab und schaut wieder Judith an. »All die Monate haben wir darauf gewartet, dass dieser kleine Dreckskerl überführt wird ... All die Monate haben wir auf Polizei und Justiz vertraut ... Und jetzt verdächtigen Sie *mich* des Mordes?«

Judith runzelt die Stirn. »Ich habe Sie lediglich gefragt, ob Sie ein Prepaid-Telefon haben. Ich würde gern ausschließen, dass Sie mit diesen nicht zuzuordnenden Gesprächen, was auch immer es damit auf sich hat, etwas zu tun haben.«

»Nein!!«, schreit Jürgen. »Ich habe kein Prepaid-Telefon! Warum bin ich überhaupt hier! Ich müsste gar nicht mit Ihnen sprechen!!« Er steht auf, packt den Stuhl und schiebt ihn mit unnötigem Kraftaufwand weg.

»Also kein Prepaid-Telefon«, sagt Judith und macht eine Notiz. »Gut.« Sie schaut zu ihrem Kollegen hinüber, der ebenfalls aufgestanden ist. »Setz dich, Tobias, Herr Mauer hat es wirklich nicht leicht. Und Herr Mauer ... Setzen Sie sich bitte auch kurz wieder hin. Ich möchte noch auf einen Punkt zu sprechen kommen, einen sehr wichtigen Punkt. Wenn Sie uns in dieser Frage Klarheit verschaffen können, werden wir Sie bestimmt nicht mehr behelligen.«

Jürgen bleibt mit geballten Fäusten stehen. Judith blickt zu ihm auf. »Herr Mauer, nur das Eine noch. Dabei müssen Sie uns helfen. Setzen Sie sich.«

Jürgen schließt die Augen und versucht, ruhig ein- und auszuatmen. »Die Rehaklinik hat heute Morgen angerufen«, sagt er mit bebender Stimme. »Hauke geht es nicht gut. Er macht überhaupt keine Fortschritte, und er hat allen Mut verloren. Elise ist bei ihm ...« Er wendet sich Judith zu: »Wenn er für den Rest seines Lebens behindert bleibt, wer soll das alles bezahlen? Das Restaurant haben wir verloren, das Haus ist beschädigt, das Auto Totalschaden. Wie soll es mit uns weitergehen? Wie soll es mit Hauke weitergehen?«

Judith schiebt die Blätter mit den Telefonnummern zusammen, legt sie in die Mappe zurück und lässt die Mappe wieder im Umschlag verschwinden. »Ich nehme an, Sie wissen schon, worum es bei meiner letzten Frage geht, nicht wahr?«

Jürgen stützt sich mit beiden Fäusten auf den Tisch. »Sagen Sie's schon!«

»Das Gespräch auf dem Friedhof, Sie und Ihre Frau mit Jan Matz und noch jemandem. Vor einem Dreivierteljahr. Die Abmachung: für Sie das Geld aus dem Verkauf des Kupfers, dafür würden Sie die Sache mit Hauke auf sich beruhen lassen.«

Jürgen starrt Judith an. Er sagt nichts.

»Sie sind belauscht worden, Herr Mauer. Nicht von uns, sondern von einem Besucher, der eine Aussage dazu gemacht hat. Wir wissen von dem Deal ...«

»Warum haben Sie sich nicht so große Mühe gegeben, als es um Hauke ging?« Jürgens Stimme klingt heiser. »Wieso immer ich? Wieso bleibt immer alles an mir hängen?«

»Matz war nicht allein«, sagt Judith. »Wen hatte er bei sich? Christine, seine Ex-Frau?«

Jürgen schüttelt den Kopf. »Irgendeinen Kleiderschrank«, sagt er. »Hatte wohl Angst, ich würde ihm etwas tun, und traute sich nicht, allein zu kommen.«

»Sie hatten den anderen nie zuvor gesehen?«

»Nein«, antwortet Jürgen. »Ich kenne ihn nicht.« Er lässt den Kopf hängen, schluchzt auf, hebt den Kopf wieder, Tränen in den Augen. »Ich habe nichts mit Matz' Tod zu tun. Ich habe ihm den Tod gewünscht, natürlich, aber er musste noch eine Weile weiterleben, bis er das Kupfer verkauft hatte. Was habe ich denn davon, dass er tot ist? Wo ist jetzt das Geld? Was sollen wir jetzt tun?«

46

Auf der Fahrt nach Dagebüll, wo er noch die letzte Fähre des Tages nach Föhr erreichen will, erhält Liewe einen Anruf von Judith Schulze, die ihn über ihren Besuch bei Christine Pumper und das Gespräch mit Jürgen Mauer informiert. Anschließend ruft er Lothar Henry an, um ihm von Hirtshals zu berichten und zu sagen, dass er nicht nach Cuxhaven kommt.

»Du fährst also mit einem sendenden Tracker in der Tasche«, stellt Lothar fest.

»Ja.« Liewe schaut in den Rückspiegel. Er ist auf der Autobahn, Autos vor und hinter ihm. Er fährt schnell, überholt oft.

»Solltest du nicht besser Begleitung haben? Soll ich Wilhelmshaven anrufen?«

»Mit denen hab ich gerade gesprochen.«

»Hast du gesagt, dass du mit diesem Tracker fährst?«

»Nicht direkt.«

»Also wahrscheinlich überhaupt nicht«, vermutet Lothar.

»Auf Föhr bin ich nicht allein«, sagt Liewe.

Lothar lacht auf. »Soll mich das beruhigen? Was hast du da vor?«

»Die Spurensicherung nimmt sich das Haus von Matz vor.«

»Versprichst du dir was davon?«

Liewe antwortet nicht. Er blickt in den Rückspiegel und verlangsamt das Tempo. Es dämmert. Noch zwei Stunden zu fahren. »Kann man Trackersignale zu den Computern oder Telefonen zurückverfolgen, die sie empfangen?«

Lothar zögert. »Da muss ich mich erkundigen. Vermutlich schon, aber dann müssten wir das Ding hier haben, nehme ich an. Oder in Wilhelmshaven. Und wenn es möglich ist, wissen die Besitzer des Trackers das auch. Also werden sie versuchen, das zu verhindern.«

»Verstehe«, sagt Liewe.

»Sie müssen sich also beeilen, das Ding zu erwischen.«

Liewe schweigt.

»Das heißt, sie müssen *dich* erwischen, bevor du Cuxhaven oder Wilhelmshaven erreichst«, ergänzt Lothar deshalb selbst.

Liewe beschleunigt, überholt einen Lastwagen und bremst gleich danach wieder ab. Schon nach kurzer Zeit kommen ein paar Autos vorbei. Zwei dänische Wagen, ein dunkelblauer BMW mit Bremerhavener Kennzeichen, ein dänisches Auto, ein Audi aus Hamburg. Dann wird es wieder ruhig.

»Ich fahre weder nach Cuxhaven noch nach Wilhelmshaven«, sagt Liewe. »Sie haben also Zeit.«

»Dass du nicht nach Cuxhaven fährst, wissen sie erst, wenn du abbiegst«, sagt Lothar. »Und Wilhelmshaven, was tun die dortigen Kollegen?«

»Sie konzentrieren sich auf das Kupfer. Und auf einen Konflikt zwischen zwei Familien. Matz hat einen gewalttätigen Sohn, der einen etwa Gleichaltrigen krankenhausreif geschlagen hat.«

»Das ist der Junge, der ihm beim Tauchen geholfen hat? Dann ist es doch naheliegend, dass sie sich darauf konzentrieren. Matz hatte angefangen, das Kupfer zu bergen. Dabei ist er ermordet worden. Ich würde auch in dieser Richtung suchen.«

»Ja«, sagt Liewe, der Gas gegeben hat, um die deutschen Autos einzuholen. Den Audi aus Hamburg hat er bald wieder überholt. Ein Paar mit Kindern. Der BMW aus Bremerhaven ist verschwunden. Er fährt wieder langsamer und blickt suchend in den Rückspiegel.

»Ich habe von Kollegin Schulze erfahren, dass die beiden Familien eine Abmachung getroffen hatten«, sagt er. »Dass Matz hinter dem Kupfer her war, um eine Schuld zu begleichen. Die Eltern des verletzten Jungen hatten ein Restaurant, das pleitegegangen ist.«

»Du meinst, die Eltern dieses Jungen haben versucht, aus der Situation Kapital zu schlagen?« Lothar schweigt einen Moment. »Schöne Eltern«, sagt er dann. Liewe hört ihn mit einem Kugelschreiber auf den Schreibtisch ticken.

»Bist du noch im Büro?«

»Ja, ja«, sagt Lothar zerstreut. »Wenn es so war«, fährt er fort, »dann könnte es doch sein, dass jemand von dem Deal gewusst hat, oder? Jemand, der diesen Tracker auf dem Boot versteckt hat, um rauszufinden, wo das Wrack liegt. Du weißt ja, wie diese Taucher sind. Aber dann liegt der Schlüssel zu dem Fall doch tatsächlich bei den Familien, oder? Vielleicht bei dem Sohn von Matz. Kannst du den Fall nicht der Kollegin Schulze überlassen?«

»Lässt ein Goldgräber bei seinem Schatz eine Leiche zurück?«

Lothar schweigt.

»Lässt er das Opfer zusätzlich leiden, indem er die Schlüssel zu den Handschellen vor seiner Nase aufhängt?«

»Wenn dessen Sohn seinen Sohn schwer verletzt hat, ist er vielleicht dazu fähig«, meint Lothar. »Trotz Deal. Vielleicht war der nur ein Vorwand, um ihn dahin zu locken, wo man ihn unbemerkt ermorden konnte und ihn wohl nie jemand finden würde.«

»Ziemlich kompliziert«, sagt Liewe. Er nimmt die Ausfahrt zu einer Raststätte, fährt langsam über den Parkplatz, sucht nach Autos mit deutschem Kennzeichen.

»Liewe?«

»Angenommen, man trifft die Abmachung, dass man keine Schadenersatz- und Schmerzensgeldklage einreicht, wenn Matz das Kupfer raufholt und einem die Million gibt, die er dafür bekommt, was hat man dann davon, dass er krepiert?«

»Wenn man sich mit dem Mörder darauf einigt, dass er das Wrack ausräumen darf? Denn das ist ja ein Taucher, oder mehr als einer.«

»Und der lässt den Toten bei dem Schatz zurück?«

Lothar denkt nach. »Ja, das ist unwahrscheinlich«, sagt er schließlich.

»Da ist etwas anderes im Spiel. Alte Wunden.«

»Aber Frau Schulze lässt du in der anderen Richtung ermitteln?«

Liewe antwortet nicht gleich, er fädelt sich wieder auf die Autobahn ein. Lothar wartet.

»Vielleicht findet sie doch etwas«, sagt Liewe. »Ich weiß auch nicht.«

»Und Föhr?«

»Ich sehe mir noch mal das Haus an, und dann fahre ich ein

bisschen aufs Meer raus, glaube ich. Mal sehen, ob ich verfolgt werde.«

»Du tust *was?*«, fragt Lothar. Er klingt beunruhigt. »Aufs Meer? Womit? Und wohin? Zu dem Wrack? Allein? Ich glaube nicht, dass Rademacher es schluckt, wenn wir dich wieder wie eine halb ersoffene Katze aus dem Meer fischen müssen.«

Liewe ist abgelenkt. Auf der Standspur glaubte er den BMW aus Bremerhaven zu erkennen, aber im nächsten Moment war er schon daran vorbei. Im Rückspiegel sieht er, dass der Wagen wieder auf die rechte Fahrspur einbiegt.

»Du musst etwas für mich tun«, sagt er, während er das Auto im Rückspiegel beobachtet. Er fährt langsamer, doch der Wagen hält einen zu großen Abstand, als dass man das Kennzeichen lesen könnte. »In meiner Schreibtischschublade liegt ein Backenzahn. Der muss ins Labor. Sie sollen versuchen, die DNA zu entziffern. Und wenn möglich sollen sie die Sache vorziehen.«

»Ein Backenzahn …« Lothar legt das Telefon hin und kommt eine knappe Minute später zurück. »Hast du ein Beweisstück unterschlagen? Woher stammt der Zahn?«

»Aus dem Haus von Matz. Vom Meeresboden geholt.«

Lothar seufzt. »Wie soll ich das nun wieder rechtfertigen?«

»Ich will wissen, ob der Zahn jemandem von der *Hanne* gehört«, erklärt Liewe. »Bei diesem Mord, da ging es nicht um Geld. Es ist eine Abrechnung, was Persönliches.«

»Gut. Ich leite das in die Wege. Wo bist du jetzt?«

»Flensburg«, sagt Liewe und legt auf. Dann schlüpft er mit der rechten Hand in einen Handschuh, nimmt den Beutel mit dem Tracker vom Beifahrersitz, holt den Tracker heraus und schaltet ihn kurz vor der Ausfahrt Niebüll aus. Er überholt einen Lastwagen, vermindert gleich danach die Geschwindigkeit, sodass er für alles hinter dem Lastwagen außer Sicht ist, nimmt die

Ausfahrt und löst sich in der früh einsetzenden Dunkelheit des nordfriesischen Novemberabends auf. Erst als er in Dagebüll auf das Schiff nach Föhr fährt, schaltet er den Tracker wieder ein.

47

Liewe Cupido 22:46
Wie geht es Vos?

Miriam Roth 22:49
Schläft bei ihrem neuen Freund im Korb.
Und das Herrchen? Holt er sie mal wieder ab?

Liewe Cupido 22:51
Jetzt auf Föhr. Entschuldigung.

Miriam Roth 22:59
In der Heide hält Vos immer nach Ihnen Ausschau.

Miriam Roth 23:01
Wir natürlich auch.

Liewe Cupido 23:05
Ø Nachricht entfernt

Liewe Cupido 23:15
Ich hole Vos so bald wie möglich ab.

INSEL-BOTE

Sicherungsfachmann und Sporttaucher Jan Matz ermordet

WYK | Wie jetzt bekannt wurde, ist Jan Matz, Sohn des Reetdeckers Matz aus Nieblum, am Mittwoch vergangener Woche während eines Tauchgangs auf einem Wrack bei der Amrumbank ermordet worden. Der Tote wurde zufällig durch ein Bergeschiff von der niederländischen Insel Terschelling entdeckt, das nach einem verlorenen Container suchte. Matz war an dem Wrack festgekettet und ist erstickt, als ihm die Atemluft ausging.

Die Kriminalpolizei von Wilhelmshaven, wo Matz eine Zeit lang wohnte, führt die Ermittlungen. Zu der Frage, was Matz auf dem Wrack suchte, wollte sich der Sprecher der Polizeidirektion Oldenburg, in deren Zuständigkeit Wilhelmshaven fällt, nicht äußern. Ein Beamter der Inselpolizei in Wyk sagte jedoch auf Nachfrage: »Ihr kennt Jan Matz. Jeder wusste, dass Wracktauchen seine große Leidenschaft war.«

Gold

Das Gerücht, Matz habe ein im Zweiten Weltkrieg gesunkenes Schiff mit einer Goldladung gefunden, wollte die Polizei nicht bestätigen. »Wenn Gold im Spiel wäre, würde bei der Amrumbank wesentlich mehr Betrieb herrschen«, so der Sprecher. Der Hafenmeister von Wyk, Bernd Peterson, erklärt, er habe nicht gewusst, was Matz beabsichtigte, aber schon seit einiger Zeit vermutet, dass er etwas entdeckt hatte. »Ich habe hinten keine Augen, und ich muss auch mal schlafen«, sagte er. »Aber Jan war ein Schulkamerad von mir, und es ist traurig, dass er ein solches Ende gefunden hat. Wir hatten uns zwar ein bisschen aus den Augen verloren, aber ich habe ihn oft alleine auslaufen sehen, und dann dachte ich: Das kann auf die Dauer nicht gut gehen. Irgendwann geschieht mal ein Unglück.«

Haus versiegelt

Das Haus am Rand von Nieblum, das Jan Matz in den letzten Jahren bewohnte, wurde versiegelt. Matz lebte zuletzt zurückgezogen. Seine Aktivitäten als Sicherungsfachmann hatte er eingeschränkt. Seine zwei Kinder und seine geschiedene Frau, die in Wilhelmshaven wohnen, kamen nur selten auf die Insel. Was die Umstände des Mordes angeht, tappt die Polizei noch im Dunkeln. Der Sprecher der Polizeidirektion Oldenburg wollte lediglich sagen, dass man unterschiedlichen Spuren folge und dass man all diejenigen, die irgendeinen Hinweis geben könnten, herzlich bitte, sich an die Inselpolizei zu wenden.

Fassungslosigkeit

Auf der Insel reagiert man mit Fassungslosigkeit auf die Nachricht von dem Mord. Hafenmeister Peterson verlieh diesem Gefühl mit den Worten Ausdruck: »Wer hätte denn Jan etwas tun wollen? Er hatte nicht viele Freunde, das weiß jeder, aber doch keine richtigen Feinde.«
Gestern sind die sterblichen Überreste freigegeben worden, und vermutlich wird Jan Matz seine letzte Ruhestätte auf Föhr finden. Auf dem Friedhof St. Johannis in Nieblum liegen viele seiner Vorfahren, die im 18. Jahrhundert auf niederländischen Walfängern gefahren sind. »Man kann von ihm halten, was man will, aber hier gehört er hin«, sagte der sichtlich angeschlagene Bernd Peterson. »Er war einer von uns.«

49

»Gold«, murmelt Liewe und schlägt den *Insel-Boten* zu. Er sitzt im Frühstückssaal des Hotels Friesenhof und hat schon ein paar Kaiserbrötchen mit Käse und Ei vertilgt, um seine Unruhe zu vertreiben. Draußen ist es noch dunkel, er sieht sein Spiegelbild in den Fenstern, durch die man bei Tageslicht auf den Garten blickt. Er steht auf, geht zum Büfett, steht eine Weile mit wachsendem Widerwillen vor Schälchen voll hoch aufgetürmten Obst-, Tomaten- und Gurkenstücken, nimmt doch wieder zwei Brötchen und Butter, diesmal aber zwei Heringe dazu. Kaum sitzt er wieder am Tisch, klingelt sein Telefon. Er schaut sich um: Außer ihm ist niemand im Frühstückssaal. Er nimmt ab. Es ist Judith.

»Kannst du reden?«, fragt sie.

»Ich kann zuhören«, antwortet Liewe.

»Heute kommt ja die SpuSi zum Haus von Matz. Du bist auf der Insel?«

»Klar.«

»Ich spreche gleich mit Elise Mauer. Hast du noch was, wonach ich fragen soll?«

Liewe blickt sich um, denkt nach. »Die vierte Person auf dem Friedhof, der Mann, der Matz begleitet hat. Ausgeschlossen, dass die Mauers den nicht kannten und trotzdem dieses Gespräch geführt haben.«

»Ja«, sagt Judith.

»Und frag nach der anderen Stelle, an der Matz getaucht ist.«

»Darauf kommst du immer wieder zurück. Warum sollte mich das weiterbringen?«

»Der Einbruch bei Matz, der war in der Zeit vor der *Hanne*. Damals ist er zu dem U-Boot getaucht. Nach dem Einbruch erst einmal lange Zeit nicht mehr. Warum nicht? Außerdem glaube ich, dass es noch einen zweiten Einbruch gegeben hat, und zwar kurz nach dem Mord, das heißt aber auch: nur wenige Wochen nachdem er doch wieder zu dem U-Boot getaucht war. Das Kupfer in seiner Garage hat man nicht angerührt, aber sein Foto in einem der Trophäenschränke zerkratzt. Ich wüsste gern, ob man ihm schon früher einen Tipp zu dem U-Boot gegeben hat. Zum Zeitpunkt des Gesprächs auf dem Friedhof lag die Körperverletzung schon Monate zurück.«

»Wieso interessiert dich das U-Boot so?«

Liewe nickt dem Kellner zu, der gerade hereinkommt. »Es hat ihn interessiert, deshalb interessiert es mich.«

Der Kellner ist an seinen Tisch gekommen, zeigt auf den Teller und fragt: »Mitnehmen?«

Liewe schüttelt den Kopf. »Ich muss los«, sagt er ins Telefon und legt auf. Dann schaut er schweigend zu dem Kellner auf, der am Tisch stehen geblieben ist, so lange, bis der Mann sich entfernt. Liewe schneidet ein Brötchen auf, bestreicht die Hälften mit Butter und legt einen Hering dazwischen. Er beißt bedächtig ab, kaut und spürt etwas Hartes zwischen den Zähnen. Er schaut sich um und nimmt das Harte vorsichtig aus dem Mund. Es ist ein Stück von einem Wirbel des Herings, der offensichtlich nachlässig filetiert wurde. Liewe starrt auf das Knochenfragment in seinem Handteller. Schließlich reißt er sich von dem Anblick los und schaut in Richtung der Fenster, in denen immer noch wenig mehr als sein Spiegelbild zu sehen ist; ein starrender Mann an einem Frühstückstisch, einen Fischknochen in der Hand.

»Er war einer von uns«, sagt er leise.

Er schaut blicklos geradeaus, sieht weder sich selbst noch das erste Licht des Morgens, das draußen durch die kahlen Bäumchen zu schimmern beginnt. Er versucht, einen Gedanken zu fangen, der sich irgendwo hinter dem Horizont seines Bewusstseins verbirgt.

Mathilde Wachter, in den Neunzigerjahren bei der Kriminalpolizei Trier seine erste Vorgesetzte und Mentorin, hat einmal über die Aufklärung von Kriminalfällen gesagt: *Du kennst die Lösung oft schon, bevor es dir bewusst ist.*

Sie hatten gerade einen Fall abgeschlossen und tranken Kaffee im Berghotel auf dem Kockelsberg am Rand von Trier. Unter ihnen lag die Stadt, die Mosel glänzte wie eine silberne Schlange in der Morgensonne. »Johan Cruijff hat auch mal etwas in der Art gesagt«, antwortete Liewe. »Ein bisschen anders, glaube ich … Ich weiß es nicht mehr genau.«

»Ich weiß auch nicht, was der so alles gesagt hat«, erwiderte sie. »Das sind Altlasten deiner Jugend in Holland. Aber *wenn* ich wüsste, was genau dein Johan Cruijff gesagt hat, und es jetzt zitieren würde, dann würdest du es eindeutig erkennen, obwohl du es selbst nicht wiedergeben konntest.«

Liewe nickte, und Mathilde erklärte: »Das meine ich. Du weißt etwas, aber das Wissen ist für dich noch nicht verfügbar. Es erfordert Anstrengung, es dir bewusst zu machen, und manchmal klappt das nicht. Aber es ist da.« Sie zeigte auf ihren Kopf; ihr Haar wurde schon ein wenig schütter und grau. »Das meine ich.«

Liewe legt das Knochenfragment auf seinen Teller, nimmt sein Smartphone, öffnet den Ordner mit den Fotos und sucht eine Weile, bis er den Schiffskompass findet, den er auf der *Skua* fotografiert hat. Dann sucht er die Nummer von Sil van Hee und schickt ihm das Foto mit einer Nachricht.

Liewe Cupido 07:49
Erkennst du den? Von der Hanne?

Sil van Hee 07:51
Das ist ein Kompass von einem U-Boot.
Wir haben hier genauso einen, von U-1.
Woher hast du den?

Liewe Cupido 07:53
Danke!

50

Judith hat Elise Mauer angerufen und gefragt, ob sie zu ihr nach Hause kommen kann, um das abgebrochene Gespräch fortzusetzen, doch Elise wollte lieber zur Polizeiinspektion fahren, wenn es denn unbedingt nötig sei. Als Judith ihr daraufhin anbot, sie von einem Streifenwagen abholen zu lassen, lehnte Elise auch das ab. »Ich möchte nicht, dass Polizei kommt und die ganze Nachbarschaft wieder etwas zu gaffen hat.«

Und so ist sie mit dem Fahrrad gekommen, im Regen. Als Judith und Tobias sie abholen, steht sie mit tropfnasser Regenjacke mitten in der Eingangshalle. Sie ist pünktlich. Kaffee zum Aufwärmen lehnt sie ab. Sie strahlt etwas Kämpferisches aus. Und als Judith und Tobias ihr im Vernehmungszimmer gegenübersitzen, ist sie ungeduldig. Sie schaltet ihr Telefon aus und steckt es in die Tasche. »Dann stellen Sie mal Ihre Fragen«, sagt sie.

»Wir wissen, dass Sie und Ihr Mann auf dem Friedhof mit Jan Matz gesprochen haben und dass Sie Herrn Matz angeboten haben, die Sache mit Hauke auf sich beruhen zu lassen, wenn er das Kupfer aus der *Hanne* birgt und Ihnen den Erlös zukommen lässt.«

»Jemand hat uns also belauscht. Woher wissen Sie eigentlich, dass derjenige die Wahrheit sagt?«

»Ihr Mann hat es bestätigt.«

»Sie haben ihn verhört? Wenn ich ihn richtig verstanden habe, haben Sie sich ganz zwanglos mit ihm unterhalten.«

»Eine Abmachung wie die zwischen Ihnen und Jan Matz auf dem Friedhof muss nicht unbedingt strafrechtlich relevant sein, Frau Mauer. Es ist für uns aber wichtig zu wissen, wie das Gespräch verlaufen ist, weil Jan Matz ermordet auf dem Wrack vorgefunden wurde, dessen Position er von Ihnen erfahren hatte. Außerdem hatte er angefangen, das Kupfer zu bergen, um seinen Teil der Abmachung zu erfüllen.«

Elise schüttelt den Kopf. »Wieso sind Sie sich so sicher, dass er von mir wusste, wo das Wrack liegt? Sie wissen, dass ich zur Besatzung eines Marineschiffs gehöre. Ich bin mir gar nicht sicher, ob Sie mich überhaupt vernehmen dürfen.«

»Wir vernehmen Sie nicht«, sagt Judith. »Wir sprechen mit Ihnen über Ihr Gespräch mit Jan Matz auf dem Friedhof. Das Wrack liegt in deutschen Hoheitsgewässern, er durfte es nicht einfach so ausräumen. Trotzdem haben Sie ihn dazu veranlasst. Und das könnte letztlich doch … ähm … problematisch sein.«

»Ich glaube, Sie haben gar nichts in der Hand«, sagt Elise. Sie lächelt. »Aber ich bin ja bereit, Ihnen zu helfen. Ich mache keine Schwierigkeiten.«

»Wer war der Mann, den Matz damals mitgebracht hat?«, fragt Tobias.

»Mann?« Elise schaut ihn verständnislos an. »Wohin?«

»Zu dem Gespräch auf dem Friedhof. Ihr Mann hat gesagt, Matz habe irgendeinen Kleiderschrank mitgebracht, weil er befürchtete, dass Ihr Mann ihm etwas tun würde.«

Elise lacht schallend. »Das hat er gesagt?«

Judith und Tobias wechseln einen kurzen Blick und warten darauf, dass Elise sich wieder beruhigt.

»Das stimmt also nicht«, sagt Judith.

»Na ja, gut möglich, dass er ihn mitgenommen hatte, um nicht zusammengeschlagen zu werden«, sagt Elise.

»Also, wen hatte er bei sich?«

»Seinen Sohn«, antwortet Elise.

Judith schweigt.

»Johnny?«, fragt Tobias.

»Nein, nein«, sagt Elise. »Den anderen Sohn, den kleinen, der nie einen Ton sagt.«

»Paul …?« Judith ist sichtlich verblüfft.

»Ich weiß nicht, wie er heißt. Aber er ist auf keinen Fall ein Kleiderschrank.«

»Nein«, sagt Judith. »Aber warum erzählt Ihr Mann denn dann so etwas?«

»Mir ist er manchmal auch ein Rätsel, Frau Schulze. Er macht sehr gern aus einer Mücke einen Elefanten.«

»Also Paul«, sagt Judith.

Es herrscht einen Moment Schweigen. Tobias schaut Judith an, sieht, dass sie nachdenkt, und überlegt, ob er das Gespräch selbst wieder in Gang bringen soll.

»Kann ich gehen?«, fragt Elise.

»Noch *eine* Sache«, sagt Judith. »Wie war das mit dem U-Boot? Haben Sie Jan Matz auch davon erzählt?«

»Mit welchem U-Boot?«

»Das Ihr Minensuchboot gefunden hat, nicht weit von der *Hanne*.«

Elise zögert. »Davon haben Sie vorgestern auch schon gesprochen«, sagt sie. »Ich darf dazu eigentlich nichts sagen.«

»Haben Sie Matz gesagt, dass Sie das U-Boot gefunden haben, und wo? Vielleicht bei einem früheren Gespräch? Oder könnte Jürgen das getan haben?«

In diesem Moment wird angeklopft. Judith ignoriert es, Tobias steht auf und geht zur Tür.

»Nein, das würde ich nie tun«, sagt Elise. »Aus verschiedenen Gründen. Nicht nur, weil es verboten war, bis die Angehörigen informiert waren. Sondern auch ... Wir haben *U-22* gefunden, wir sind im September vergangenen Jahres mit den Angehörigen zu der Fundstelle gefahren und haben eine Gedenkfeier veranstaltet. Es war eine schöne Feier. Ich hätte nicht gedacht, dass es mir so nahegehen würde. Ich bin kein sehr gefühlsbetonter Mensch, wie Sie vermutlich inzwischen gemerkt haben.«

Tobias kehrt an den Tisch zurück. Er macht ein ernstes Gesicht. »Du musst mal kurz kommen«, sagt er. »Es ist dringend.«

Judith runzelt die Stirn, steht auf und geht zur Tür. Draußen steht die Beamtin vom Empfang. Sie deutet kurz auf die Tür, und Judith zieht sie hinter sich zu.

»Es geht um den Sohn von Frau Mauer. Der in der Rehaklinik liegt«, erklärt die Beamtin. »Die Klinik hat angerufen, sie konnten Frau Mauer nicht erreichen.«

»Was ist mit dem Jungen?«

»Er hat einen Schlaganfall gehabt. Er ist bewusstlos. Es ist sehr ernst. Sie haben ihn ins Krankenhaus gebracht. Frau Mauer soll sofort kommen.«

51

Als Liewe beim Haus von Jan Matz eintrifft, sind die Spurensicherer noch nicht da. Snausbjard schon. Er hockt auf dem Boden und redet auf Matz' Katze ein, die ihn aus sicherer Entfernung beobachtet. Als Liewe aussteigt, flüchtet sie mit erhobenem Schwanz an der Garage vorbei.

»Deine Kollegen sind noch auf der Fähre«, sagt Aycke. Er hat eine Packung Trockenfutter für Katzen in der Hand. »Meine findet das unwiderstehlich«, sagt er und schüttelt den Karton. Dann späht er über Liewes Schulter in dessen Wagen.

»Du hast Vos nicht dabei?«

Liewe erschrickt ein bisschen, dreht sich um und schaut selbst in den Wagen. »Nein«, sagt er geistesabwesend, »sie … ähm …« Dann schüttelt er den Kopf und betrachtet das Haus. »Ich brauche ein Boot, so ein Sportangelboot wie das von Matz.«

Aycke lacht, sieht, dass Liewe nicht mitlacht, klopft ihm auf die Schulter. »Was hast du vor?«

»Ich will zu der Stelle, an der Matz getaucht ist, abwarten, was passiert.«

Aycke blickt sich um, zeigt auf die Baumwipfel, die im Wind schwanken. »Auf See ist es jetzt nicht unbedingt gemütlich.«

»Kannst du halbwegs mit einem Boot umgehen?«, fragt Liewe.

»Sag mir, was du vorhast«, sagt Aycke.

Liewe berichtet knapp von der *Skua*, von dem GPS-Tracker und seiner Vermutung, dass der Besitzer des Trackers ihm auf den Fersen ist. »Ein dunkelblauer BMW aus Bremerhaven. Ist wahrscheinlich nach Cuxhaven weitergefahren. Ich bin mit der letzten Fähre gekommen. Wenn der Mann aus Bremerhaven also noch was von mir will, kommt er heute Morgen nach Föhr. Mit der Fähre oder mit seinem eigenen Boot. Ich will ihm etwas Zeit lassen, dann rausfahren und sehen, ob er mir folgt.«

»Allein?« Aycke schaut ihn an. Als Liewes Blick ihn nicht loslässt, fragt er: »Soll ich mit? Was ist dein Plan?«

»Es darf nicht nach einer Polizeiaktion aussehen.«

»Ich kann nicht einfach mitkommen«, sagt Aycke. »Schon gar nicht, wenn's um so was geht.«

»Du hast bestimmt den Auftrag, mich zu beobachten.«

Aycke lacht. »Lass diesen Holländer nicht aus den Augen, Snausbjard!«

»Also tu, was man dir gesagt hat«, sagt Liewe. »Dann wirst du's noch weit bringen.«

Aycke macht eine ausladende Armbewegung. »Ich bin da, wo ich sein will», erklärt er. »Ich will nicht hoch hinaus.«

Liewe schüttelt den Kopf.

»Im Lauf des Vormittags wird die *Skua* hierher zurückgebracht«, sagt Aycke. »Die Motoren funktionieren anscheinend noch. Matz hat bestimmt nichts dagegen, wenn wir uns kurz sein Boot ausleihen.«

Sie hören einen Motor; das Geräusch kommt näher. Der Kleinbus mit den Spurensicherern.

»Die erste Fähre ist da«, sagt Liewe.

»Dann ist der Mann bestimmt auch auf der Insel«, sagt Aycke. »Soll ich nach einem dunkelblauen BMW aus Bremerhaven Ausschau halten lassen?«

»Wir brauchen nicht zu suchen«, antwortet Liewe. »Der kommt von selbst zu uns.«

Aycke bemerkt, dass Liewes Blick einen Moment auf seiner Dienstwaffe ruht. »Hast du nichts mit?«, fragt er.

Liewe schüttelt den Kopf. »Nein, ich war in Dänemark, und

außerdem …« Er zuckt mit den Schultern und sagt nichts weiter. Der Kleinbus biegt in die Einfahrt ein und hält an.

»Bevor ich's vergesse«, sagt Aycke. »Du erinnerst dich, dass die Katze im Haus war, als wir reingegangen sind?«

Liewe schaut ihn an, wartet ab.

»Die Katze war nie im Haus, wenn Matz wegfuhr, er hat sie immer ausgesperrt.«

»Also war jemand drin«, sagt Liewe. »Ausgezeichnet. Dann sage ich jetzt den Kollegen, worauf sie besonders achten sollen.« Er geht zu dem Kleinbus, aus dem die ersten Spurensicherer ausgestiegen sind.

52

Haukes Bett auf der Intensivstation ist am Kopfende von Apparaten umgeben, die durch Kabel, Schläuche und biegsame Röhren mit seinem schmächtigen, bewusstlosen Körper verbunden sind. Als Jürgen und Elise eintreten, zeigt das Bett noch die Spuren eines rohen medizinischen Eingriffs, der kurz vorher stattgefunden hat, sodass nicht einmal für Elise, die ihren Sohn doch so oft ins Bett gebracht, sein Betttuch straff gezogen und ihn zugedeckt hat, gleich zu erkennen ist, wo seine mageren Beine liegen und wo nur die Decke noch Wellen schlägt nach dem Kraftakt der Ärzte und Pfleger.

»Er ist jung«, sagt der Arzt, der im Zimmer auf sie gewartet hat. »Er ist stark, und manche jungen Menschen erholen sich erstaunlich gut von einem Schlaganfall, aber vorhersagen lässt es sich zum jetzigen Zeitpunkt nicht.« Er sieht, wie Elise zum Bett geht und auf ihren Sohn hinabschaut. Jürgen steht hinter ihr, er weiß nicht, wohin mit seinen Händen, schiebt sie in die Hosentaschen, zieht sie wieder heraus.

»Es hat sich offenbar ein Blutgerinnsel gebildet, so viel steht fest«, erklärt der Arzt. »Wahrscheinlich im Nacken, ungefähr in der Gegend der damaligen Verletzung. Diese Region ist immer noch instabil.«

Elise antwortet nicht, Jürgen murmelt: »Verstehe.« Der Arzt wirft noch einen Blick auf Hauke, reibt sich kurz über den Nasenrücken, nickt und sagt: »Ich lasse Sie allein.«

In der Tür bleibt er stehen, winkt Jürgen zu sich und sagt leise: »Sagen Sie etwas Ermutigendes zu ihm, und sprechen Sie auch so miteinander. Es kann sehr gut sein, dass er Sie hört.« Jürgen blickt sich zu dem Bett um, neben dem Elise sich auf einen Stuhl gesetzt hat und Haukes Hand hält.

»Er ist jung«, sagt der Arzt noch einmal.

»Ja«, sagt Jürgen. »Er ist jung … Er ist viel zu jung.«

Der Arzt schließt leise die Tür, Jürgen geht zur anderen Seite des Bettes, Elise gegenüber. Seine Fäuste sind geballt. »Ich schlag das Schwein tot«, sagt er. »Ist mir egal, was dann mit mir passiert. Wenn wir hier fertig sind, geh ich zu ihm nach Hause, trete die Haustür ein und schlage ihn zu Brei. Sollen sie mich doch abknallen.«

»Pssst«, macht Elise. »Red nicht so, denk an den Jungen.«

»Ich denke ja an nichts anderes als den Jungen, Tag und Nacht denke ich an ihn. Und an dieses, dieses … verdammte Dreckstück, das ihm das angetan hat.«

Elise legt Haukes Hand vorsichtig auf die Decke zurück, steht auf, schaut ihren Mann an und sagt leise, aber energisch: »Geh bitte. Hör endlich auf mit diesem leeren Geschwätz, und lass mich mit dem Jungen allein. Siehst du nicht, in welchem Zustand er ist? Siehst du sogar jetzt nur dich selbst? Um Himmels willen, geh und tu ausnahmsweise etwas Sinnvolles, statt einen mit diesem Geschwafel zu nerven.«

Jürgen starrt seine Frau erschrocken an.

»Da ist die Tür«, sagt sie. »Lass uns allein.«

»Was ist denn plötzlich in dich gefahren?«, fragt Jürgen.

»Nicht mal jetzt, wo dein Sohn im Koma liegt und was weiß ich nicht alles passieren kann, nicht mal jetzt kannst du Rücksicht auf ihn nehmen. Dir fällt nichts Besseres ein, als rumzuschreien und ein Drama aufzuführen. Aber kriegst du irgendwas getan? Nichts!«

Jürgen steht da wie vom Blitz getroffen. Ihm kommen die Tränen. »Was hast … *du* denn getan?«, stammelt er.

Elise wendet den Blick ab. »Tu mir den einen Gefallen, Jürgen, und lass mich mit meinem Jungen allein.«

53

Als Liewe aufs Hafengelände einbiegt, ist der Liegeplatz der *Skua* noch leer. Bei den Sportangelbooten im Binnenhafen scheint mehr los zu sein als sonst. Hafenmeister Bernd Peterson steht auf dem Kai und beobachtet das Treiben. Liewe parkt vor der Polizeidienststelle und geht zu ihm.

»Hochbetrieb?«

Bernd zuckt mit den Schultern. »Keine Ahnung, was da los ist.«

»Alle von Föhr?«

Bernd nickt. Ein purpurrotes Boot setzt zwischen zwei Stegen zurück, wendet im Hafenbecken und fährt vorbei. Bernd nickt dem Bootsführer zu. »Der ist aus Wyk«, sagt er. »Taucht auch hin und wieder, glaube ich, aber nicht so wie Matz, nein. Da, er hat Flaschen hinten im Boot.« Bernd zieht seinen Beutel Shag aus der Hosentasche und fängt an, eine Zigarette zu drehen.

»Keine Leute von außerhalb gesehen, die rausfahren?«

»Nein, wieso?«

»Auch nicht im Außenhafen?«

»Es ist November«, sagt Bernd. Er beleckt das Zigarettenpapier und klopft auf seine Jackentaschen, um das Feuerzeug zu finden. »Die Saison ist vorbei. So gut wie leer, Sie können sich ja selbst überzeugen.«

»Auch kein Boot aus Bremerhaven?«

Bernd hat das Feuerzeug gefunden. Er dreht dem Wind den Rücken zu und versucht mehrmals, sich die Zigarette anzuzünden, ohne Erfolg. Er schüttelt den Kopf.

Liewe blickt sich um. »Erwarten Sie die *Skua* heute noch?«, fragt er.

»Der Tieflader ist gerade wieder weg«, antwortet Bernd, dessen Zigarette endlich brennt. »Die *Skua* liegt ganz in der Nähe.« Er deutet mit dem Kopf auf den Kran am Ende des Westkais. »Dahinter.«

Aycke, der den Streifenwagen ebenfalls vor der Dienststelle geparkt hat, ist kurz hineingegangen, hat seine Uniform ausgezogen und kommt nun in seiner Zivilkleidung zu ihnen.

»Bernd«, grüßt er.

»Snausbjard«, sagt Bernd, ohne ihn eines Blickes zu würdigen. »Sehen Sie sich das Boot doch an«, sagt er zu Liewe. Er klopft wieder auf seine Taschen. »Hier, der Schlüssel. Die Motoren tun's noch. Wasserdichter Motorraum, wie's scheint.«

»Wir sehn mal, ob wir sie in Gang kriegen«, sagt Aycke. »Wenn ja, fahren wir das Boot zu der Stelle, wo Matz getaucht hat.«

»Du?« Bernd schüttelt den Kopf. »Pass bloß auf, dass du nicht irgendwas rammst.«

Aycke deutet mit dem Kopf auf Liewe. »Der Hauptkommissar fährt.«

Der Hafenmeister steckt die Zigarette in den Mundwinkel und mustert Liewe mit zusammengekniffenen Augen. »Und kann der Hauptkommissar fahren?«

Liewe antwortet nicht. Er geht zu seinem Auto und holt eine Tasche aus einem Safe im Kofferraum. Auf dem Weg in Richtung *Skua* sagt er im Vorbeigehen zu Bernd: »Wenn Sie einen dunkelblauen BMW aus Bremerhaven sehen, können Sie dann das Kennzeichen für mich notieren? Nur notieren, nicht ansprechen.«

Die Motoren der *Skua* springen, ohne zu mucken, an. In der Bilge steht kein Wasser, der Tank ist gut gefüllt, aber die meisten Instrumente sind ausgefallen. Aycke, der mit deutlichem Unbehagen ins Boot gestiegen ist, blickt sich im Ruderhaus um. Er probiert einen Schalter aus, aber nichts passiert. Liewe schüttelt den Kopf.

»Besser nichts anfassen«, sagt er. »Kurzschluss.«

Der Leerlauf der Motoren lässt das ganze Boot vibrieren. Liewe holt seinen Laptop aus der Tasche, klappt ihn auf und startet ein Navigationsprogramm. Die Koordinaten der *Hanne* und der anderen Stelle, an der Matz tauchte, hat er bereits eingegeben. Er studiert die Karte. Es ist Flut, in einer Stunde haben sie Hochwasser. Der Wind, Stärke 3, kommt aus Süd und wird voraussichtlich in zwei Stunden auf Südwest drehen und auf 4 auffrischen. »Es wird Zeit«, sagt Liewe. »Machst du los?«

»Ist das eigentlich vernünftig, was wir hier tun?«, fragt Aycke.

»Nein«, antwortet Liewe, »aber wir merken es früh genug, wenn was schiefgeht.« Dann holt er den Beutel mit dem Tracker aus der Jackentasche. »Der Köder«, erklärt er. »Ich nehme an, dass man uns folgen wird, aber nicht, dass uns jemand angreift.« Er schaut Aycke kurz an. »Du hast deine Dienstwaffe bei dir?«

Aycke schlägt einen Jackenschoß zurück; das Pistolenholster hängt an seinem Gürtel. Liewe nickt und sieht zum Kai hinauf, wo jetzt zwei Polizeibeamte stehen. Sie haben Schwimmwesten mitgebracht, die sie an Bord werfen.

»Du hast ihnen Bescheid gesagt.«

»Natürlich«, sagt Aycke. Er verlässt das Ruderhaus, zieht eine Schwimmweste an und spricht noch kurz mit seinen Kollegen. Anschließend fängt er die Festmacherleinen auf, die sie ihm zuwerfen, und Liewe setzt zurück. Er dreht eine Runde durch den Innenhafen, gibt ein bisschen mehr Gas, schaltet auf Rückwärtsfahrt, um abzubremsen. Die *Skua* gehorcht, alles scheint zu funktionieren, wie es soll. Dann steuert er auf die Hafenausfahrt zu, und kurz danach sind sie in der Norderaue, dem Fahrwasser in Richtung offene See. Bis zur Südspitze von Amrum sind es neun Seemeilen, dann noch einmal elf bis zur Amrumbank. Liewe gibt Vollgas und horcht konzentriert auf das Geräusch der Motoren.

Aycke, inzwischen wieder im Ruderhaus, hält sich gut fest. Der Wind ist schwach, aber je näher sie dem Seegatt kommen, desto bewegter wird das Wasser. Sie fahren gegen den Flutstrom, das bisschen Wind kommt von der Seite, und die *Skua* ist nicht das einzige Sportboot auf dem Wasser. Auch von Amrum und sogar Langeneß fahren Boote auf die Nordsee hinaus.

»In meiner Tasche ist ein Fernglas«, sagt Liewe. »Halt Ausschau nach einem Boot, das uns folgt oder das in die gleiche Richtung fährt.«

Als Aycke nicht antwortet, blickt sich Liewe nach ihm um. Der Kollege ist ein wenig blass und sehr still geworden. Er holt das Fernglas aus der Tasche, verliert kurz das Gleichgewicht, hält sich an der Rückenlehne von Liewes Sitz fest und sieht sich wieder um. Offensichtlich will er sich nicht anmerken lassen, dass er seekrank ist.

»Blick auf den Horizont«, sagt Liewe und verlangsamt die Fahrt. Die *Skua* wird ein wenig geschaukelt, und Aycke hält es nicht mehr aus. Er reißt die Tür des Ruderhauses auf, stürzt hinaus, umklammert die Reling und übergibt sich ins brausende Wasser.

Die *Skua* fährt nun gerade einmal fünf Knoten, langsam genug, dass ein Boot, das Liewe eben erst überholt hat, wieder aufholt. Es ist die *Südsee*, aus Wyk. Der Bootsführer lehnt sich aus dem Steuerstand, ruft Aycke etwas zu und lacht wiehernd. Als Aycke zurückkommt, fragt Liewe, was der Mann gerufen hat, doch Aycke zuckt mit den Schultern.

»Man darf sich nicht alles zu Herzen nehmen«, seufzt er.

»Blick auf den Horizont, und halt noch einen Moment durch, es wird gleich ruhiger«, sagt Liewe und gibt Gas. Er holt die *Südsee* schnell wieder ein, aber sobald er neben dem Boot ist, nimmt er Gas weg. Er hebt die Hand, der Bootsführer lehnt sich erneut hinaus und ruft etwas.

»Hör mal, was er will«, sagt Liewe. Aycke geht aufs Angeldeck und ruft etwas zurück. Er hört sich die Antwort an, schüttelt den Kopf und kommt wieder herein.

»Er hat gefragt, ob ich weiß, wo das Gold liegt«, sagt er. »Und ob wir's deshalb so eilig hätten.«

»Das Gold«, sagt Liewe.

»Stand in der Zeitung«, sagt Aycke.

Liewe sieht sich um. Vor der *Skua*, aber auch von Norden und Süden her nimmt eine bunte Flotte aus Sportbooten, Kuttern, Motorkreuzern und sogar ein paar Festrumpfschlauchbooten Kurs auf die Amrumbank.

»Scheißjournalisten«, sagt er auf Niederländisch. Er schaut auf die Karte, dann geradeaus; schließlich fragt er Aycke: »Siehst du da vorn die rote Tonne?«

Aycke späht und sagt: »Ja, ich glaube schon.«

»Komm«, sagt Liewe. »Halt einfach auf diese rote Tonne zu, aber so, dass sie an Steuerbord ... dass sie rechts vom Boot bleibt. Dann seh ich mich um.«

»Steuerbord«, wiederholt Aycke schwach und übernimmt.

»Ruhig steuern«, sagt Liewe, »keine plötzlichen Richtungswechsel, ganz allmählich auf die rote Tonne zu.«

Aycke nickt und zeigt. »Diese ...?«, fragt er.

»Nein, die«, sagt Liewe. Er nimmt das Fernglas, geht aufs Angeldeck hinaus, zieht die zweite Schwimmweste an und konzentriert sich auf die Boote. Ein paar erkennt er aus dem Innenhafen von Wyk. Sie haben es eilig, sie haben ein Ziel, sie sind unterwegs zur Amrumbank, mit Ausnahme der *SW6*, eines kleinen Krabbenkutters, der ihnen entgegenkommt und nach Wyk zurückfährt. Auf dem Fangdeck dampft der Kocher, über dem Schiff kreisen Möwen.

Liewe sieht sich die mit dem Fernglas erkennbaren Boote eins nach dem anderen an. Er hat die Aufnahmefunktion seines Smartphones eingeschaltet und diktiert die Namen oder Kennzeichen, die er entziffern kann. Bei einem Boot ist am Bug kein Name zu sehen. Es ist ein Motorkreuzer, auf Schnelligkeit gebaut, langes Vordeck, niedriger Kajütaufbau mit nur wenig höherem, geschlossenem Steuerstand, ausziehbare Tauchplattform achtern. Die Scheiben des Aufbaus sind getönt, sodass man nicht sehen kann, wer an Bord ist. Liewe geht zur Tür zurück und sagt: »Kannst du etwas Gas wegnehmen? Aber sachte.«

Aycke nickt und zieht die Gashebel kräftig zurück. Der Bug der *Skua* senkt sich abrupt, Liewe verliert das Gleichgewicht, Aycke fällt nach vorn auf die Instrumente, nimmt im Fallen eine Reihe von Schaltern mit, und die Motoren verstummen. Liewe versucht sich aufzurappeln, doch in diesem Moment bekommt die *Skua* einen seitlichen Stoß, begleitet von einem dumpfen Schlag, wie wenn Kunststoff auf Metall trifft. Liewe fällt wieder um.

»Unskillige!«, ruft Aycke. »Es tut sich nichts mehr!«

Die *Skua* ist mit der roten Tonne zusammengestoßen. Immerhin an Steuerbord. Liewe steht auf, geht ins Ruderhaus, schiebt Aycke zur Seite, greift nach dem Schlüssel und versucht, die Motoren wieder zu starten. Doch nichts passiert. Die Motoren sind tot, und das Boot beginnt langsam mit dem Flutstrom abzutreiben, an der Tonne vorbei nach Norden.

»Anker raus«, sagt Liewe und geht ums Ruderhaus herum nach vorn, aber noch bevor er bei der Ankerwinsch angekommen ist, fällt ihm ein, dass der Anker auf dem Wrack bei der Amrumbank zurückgeblieben ist.

Er blickt sich um und sieht, dass der schnelle Motorkreuzer beigedreht hat, Bug in Richtung *Skua*. Dann hört er hinter sich das Motorgeräusch der *SW 6* näher kommen. Einer der Fischer steht an der Reling und schreit: »Probleme?«

Liewe dreht sich um und ruft: »Manövrierunfähig. Motorschaden.«

Jetzt kommt Aycke aus dem Ruderhaus. Der Fischer starrt

ihn verblüfft an und ruft: »Snausbjard, was machst du auf See? Robbenjagd?«

Aycke ist blass, ihm zittern die Knie. Er weiß nicht, was er sagen soll.

»Könnt ihr uns an den Haken nehmen?«, fragt Liewe. »Wir haben ein totes Schiff.«

Als die *Skua* einige Zeit später durch eine Leine mit dem Kutter verbunden ist und der ruhmlose Rückzug nach Wyk beginnt, sieht Liewe, dass der Kreuzer mit hoher Geschwindigkeit nach Süden fährt. Er zieht wieder Handschuhe an, nimmt den Tracker aus dem Beutel, schaltet ihn aus und verstaut das Fernglas in seiner Tasche.

54

»Judith Schulze.«

»Liewe. Du hattest mich angerufen.«

»Ja. Wo bist du?«

»Föhr.«

»Die Spurensicherung sagt, du hättest sie mit ein paar allgemeinen Anweisungen hinsichtlich Einbruchspuren ins Haus gelassen und wärst danach verschwunden.«

»Ja.«

»Willst du denn auch wissen, was sie gefunden haben?«

»Klar.«

»So gut wie nichts, obwohl anscheinend wirklich eingebrochen wurde. Aber weil du auch schon im Haus gewesen warst, ließ es sich nicht mit Sicherheit feststellen.«

»Verstehe.«

»Das war also nicht so günstig.«

»Nein.«

»Wie dem auch sei, sie haben keine Fingerabdrücke oder andere Spuren gefunden, nichts, nur die Kratzer auf dem Foto von Matz in einem der Schränke.«

»Ja?«

»Die waren tatsächlich ziemlich neuen Datums.«

»Wie neu?«

»Höchstens eine Woche, nehmen sie an. Sie haben das Foto mitgenommen, sie sind jetzt auf dem Rückweg. Es kann sein, dass irgendetwas aus den Schränken entwendet wurde, aber auch das lässt sich nicht mit Sicherheit sagen.«

»Verstehe.«

»Möglicherweise gibt es aber doch etwas, das weiterführt: In diesen Kratzern, die von einem Permanentmarker stammen, sind ein paar Wimpern entdeckt worden.«

»Wimpern.«

»Ja, Augenwimpern. Die Haarwurzeln sind noch dran, das heißt, man kann vielleicht die DNA ermitteln.«

»Also doch eine Spur.«

»Das Kupfer in der Garage hat der Zoll beschlagnahmt. Ich fürchte, sie haben das Garagentor mit Gewalt geöffnet. Nicht gerade subtil. Aber das weißt du sicher schon. Oder hat man dir das nicht gesagt?«

»Ich hab mit niemandem mehr gesprochen.«

»Was hast du denn gemacht?«

»Ich war auf See.«

»Auf See.«

»Ja.«

»Erzähl mal ein bisschen mehr, Liewe. Ich hab das Gefühl, dass ich dir alles aus der Nase ziehen muss.«

»Ja, ja, gut, ich vermute, das Kupfer spielt eigentlich nur eine Nebenrolle, denn …«

»Ach ja … Wenn ich dich noch kurz unterbrechen darf …«

»Natürlich.«

»Wir haben die meisten Gespräche von Matz' Telefon zuordnen können. Die Anrufe von dem Funkmast bei Lidl hier in Wilhelmshaven bleiben noch mysteriös, und auch sonst sind noch nicht alle Nummern zugeordnet, aber die Gespräche mit den Niederlanden hat Matz mit einem gewissen … Moment … Maarten Kromhout geführt, auf Terschelling. Den du selbst schon erwähnt hattest. Sie haben höchstens einmal im Monat telefoniert. Das Gleiche gilt übrigens auch für den Hafenmeister in Wyk. Matz hat beide oft am gleichen Tag angerufen.«

»Worum ging es?«

»Weiß ich nicht. Es gibt nur eine Voicemail-Nachricht, vom vergangenen Sommer, aber die war sehr allgemein, da ging es um die Uhrzeit eines Treffens auf Terschelling, anscheinend hatte Matz da eine Verabredung. Die Nachricht stammte von dem erwähnten Maarten Kromhout. Aber ich habe mich mit der Inselpolizei von Terschelling in Verbindung gesetzt, und Kromhout war vorige Woche Mittwoch ganz sicher nicht in der Deutschen Bucht, weil er als Posten bei einem Marathonlauf eingesetzt war, der wohl alljährlich auf der Insel stattfindet.«

»Verstehe … Aber Kontakt hatten die beiden schon …«

»Ja, worum kann es dabei gegangen sein?«

»Sil van Hee kommt unter den Kontakten nicht vor?«

»Ist das der mit dem Bergungsschiff? Nein, Kromhout war auf Terschelling der Einzige.«

»Vielleicht sollte der niederländische Zoll auf Terschelling mal einen Blick in Kromhouts Garage werfen.«

»Ich hab dich unterbrochen, Liewe, du hattest gerade angefangen zu erzählen.«

»Ja … Ich war auf See, aber das … Ich komme nach Wilhelmshaven, sobald ich hier fertig bin. Lieber nicht übers Telefon.«

»Gut … Dann beeil dich … Gibt es etwas, das wir jetzt schon wissen sollten?«

»Ich suche einen dunkelblauen BMW aus Bremerhaven und einen schnellen Motorkreuzer, weiß, etwa zwölf Meter, geschlossener Kajütaufbau, getöntes Glas, kein Name am Bug. Ich habe ihn bei Föhr gesehen, er ist in Richtung Süden verschwunden, kann überallhin gefahren sein … Büsum, Bremerhaven, vielleicht sogar Wilhelmshaven.«

»Cuxhaven?«

»Auch möglich. Er braucht nur kurz angelegt zu haben, um jemanden von Bord zu lassen, der dann mit dem BMW weitergefahren ist. Kannst du mal nachfragen lassen?«

»Du musst mich auf dem Laufenden halten, Liewe.«

»Ich komme so schnell wie möglich nach Wilhelmshaven.«

»Noch eine Sache, bevor du auflegst. Matz' Leichnam ist auf dem Weg nach Föhr. Ex-Frau und Kinder kommen mit. Vielleicht sind sie sogar schon da. Morgen Vormitttag ist die Beerdigung in Nieblum, aber ohne Gottesdienst oder sonstige Trauerfeier. Anschließend fahren sie wahrscheinlich wieder nach Hause.«

»Gut … Ich gehe hin. Hilf mir mal gerade, das sind Johnny und …«

»Mutter Christine, Maklerin, geschieden, bringt ihren Ex-Mann nur widerwillig zurück nach Föhr. Sohn Johnny, Nachwuchskrimineller, hat den Sohn der Mauers bewusstlos geschlagen, der übrigens jetzt nach einer Embolie im Koma liegt, und eine Brandbombe unter das Auto der Mauers werfen lassen; und der dreizehnjährige Paul, der mit Fremden am liebsten in Filmzitaten spricht. Es ist unmöglich, sich normal mit ihm zu unterhalten, aber ich glaube, er hört sehr genau zu. Er sprach über den Sauerstofftank von Apollo 13. Er hat wörtlich aus dem Film zitiert, und das auf Englisch. Ich fragte ihn, wer den Tank kaputt gemacht hat. Bis dahin war er in Gedanken ganz bei *Apollo 13*, aber nach meiner Frage nannte er plötzlich ohne Zusammenhang die Avengers. Also nicht den Astronauten, der den Schalter betätigt hatte, verstehst du?«

»Noch nicht so ganz …«

»Der Sauerstofftank, an den Paul in dem Moment dachte, war nicht der von Apollo 13, es waren die Druckluftflaschen seines Vaters. Vermute ich jedenfalls. Sonst hätte er doch nach meiner Frage, wer den Tank kaputt gemacht hat, nicht plötzlich von den Avengers gesprochen, sondern hätte weiter seine *Apollo 13*-Rolle gespielt.«

»Verstehe.«

»Nur, wer sind eigentlich diese Avengers?«

»Avengers …«

»Elise Mauer hat ausgesagt, dass Paul bei dem Gespräch auf dem Friedhof anwesend war, bei dem der Kupfer-Deal geschlossen wurde.«

»Avengers … Superhelden?«

»Ja.«

»Hast du sonst noch irgendwas aus ihm rausgekriegt?«

»Weiter bin ich nicht gekommen.«

»Ich gehe morgen zur Beerdigung. Ist nicht weit. Und danach komme ich nach Wilhelmshaven, wahrscheinlich wird es aber übermorgen.«

Liewe steckt das Smartphone ein und starrt durch die Windschutzscheibe seines Wagens, den er beim Hotel Friesenhof geparkt hat. Der Wind ist inzwischen ziemlich heftig, es regnet in Strömen. Er legt eine Hand auf die Augen und bleibt eine Weile regungslos sitzen. Dann rafft er sich auf, nimmt seine Tasche, steigt aus und geht im Laufschritt zum Eingang des Hotels. Auf dem Weg zu seinem Zimmer quietscht der Teppichboden unter seinen nassen Schuhsohlen. Als er im Zimmer das Licht eingeschaltet, den Vorhang zugezogen und sich aufs Bett gesetzt hat, meldet sein Telefon eine WhatsApp-Nachricht.

Er lässt es in der Jackentasche und horcht auf das Pfeifen und Rappeln des gekippten Fensters hinter dem geschlossenen Vorhang. Dann steht er auf, zieht sich aus, geht ins Badezimmer unter die Dusche und bleibt eine Weile mit geschlossenen Augen im Wasserstrahl stehen. Über den Lüftungsschacht dringen die Geräusche der Windböen bis ins Badezimmer, als tiefes Brummen wie von einem fernen Nebelhorn.

Als er schließlich wieder auf dem Bett sitzt, holt er das Telefon aus der Jackentasche.

Miriam Roth 17:58
Vos wollte heute nicht fressen.
Liegt zusammengerollt am Kamin, wedelt kaum.
Spielen will sie auch nicht.

Liewe Cupido 18:32
Morgen Abend wieder in Cuxhaven.

Miriam Roth 18:40
Holen Sie Vos ab?
Kommen Sie einfach zu mir.

Liewe Cupido 18:41
Ich rufe an, in Ordnung?

Liewe Cupido 18:44
Es wird Zeit.

Miriam Roth 18:45
Ja.

55

Donnerstag

Die Beerdigung von Jan Matz war nirgends angekündigt, sogar der geborene Föhrer Aycke hat nur mit Mühe herausbekommen, wann er begraben wird. Auch Hafenmeister Bernd wusste von nichts, obwohl er gesehen hatte, dass mit der Fähre ein Leichenwagen angekommen war. Mit der letzten Fähre am Mittwochabend, es war schon dunkel gewesen.

»Das war also Jan«, sagte er zu Aycke, der ihn anrief und fragte, ob er Näheres über Jans Beerdigung wüsste. Er schwieg einen Moment und lachte dann leise. »Er ist auch mit dem Boot immer im Dunkeln zurückgekommen«, sagte er. »Ein Dieb in der Nacht, sogar noch als Toter.«

Erst der Totengräber, der am Abend bei Scheinwerferlicht mit einem kleinen Bagger das Grab aushob, konnte Aycke sagen, dass die Beerdigung morgens um halb neun stattfinden werde. Nein, keine Feier, nein, keine Trauergäste. Jan Matz verschwindet in der Erde, und das ist alles.

Um Viertel nach acht geht Liewe durch den Drunken-Manns-Stieg vom Hotel zum Friedhof. Der Regen hat aufgehört, ein kalter Wind weht, aber es ist trocken. Das erste Sonnenlicht des Tages bescheint die Spitze des Kirchturms, während sich weiter unten die Nacht nur zaudernd zurückzieht.

Auf dem Friedhof ist niemand zu sehen, auch Aycke ist nicht gekommen. Liewe öffnet ein kleines Tor und macht sich auf die Suche. Er hat schlecht geschlafen und beim Frühstück zu viel Kaffee getrunken. Er erschrickt, als zwei Ringeltauben mit lautem Flügelschlag vor ihm auffliegen. Dann findet er das Grab, ein rechteckiges Loch im Boden mit einem Haufen Sand daneben und zwei Brettern darauf.

Liewe schaut sich um und blickt am Kirchturm hinauf. Ein paar Möwen segeln still vorbei, als plötzlich das Geräusch von Reifen auf Kies zu hören ist; der Leichenwagen hält vor dem Friedhofseingang. Kurz darauf, während zwei Sargträger aus dem Leichenwagen die Heckklappe öffnen und von irgendwoher zwei weitere erscheinen, kommt ein zweites Auto. Eine Frau und zwei Jungen steigen aus.

Liewe entfernt sich vom Grab und stellt sich ins Seitenportal der Kirche, sodass er das Grab sehen kann, ohne allzu sehr aufzufallen.

Es wird jetzt schnell heller, das Sonnenlicht hat das Kirchendach und die Wipfel der hohen Nadelbäume erreicht. Jan Matz' Sarg, der aussieht wie aus Treibholz gezimmert, rumpelt ein wenig auf dem Wägelchen, das von den Sargträgern in respektlosem Tempo über die Wege geschoben wird. Der Bestattungsunternehmer geht voran, während Christine, flankiert von Johnny und Paul, dem Sarg mit eiligen Schritten folgt. Sonst ist niemand zu sehen. Johnny hat sich die Kapuze des Hoodies über den Kopf gezogen und die Hände in den Taschen vergraben. Er trägt einen Rucksack. Christine hält Pauls linken Unterarm unter ihrem rechten Arm fest und liebkost mit der Linken seine geballte Hand. Der Junge schaut sich um. Er sieht Liewe und behält ihn beim Weitergehen im Auge.

Am Grab heben die Sargträger den Sarg vom Wagen und stellen ihn auf die Bretter. Johnny und Paul dürfen mit anfassen. Die Träger schlingen rote Seile um vier der Sarggriffe und treten einen Schritt zurück. Der Bestatter bleibt am Kopfende der Grube stehen, schaut Christine und die Jungen an und fragt etwas. Christine sieht erst Johnny, dann Paul an und schüttelt den Kopf. Der Bestatter nimmt den Hut ab und nickt den Sargträgern zu. Drei von ihnen greifen nach den Seilen und heben den Sarg ein wenig an, der vierte zieht rasch die beiden Bretter weg, dann lassen sie zu viert den Sarg leicht ruckelnd hinab. Paul blickt über das Grab zu Liewe, schaut dann Johnny an, der auf den Sarg starrt, in dem sein Vater in der Tiefe verschwindet. Christine schaut auf ihre Schuhe, bis sie hört, dass der Sarg den Boden der Grube berührt. Dann nickt sie dem Bestatter zu, der den Hut wieder aufsetzt. Er deutet in Richtung der Autos, macht sich auf den Rückweg, und Christine dreht sich um und folgt ihm. Doch die Jungen bleiben stehen. Johnny nimmt den Rucksack ab, öffnet ihn, holt etwas heraus, das er Paul gibt, dann einen zweiten Gegenstand. Die Brüder knien sich an den Rändern der Grube hin, der eine links, der andere rechts, und beugen sich mit ausgestrecktem Arm hinunter, um die Gegenstände auf den Sarg fallen zu lassen. Das dumpfe Geräusch, mit dem sie auf das Holz treffen, ist bis zu Liewes Standort zu hören. Die Jungen stehen wieder auf, schauen noch kurz hinunter, drehen sich um und gehen hinter ihrer Mutter her. Die Sargträger wechseln ein paar Worte, wickeln die Seile auf, gehen zurück, und das Grab ist verlassen. Die Sonne dringt durchs Geäst der Nadelbäume und bescheint die Grabsteine. Eine Möwe fliegt rufend über den Friedhof. Die Türen von Christines Wagen werden zugeschlagen, sie lässt den Motor an, der Kies knirscht unter den Reifen. Kurz danach fährt auch der Leichenwagen weg.

Und dann kommt, Gott weiß woher, der Totengräber zum Grab, vor sich eine Schubkarre mit einer Schaufel darin. Er wirft eine erste Schaufel Sand in die Grube, starrt eine Weile hinunter, blickt sich um, zögert noch einen Moment und geht dann in die Knie.

Liewe tritt aus dem Portal und nähert sich dem Grab.

»Ich würde lieber alles liegen lassen«, sagt er.

Der Totengräber erschrickt und steht eilig auf.

»Mit Grabräubern nimmt es nur selten ein gutes Ende«, sagt Liewe.

Der Totengräber hat sich von dem Schreck schon wieder erholt. Er steckt die Schaufel in den Sand und spuckt auf den Boden. »Er war selbst ein Grabräuber.«

Liewe schaut von ihm zum Grab. »Und Sie sehen ja, was ihm passiert ist.«

Einen Moment stehen sie sich schweigend gegenüber und blicken in die Grube. Auf dem Sarg liegen ein antiker Sextant und ein von Seepocken bewachsenes Fernrohr. Liewe erkennt in beiden Instrumenten Gegenstände aus Matz' Vitrinenschränken.

»Kommen Sie«, sagt er, »geben Sie mir die Schaufel.«

Der Totengräber grinst. »Ich hol noch eine«, sagt er und geht gemächlich weg. Liewe wartet nicht auf ihn. Schaufel für Schaufel füllt er das Grab, bis von Matz und seinen Schätzen nichts übrig ist als ein Haufen Sand in einer Grube auf einem verlassenen Friedhof.

56

Liewe parkt sein Auto auf dem Vorhof von Jan Matz' Haus neben Christines Wagen. Er steigt aus und wartet ab, ob jemand herauskommt, der ihn gesehen hat. Bald öffnet Johnny die Tür. »Waren Sie das?«, fragt er. »Paul hat schon gesagt, dass er jemand gesehen hat. Sind Sie seit Wilhelmshaven hinter mir her?«

»Nein, nicht hinter dir«, sagt Liewe.

»Hauen Sie ab, Mann.«

»Ich habe gesehen, was ihr eurem Vater mitgegeben habt. Es geht mich nichts an, aber wenn mein Sohn so etwas für mich getan hätte, wäre ich sehr stolz auf ihn.«

»Wer ist da?« Christine erscheint in der Tür. Sie mustert Liewe misstrauisch. »Was wollen Sie? Wer sind Sie?«

»Er ist der Loser, der uns belauert hat«, sagt Johnny.

»Ich wollte Sie nicht stören«, erklärt Liewe.

»Er ist Kommissar. Hat Papa gefunden.«

»Sie sind dieser Holländer?«, fragt Christine. »Was führt Sie her? Wieso folgen Sie uns?«

»Ich habe Ihren Ex-Mann nicht gefunden, bin aber zu dem Wrack getaucht, auf dem er gestorben ist. Ich versuche, den Mann oder die Männer zu finden, die ihn ermordet haben.«

»Ich dachte, dass Frau Schulze den Fall bearbeitet.«

»Wir arbeiten zusammen«, sagt Liewe. »Mir ist klar, dass heute kein sehr günstiger Tag ist, aber ich würde Ihnen doch gern ein paar Fragen stellen oder vielmehr vor allem Ihren Söhnen. Es geht mir um nichts anderes als den Tod von Jan Matz.«

Christine zögert. »Wissen Sie schon etwas?«

»Nichts mit Gewissheit«, sagt Liewe. »Aber ich habe schon

den Eindruck, dass wir vorankommen. Ich hoffe, dass ich Sie nach dem heutigen Tag nicht mehr behelligen muss, was den Tod Ihres geschiedenen Mannes angeht.«

Christine seufzt. Sie blickt kurz über ihre Schulter und zieht dann die Tür hinter sich zu. »Wie geht es dem Sohn der Mauers? Ich habe gehört, dass sich sein Zustand verschlechtert hat?«

»Das ist auch das Letzte, was ich gehört habe.«

Christine schüttelt den Kopf, ihr treten Tränen in die Augen. »Wie konnte es nur so weit kommen mit meinem Jungen, er war früher so lieb, wir haben uns gut verstanden. Was hat ihn so verändert? Ich habe noch einen Sohn, ich will nicht, dass er auch auf der Straße landet.«

Liewe nickt, schweigt.

»Muss er ins Gefängnis?«

»Ich weiß es nicht, Frau Pumper. Ich nehme aber an, dass man ihm letztlich mildernde Umstände zubilligen könnte, jedenfalls, was die Brandbombensache betrifft.«

»Was meinen Sie damit?«

»Ich vermute, dass Ihre Kinder ein Geheimnis mit sich herumtragen, das sie dazu verleitet, unverantwortliche Dinge zu tun.«

Johnny öffnet die Tür, offenbar hat er zugehört. »Was denn für 'n Geheimnis?«

Liewe schaut Johnny an, der seinen Blick erwidert, ohne auch nur ein Mal zu blinzeln. »Du musst mir helfen, Johnny. Ich bekomme allmählich eine Vorstellung davon, wie alles zusammenhängt, aber ich muss noch ein paar Dinge von dir wissen. Ich glaube nicht, dass du weißt, wer deinen Vater umgebracht hat und warum, aber du kannst mir helfen, in der richtigen Richtung zu suchen. Ich brauche sozusagen auch einen Sextanten von dir, wie dein Vater.«

Christine schaut Johnny an. »Bitte sprich mit dem Herrn«, sagt sie. »Ich weiß ja, dass du nicht auf mich hörst, dass du alles besser weißt …«

»Ach hör auf«, sagt Johnny. Er kommt heraus, zieht die Tür vor ihrer Nase zu und geht an der Garage vorbei nach hinten.

»Bist du auch zu dem U-Boot getaucht?«, fragt Liewe, als er ihn eingeholt hat, und zeigt auf die Gegenstände an der Garagenwand.

»Das lag zu tief«, sagt Johnny. »Ich war aber ein paarmal auf dem Boot, wenn er unten war. Hab allen möglichen Scheiß raufgehievt.«

»Woher hat dein Vater gewusst, dass dieses U-Boot da liegt?«

»Was spielt das denn für 'ne Rolle«, sagt Johnny ungeduldig. »Ich dachte, Sie wollen über Hauke und seinen fucking Vater reden.«

»Es ist ein Puzzle«, sagt Liewe. »Hatte dein Vater vielleicht von Haukes Vater erfahren, wo das U-Boot liegt?«

Johnny schüttelt fassungslos den Kopf. »Sind Sie eigentlich noch ganz dicht? Was soll der Idiot denn mit dem U-Boot zu tun haben?« Er tritt gegen einen alten, von Wind und Wetter angefressenen Tretroller, der im Gras liegt. »Schwachsinnige Frage.«

»Wir kommen gleich noch zu dem, was du über Haukes Eltern zu sagen hast. Jetzt interessiert mich erst einmal, woher dein Vater wusste, wo das U-Boot lag. Sollen wir uns setzen?« Sie sind hinter dem Haus angekommen, wo zwei Gartenstühle stehen. Sie setzen sich.

»Als er mich das erste Mal mit dem Boot abgeholt hat, sind wir an einem Marineschiff vorbeigekommen«, sagt Johnny. »Jede Menge Leute an Deck, auch ein Pfarrer oder so, und sie haben einen Kranz ins Meer geworfen. Mein Vater ist langsamer gefahren. Er sagte: Da liegt was. Und dann sind wir weitergefahren. Später ist er da getaucht und bingo.«

»Und all die Sachen, die er hochgeholt hat, hängen hier an der Garagenwand.«

»Und in seinen Scheißschränken.«

Liewe lehnt sich zurück und blickt zur Insel Amrum.

»Erzähl mir was über Herrn und Frau Mauer«, sagt er. »Hat Paul dir von dem Deal erzählt?«

Johnny ballt die Fäuste. Er schlägt ein paarmal in die Luft wie gegen einen Punchingball. »Scheißarschlöcher«, zischt er. »Was ist das denn für 'n Vater?! Verkauft seinen eigenen Sohn, den armen Kleinen. Rumflennen, weil es Hauke ja *so* schlecht geht, aber gleichzeitig meinen Vater für sich tauchen lassen, bis er ermordet wird. Ich will nicht so werden wie mein Vater. Er war ein Sklave. Ich will was aus meinem Leben machen.«

»Dein Vater denn nicht?«

»Ein Wrack ausräumen für diese fucking …«

»Meinst du, dein Vater hat Paul zu dem Gespräch auf dem Friedhof mitgenommen, weil er Angst hatte?«

Johnny beugt sich vor, schabt mit den Schuhen durch den Sand.

»Was hat Paul dir erzählt?«, fragt Liewe.

»Alle denken, dass Paul total neben der Spur ist, dabei muss man ihm nur zuhören.«

»Ich glaube auch, dass Paul alles ganz genau mitbekommt.«

Johnny legt den Kopf zurück und starrt in die Luft. »Wenn ihm einer was will, tret ich ihn zusammen.«

»So wie Hauke.«

Johnnys Blick wird hart und kalt.

»Aber darum geht es jetzt nicht«, sagt Liewe, »das ist nicht meine Sache.«

Johnny steht auf. »Wollen Sie mich jetzt auf diese Tour drankriegen?«

»Nein, Johnny, mir wurde nur plötzlich klar, was passiert ist, wieso du mit Hauke aneinandergeraten bist, aber wie gesagt, das ist nicht meine Sache. Setz dich noch einen Moment, dann lasse ich dich gleich in Ruhe.«

Johnny bleibt stehen und blickt auf Liewe hinunter. »Wenn Sie alles so genau wissen, machen Sie Ihren Kram doch alleine.«

Liewe schweigt, hebt die Hände, sagt schließlich doch: »Du musst mir helfen, die Männer zu überführen, die deinen Vater ermordet haben.«

»Ihr könnt nichts«, sagt Johnny. »Ihr seid immer hinter den Falschen her.«

»Ich weiß nur noch nicht, wer sie sind«, fährt Liewe fort. »Du bist mich gleich los, aber erst …«

»Losers, fucking losers.«

Liewe atmet tief durch. »Dann machen wir's so«, sagt er. »Ich sage, was du vermutlich von Paul erfahren hast. Wenn ich mich täusche, wirst du's mir schon sagen.«

Johnny schaut schweigend auf ihn hinunter.

»Dein Vater ist nach Wilhelmshaven gekommen, um mit den Eltern von Hauke Mauer zu reden. Deine Mutter wusste von nichts, und du hattest ihm gesagt, dass die Luft rein war. Er hat nicht dich, sondern Paul mitgenommen, weil die Anwesenheit eines Kindes ihn schützte, außerdem dachte er, dass Paul nichts erzählen würde, denn alle behaupten ja, dass man mit dem, was er sagt, nichts anfangen kann. Als er zurückkam, hat Paul dir dann aber doch erzählt, was er gehört hatte. Dass es einen Deal zwischen den Mauers und deinem Vater gab, dass die Mauers auf Schadenersatz- und Schmerzensgeldforderungen verzichten würden, wenn er das Kupfer aus dem Wrack holt und ihnen das Geld aus dem Erlös gibt, was ja auch wichtig für die Mauers war, wegen der Pleite des Restaurants. Und das hat dich wahnsinnig wütend gemacht, auch weil dein Vater dich zu dem Wrack mitgenommen hat. Vielleicht empfandest du sogar so etwas wie Solidarität mit dem Jungen, den du krankenhausreif geschlagen hast.«

Johnny hat sich wieder hingesetzt. »Okay«, sagt er, »und weiter?«

»Mehr weiß ich bisher nicht.«

»Ach nee, hatten Sie nicht gesagt, Sie wüssten alles?«

»Nicht alles, Johnny«, sagt Liewe.

Johnny schüttelt den Kopf. »Wenn das alles ist …«

»Was ist außerdem passiert?«

»Mein Vater kam mit Paul aus dem Park zurück, er wollte noch schnell zu Lidl, um was für Paul und mich zu kaufen, bevor er wieder nach Föhr zurückfuhr. Und da kam auf dem Parkplatz ein Mann zu ihm und sagte, er würde ihn umbringen, wenn er zu diesem Wrack tauchen würde.«

»In Pauls Gegenwart?«

»Ja.«

»Kannte dein Vater diesen Mann?«

»Weiß ich nicht.«

»Kannte Paul ihn?«

»Nein.«

Liewe wendet den Blick ab. »Und von da an dachtest du, dass dein Vater jedes Mal, wenn er zur *Hanne* tauchte, in Lebensgefahr war.«

»Wegen diesen fucking Mauers.«

»Nein, wegen diesem Unbekannten.«

»Aber die Mauers haben ihn doch erst gezwungen zu tauchen, er wollte das doch gar nicht.«

»Er hat es für dich getan, Johnny.«

»Ach, hauen Sie doch ab.«

»Aber beim letzten Mal, als dein Vater dich abholen wollte, hast du gedacht: Jetzt ist Schluss.«

Johnny erwidert nichts.

»Du hast gedacht: Denen zeig ich's.«

Johnny schweigt immer noch. Er hat sich vorgebeugt, die Kapuze über den Kopf gezogen, die Hände auf die Kapuze gelegt.

Plötzlich kommt, ganz leise, Paul ums Haus. Er stellt sich hinter Johnny und legt ihm eine Hand auf die Schulter. Er schaut Liewe an, wartet.

»Wem sah der Mann ähnlich, der deinem Vater gedroht hat, Paul? Welchem Schauspieler?«

Nichts deutet darauf hin, dass Paul nachdenkt. Seine Hand ruht auf der Schulter von Johnny, der sich wieder aufrichtet und vom Gartenstuhl aufsteht. »Sind Sie immer noch da?«, sagt er.

»Ich fahre wieder«, sagt Liewe und erhebt sich ebenfalls. »Danke für deinen Bericht, Johnny«, sagt er. Doch Johnny schüttelt den Kopf und geht weg. Liewe folgt ihm langsam, und Paul folgt Liewe. Bei der Garagenwand dreht Liewe sich noch einmal nach Paul um. »Sah er niemandem ähnlich?«, fragt er.

»*Touch anything and you get your head chopped off*«, sagt Paul. Dann wird die Tür des Hauswirtschaftsraums geöffnet. Es ist Christine. »Paul«, sagt sie, »komm rein.« Sie hält ihm die Tür auf, und während Paul ins Haus geht, sagt sie zu Liewe: »Wir möchten jetzt gern allein gelassen werden.«

57

Der Wind hat aufgefrischt, es ist Nipptide und ablaufendes Wasser, weshalb die Fähre sich verspätet. Liewes Wagen steht auf der Zufahrt, er ist ausgestiegen und sucht die Reihen der wartenden Autos ab. Kein BMW aus Bremerhaven.

»Du machst dich aus dem Staub?« Liewe dreht sich um. Es ist Aycke.

»Ja.«

Aycke schaut in Richtung Meer. »Spät dran«, sag er. Als Liewe nichts erwidert, fährt er fort: »Der Zoll wird sich mit Bernd unterhalten, über das Kupfer in Jans Garage.«

Liewe nickt. Sein Smartphone klingelt. Er nimmt ab, es ist Lothar.

»Moment …«, sagt Liewe. Er winkt Aycke kurz zum Abschied zu. Der nickt, hebt ebenfalls die Hand, dreht sich um und geht weg.

»Ja«, sagt Liewe ins Telefon.

»Ich hab ein erstes Ergebnis von dem Backenzahn«, sagt Lothar. »Sie konnten DNA isolieren.«

»Und?«

»Es ist ein Mann, aber wir kennen ihn nicht. Ist nicht in der Datenbank.«

»Verstehe«, sagt Liewe.

»Wir haben aber eine Übereinstimmung«, fährt Lothar fort, »wenn auch nur teilweise, vermutlich von einem Enkel.«

»Einem Enkel.« Liewe denkt einen Moment nach. »Der Backenzahn stammt also aus dem Wrack.«

»Ein gewisser Hölscher, war fünf Jahre in Haft, Missbrauchsdelikt. Ist jetzt seit einem Jahr auf Bewährung frei. Rudolf Hölscher.«

»Hölscher«, sagt Liewe. »Wie alt?«

Lothar sucht einen Moment. »Jahrgang 1972«, sagt er.

Liewe denkt nach, tritt vorsichtig gegen einen Reifen seines Wagens. »Wie hieß doch noch dieser Kapitän … von der *Hanne*. Der war 1950 dreißig, die anderen waren noch Jungen. Johannes … Johannes … Werner? Weidner? …«

»Dann hat er nicht den gleichen Nachnamen wie sein Großvater. Unser Mann wohnt jetzt in Münster. Rudolf Hölscher, arbeitet ehrenamtlich für die katholische Kirche.«

»Die katholische Kirche … Rudolf … Rudi …« Liewe blickt an den Autos entlang, sieht, dass die Fähre einläuft, dreht sich um und entdeckt Aycke, der schon weit weg ist. Plötzlich fällt ihm etwas ein. »Rudi …«, sagt er. Er steckt das Telefon in die Tasche und rennt los.

»Aycke!«, ruft er. Aber der ist zu weit entfernt. Liewe rennt an den Autos vorbei. Er sieht, dass Aycke die Straße überquert. Liewe läuft zwischen wartenden Autos hindurch, aber als er die Straße erreicht, muss er erst ein paar Wagen vorbeifahren lassen.

»Aycke!«, ruft er wieder. Doch Aycke reagiert nicht. »Snausbjard!!« Jetzt bleibt Aycke stehen und dreht sich um. Liewe hebt die Hand, ein anfahrendes Auto bremst, der Fahrer hupt empört, Liewe überquert die Straße. Aycke kommt zu ihm zurück. »Aycke«, sagt Liewe keuchend. »Die beiden Männer, mit denen du in der Kneipe gesprochen hattest …«

Aycke schüttelt den Kopf. »Ich weiß nicht, wen du meinst.«

»Die beiden, die uns entgegenkamen, als wir zu Matz' Haus gefahren sind … das erste Mal …«

Ayckes Gesicht hellt sich auf. »Wo der eine so wütend wurde«, sagt er.

»Wie hieß der?«

»Martin«, sagt Aycke.

»Martin.« Liewe zögert. »Und der andere, der hinter ihm stand …«

Aycke denkt nach. »Martin und … und … wie der Fußballer: Rudi. Hat mich auch ein bisschen an den erinnert. Dich nicht?«

»Fußballer?«

»Rudi Völler«, sagt Aycke und grinst. »Der, dem Rijkaard auf die Matte gespuckt hat, du weißt schon.«

Liewe schüttelt den Kopf. »Also Rudi. Martin und Rudi.«

»Rudi versteckte sich so ein bisschen hinter Martin«, sagt Aycke, »wollte ihn beruhigen, hat fast nichts gesagt, war kurz vorher gerannt. Hatte noch Tränen in den Augen. So wie du jetzt. Musst vielleicht an deiner Kondition arbeiten.«

Auf der Zufahrt wird gehupt, Liewe dreht sich um. Die ersten Wagen fahren auf die Fähre, und seiner steht im Weg.

»Warum wolltest du wissen, wie die beiden heißen?«, fragt Aycke.

»Frag Bernd nach dem Namen ihres Bootes«, sagt Liewe. »Und schick mir eine Mail, oder ruf mich an.«

Er rennt zurück zur Zufahrt, auf der sich die Wagen Reihe für Reihe in Bewegung setzen. Er hört auf zu rennen, schlängelt sich zwischen anfahrenden Autos durch, bekommt ein paar Unfreundlichkeiten an den Kopf geworfen, erreicht schließlich seinen Wagen, steigt ein und fährt als Letzter an Bord.

Als die Fähre ausgelaufen ist, bleibt Liewe an einem ruhigen Platz an Deck stehen, wartet, bis er sich von der Aufregung und dem Gerenne erholt hat, sucht in seinem Smartphone die Dokumente zur *Hanne*, die er fotografiert hat, und schaut nach den Namen der Besatzungsmitglieder. Dann ruft er Lothar zurück.

»Du hast aufgelegt«, sagt Lothar.

»Ja. Ich hatte etwas vergessen.« Die Fähre steuert in einem Bogen das Fahrwasser an, in dem Liewe gestern mit der *Skua* unterwegs war. Er sucht mit dem Blick die Tonnen ab, erkennt sie. »Aber jetzt weiß ich es wieder«, sagt er.

»Was kann ich für dich tun?«, fragt Lothar.

»Kannst du rausfinden, ob der Kapitän der *Hanne*, Johannes Meiners, geboren 1920 in Westrhauderfehn, ein Großvater von Rudolf Hölscher ist?«

»Vermutest du das?«

»Nein«, sagt Liewe. »Aber sicherheitshalber.«

»Wie war Föhr?«

Liewe seufzt, er blickt nach Süden zur Hallig Langeneß, zu den Ansammlungen von Häusern auf ihren Wurten, hoch über dem trockengefallenen Watt. »Eine Insel«, sagt er. »Insulanergedöns und ringsum Meer.«

»Warst du denn mit diesem Tracker auf See? Das hattest du doch vor.«

»Ja, war ich«, sagt Liewe widerwillig.

»Und?«

»Ein Motorkreuzer ist uns gefolgt, aber dann verschwunden. Den Namen hab ich nicht. Noch nicht.«

»Du warst also nicht allein, das beruhigt mich.«

»Nein, ich war in guten Händen.«

»Und jetzt?«

»Ich fahre nach Hause, hole Vos ab, morgen fahre ich nach Wilhelmshaven und dann zu unserem Rudolf in Münster. Was weißt du über ihn?«

»Er hat ein Kind sexuell missbraucht, ein neunjähriges Mädchen. Man hat damals seine DNA gefunden, das reichte für eine Verurteilung. Er ist vorzeitig auf Bewährung entlassen worden.

In Wilhelmshaven kann man sicher rauskriegen, wo du ihn findest. Bring ihnen auch den Tracker, dann ist alles unter einem Dach.«

58

Miriam Roth 17:45
Wissen Sie schon, wann Sie Vos abholen?
Sie ist wieder aufgeblüht, seit sie weiß,
dass Sie kommen.

L. Cupido 17:48
Ich bin in Brunsbüttel
Die Fähre nach Cuxhaven fährt gleich
Wäre in anderthalb Stunden okay?

Miriam Roth 17:50
Das ist okay.
Sie können hier essen, wenn Sie möchten.

Als sich Liewe um zehn nach sieben dem Haus von Miriam Roth bis auf gut hundert Meter genähert hat, bremst er und parkt den Wagen am Straßenrand unter den Bäumen. Er schaltet den Motor aus, erst einen Moment später auch die Scheinwerfer. Er bleibt im Dunkeln sitzen. Zwischen den Stämmen kann er das Haus sehen: Die Außenlampe ist eingeschaltet, hinter einigen Fenstern sind die Vorhänge zugezogen, die Fenster im

Obergeschoss sind dunkel. Aus einer Öffnung neben einer Tür an der Seite des Hauses kommt Dampf, wahrscheinlich von einer Dunstabzugshaube oder einem Wäschetrockner. Vielleicht kocht Miriam, vielleicht hat Vos, der es ja nicht gut ging, sich erbrochen, sodass Miriam irgendwelche Bezüge waschen musste, die sie jetzt trocknet. Liewe trommelt mit den Fingern aufs Lenkrad, schaut auf sein Smartphone, um zu sehen, ob er Nachrichten bekommen hat.

Keine Nachrichten.

Er schaltet die Innenbeleuchtung ein und betrachtet sein Gesicht im Rückspiegel. Dann greift er nach dem Schlüssel, zögert, lässt den Kopf hängen, startet schließlich doch den Motor. Langsam fährt er das letzte Stück zum Haus, biegt auf die bekieste Einfahrt ein und hält an. Er schaltet den Motor aus und bleibt sitzen, den Schlüssel noch in der Hand.

Die Haustür wird geöffnet, und Vos stürmt heraus, gefolgt von dem Bernhardiner in trägem Galopp. Vos springt an der Fahrertür hoch. Miriam bleibt im Eingang stehen.

Liewe öffnet vorsichtig die Tür und versucht auszusteigen, aber weil Vos an ihm hochspringt, fällt er auf den Sitz zurück. Der Bernhardiner bellt dreimal mit tiefer Bassstimme und schaut dann schwanzwedelnd zu.

»Ich hatte ihr gesagt, dass Sie kommen«, sagt Miriam. »Sie hat die ganze Zeit hinter der Tür auf Sie gewartet.«

Liewe hat sich hingehockt und lässt sich von Vos die Ohren ablecken.

»Ist gut, Vos«, sagt er. »Jetzt ist es genug.« Trotzdem bleibt er noch in der Hocke und lässt sich weiter liebkosen.

Schließlich steht er auf und geht zu Miriam. Er hebt die Hände und lässt sie wieder fallen.

»Ich hole Vos ab«, sagt er. »Ähm … die Leine?«

»Kommen Sie rein«, sagt Miriam. »Ich hab eine Kleinigkeit zu essen vorbereitet. Sie wollen mich doch nicht darauf sitzen lassen?«

Liewe zögert. Er weiß nicht, was er sagen soll.

»Es würde auch Vos sehr verunsichern, wenn Sie nicht hereinkommen. Das Haus ist für sie jetzt ein Teil ihrer Welt, aber sie beobachtet genau, wie Sie sich verhalten. Wenn Sie jetzt nicht reingehen, will sie selbst vielleicht auch nicht mehr kommen. Wo Sie doch gerade eine gute Adresse gefunden haben. Kommen Sie.«

»Wenn ich nicht störe«, sagt Liewe. »Ich muss …«

»Nein, im Gegenteil. Fühlen Sie sich wie zu Hause. Möchten Sie etwas trinken, vielleicht ein Glas Bier?«

Liewe folgt ihr in die Küche, er seufzt, als würde er sich in ein Schicksal ergeben. »Gern«, sagt er dann. Er schaut Miriam an und streicht Vos, die sich an sein Bein schmiegt, über den Kopf. »Wirklich sehr gern.«

Etwas später am Küchentisch, zwischen ihnen zwei leergegessene Teller, erzählt Miriam, wie es ihr und Vos und dem Bernhardiner namens Bass ergangen ist. Die beiden Hunde haben sie bei ihrer Arbeit nicht gestört, sie haben an den Trainingsstunden teilgenommen, wenn sie Lust dazu hatten, sie haben zusammen in einem Korb geschlafen und nebeneinander aus ihren Näpfen gefressen. Sie waren viel in der Heide unterwegs. Und immer hat sich Vos genau dort, wo Liewe sie bei Miriam zurückgelassen hatte, nach ihm umgeschaut.

»Sie hat auf mich gewartet«, sagt Liewe.

»Das stört Sie doch nicht?«, fragt Miriam.

»Deshalb habe ich sie sonst immer mitgenommen. Damit sie eben nicht auf mich warten muss.«

Miriam steht auf und räumt die Teller weg. »Ich zünde den Kamin an«, sagt sie, »setzen Sie sich zu mir.«

»Vielleicht sollte ich gleich …«

»Kommen Sie«, sagt Miriam, »ich würde mich freuen.«

Liewe steht auf und folgt ihr ins Wohnzimmer. Miriam ist eine Weile mit dem Feuermachen beschäftigt, während Liewe sich umsieht. Dann schaut er zu Miriam hinunter, die auf den Knien das Feuer anbläst. Er wendet den Blick ab und setzt sich.

»Wie haben Sie sie gefunden?«, fragt Miriam, als sie aufsteht.

»Sie hat mich gefunden«, sagt Liewe. »Ich war in Aurich und beobachtete ein Haus, im Zusammenhang mit einer Ermittlung, und sie streunte dort herum. Als ich später noch mal da war und einen Moment nicht aufpasste, sprang sie ins Auto. Seitdem ist sie bei mir.«

»So wie Sie vorhin mein Haus beobachtet haben? Mussten Sie sich überwinden, zu mir zu kommen?«

Liewe zuckt mit den Schultern. »Ich komme dienstlich oft zu Leuten, aber nie aus erfreulichen Gründen.«

»Kostet es Sie Überwindung, zu einem Mörder zu gehen?«

»Kommt drauf an«, sagt Liewe. »Das passiert nicht so oft. Aber wenn, kostet es mich meistens keine Überwindung.«

»Zu mir zu gehen, war also schwieriger als zu einem Mörder …«

Liewe lächelt.

Miriam setzt sich in einen Sessel und blickt in die Flammen, dann schaut sie Liewe an. »Wie sehen Sie Menschen? Wenn mit Menschen immer etwas nicht stimmt, wenn sie immer etwas verbergen.«

»Ich habe Menschen nie anders gesehen«, antwortet er. »Nur weiß ich inzwischen, wozu sie fähig sind.«

Miriam blickt wieder ins Feuer. »Die Leute kommen mit ihren

Hunden zu mir. Viele sind irgendwie hilflos. Wie sie sich verhalten, was sie sagen, verrät so viel über sie, ohne dass sie es merken. Die meisten ahnen gar nicht, wie durchschaubar sie sind. Allein schon durch die Art, wie sie mit ihren Hunden umgehen.« Sie schaut Liewe an. »Sie klären Verbrechen auf, ich will sie verhindern. Oder finden Sie das übertrieben?«

»Was wollen Sie verhindern? Verbrechen an Haustieren?«

»Wenn man Menschen hilft, mit ihren Hunden zurechtzukommen, hilft man ihnen auch, mit sich selbst zurechtzukommen.«

Liewe lächelt. Um Miriams Blick auszuweichen, schaut er auf Vos hinunter, die zu seinen Füßen liegt. Als er wieder aufblickt, merkt er, dass Miriam ihn immer noch ansieht.

»Ich sehe gern, wie Sie mit Vos umgehen«, sagt sie. »Fühlen Sie sich bitte nicht beobachtet.«

»Ich bin viel unterwegs gewesen«, sagt Liewe. »Es ist schön, so am Feuer zu sitzen.«

»Was beschäftigt Sie gerade, darf ich das fragen?«

»Sie meinen, persönlich?«

Miriam lächelt. »Dienstlich. Ich will ja keine Einzelheiten wissen, nur worum es geht.«

»Väter und Söhne«, antwortet Liewe. Er schweigt einen Moment. »Ich kann nicht sehr viel darüber sagen. Es ist nicht einfach. Ich habe keinen Vater.«

»Sie haben keinen Vater?«

»Ich bin kein Vater. Meinte ich, wollte ich sagen. Ich habe mich versprochen. Ich bin kein Vater.«

»Sie haben aber einen.«

»Nein, das auch nicht … Entschuldigung, es ist verwirrend. Ich habe tatsächlich keinen Vater mehr, aber das wollte ich gar nicht sagen, es war nur ein Versprecher. Ein Mann, der zu allem bereit war, um seinem Sohn zu helfen, ist ums Leben gekommen. Ein anderer Sohn, dessen Vater hilflos ist, liegt im Koma. Ich versuche, mich in diese Väter hineinzuversetzen, aber ich bin kein Vater. Das meinte ich.«

»Und Ihr eigener Vater?«

»Der lebt auch nicht mehr.« Liewe blickt an Miriam vorbei ins Feuer, dann holt er tief Luft und rutscht auf seinem Sessel nach vorn. »Er ist im Meer umgekommen, wie der Mann, der ermordet worden ist.«

»Ich glaube, von dem habe ich im Radio gehört«, sagt Miriam. »Der Taucher. Also daran arbeiten Sie.«

»Ja«, sagt Liewe. Er reibt mit den Händen über die Armlehnen des Sessels.

»Was hat Ihr Vater beruflich gemacht?«

»Er war Fischer, auf Texel.«

»Texel«, sagt Miriam überrascht. »Schön, ich kenne jemanden, einen Kunden, der jedes Jahr nach Texel fährt. Ich wollte die Insel immer schon mal sehen.«

Liewe schüttelt den Kopf und lacht. »Man braucht nur die Fähre zu nehmen.«

»Fahren Sie noch manchmal hin?«

»Meine Mutter wohnt noch auf Texel. Ich fahre ungefähr einmal im Monat zu ihr.«

»Uih …«, sagt Miriam. Sie nimmt einen Holzklotz und legt ihn ins Feuer, das gleich begeistert aufflackert.

»Wie ist es, einen Fischer zum Vater zu haben?«

»Es bedeutet warten«, sagt Liewe. »Warten, dass er nach Hause kommt … Alles ist vorläufig … Man wartet darauf, dass etwas anfängt, kann aber nicht genau sagen, was … so ungefähr.«

»Sie wollten nicht Fischer werden?«

»Nein. Nein, das kam für mich nie infrage.«

»Weil er ertrunken ist.«

Liewe antwortet nicht.

»Entschuldigen Sie«, sagt Miriam.

Sie schweigen.

»Was bin ich Ihnen schuldig?«, fragt Liewe kühl.

»Wofür?«

»Für Vos. Für die Betreuung.«

Miriam denkt nach, nimmt einen Schürhaken, rückt einen Holzklotz im Feuer zurecht. Dann holt sie tief Luft, als müsste sie all ihren Mut zusammennehmen. »Einen Tag Texel«, sagt sie.

Liewe runzelt die Stirn. »Was?«

»Dass Sie mich und Bass mitnehmen, wenn Sie nach Texel fahren. Da beschäftige ich mich dann schon selbst, wenn Ihnen das lieber ist, aber ich würde mich sehr freuen, wenn Sie mich auf Ihre Insel mitnehmen und sie mir zeigen.«

Liewe weiß nicht, was er sagen soll. Miriam streicht mit der Hand durch ihr Haar, dann über den Kopf von Bass, der sich in der Wärme vor dem Kamin auf den Rücken wälzt, vor Behagen knurrt, die Zunge aus der Schnauze hängen lässt, Vorder- und Hinterbeine anzieht und spreizt.

59 Freitag

Judith Schulze hat für Freitagmorgen alle an den Ermittlungen im Fall Matz beteiligten Kolleginnen und Kollegen zu einer Besprechung zusammengerufen. Im Sitzungsraum hängen an dem wandbreiten Whiteboard einige Fotos von Matz auf dem

Wrack, die Abbildung eines Schiffs, das die *Hanne* darstellen soll, mit einem großen Dollarzeichen darüber, das Porträtfoto von Matz mit den Kratzern im Gesicht und ein Foto der *Freyja*, des Kutters von Sil van Hee. Rechts unter dem zerkratzten Foto hängen Fotos von Johnny und Christine und – weil niemand ein Foto finden konnte – eine Zeichnung von einem Jungen, der Paul sein soll.

Johnny ist durch Pfeile nicht nur mit der *Hanne* und seinem Vater verbunden, sondern auch mit einem Instagram-Foto von Hauke, der wiederum von seinen Eltern Jürgen und Elise flankiert ist. Von Elise führt ein Pfeil zu einem Marineschiff und von dem Marineschiff ein Pfeil zur *Hanne*. Weitere Pfeile führen von dem Ehepaar Mauer zu Jan Matz, zu Paul und dem Dollarzeichen.

Außerdem gibt es Fotos von Matz' Tauchanzug, von seinen Handgelenken, von den Handschellen und von der *Skua*, noch kieloben treibend. Als Liewe beim Hereinkommen die Collage sieht, bittet er Judith, auch ein Foto von Matz in Seitenansicht holen zu lassen. Sie hat nichts dagegen, und als das Foto geholt und neben den anderen aufgehängt ist und Oberkommissar Tobias Schwarzhappel die Tür geschlossen hat, eröffnet Judith die Sitzung.

»Guten Morgen, Kolleginnen und Kollegen, wir treffen uns heute, um einmal zusammenzufassen, was wir über den Mord an Jan Matz wissen und was nicht. Ich darf vorstellen: Hauptkommissar Liewe Cupido von der Bundespolizei See in Cuxhaven. Wie ihr wisst, war die Bundespolizei als Erste am Fundort, und Kollege Cupido war sogar unten am Tatort, das heißt, er ist zum Opfer getaucht, und diese Fotos …« – sie zeigt auf das Foto von Matz in Seitenansicht – »wurden auf seine Anweisung aufgenommen.«

Sie stellt sich vor das Whiteboard, öffnet einen Ordner, beginnt mit ihrer Bilanz der bisherigen Ermittlungen und zeigt hin und wieder auf eins der Fotos.

»Was wissen wir? Jan Matz wurde am Mittwoch der vergangenen Woche um kurz nach vierzehn Uhr am Wrack des Frachtschiffs *Hanne* angekettet. Er ist erstickt, als seine Luft verbraucht war. Wahrscheinlich ist zwischen dem Anketten und seinem Tod etwa eine Viertelstunde vergangen. Am nächsten Vormittag wurde er rein zufällig von dem niederländischen Bergungsschiff *Freyja* von der Insel Terschelling, geführt von Kapitän Sil van Hee, entdeckt, das nach einem Container von dem Schiff *Medea* suchte. Etwa eine Stunde später war das Küstenwachschiff *Bad Bramstedt* von der Bundespolizei See am Fundort, und im Laufe des Nachmittags wurde der Kollege Cupido nach Amrum geflogen und von dort per Boot zur *Freyja* gebracht. Er hat die Besatzung befragt und danach mangels Verdacht weiterfahren lassen. Am nächsten Vormittag wurde Matz' Leichnam geborgen und nach Oldenburg gebracht. Dem Ergebnis der Autopsie zufolge deutet nichts auf Gewalteinwirkung oder einen Kampf hin, abgesehen davon, dass die Handschellen natürlich Spuren hinterlassen haben, wobei die am linken Handgelenk ausgeprägter sind als am rechten, außerdem gibt es eine Verletzung im linken kleinen Finger und oberflächliche Schäden am linken Ärmel des Taucheranzugs. All das könnte darauf hindeuten, dass es zwei Täter waren und dass der Täter, der ihm den Handschellenring rechts angelegt hat, in diesen Dingen geübt war, während der andere es nicht so gut konnte. Der linke Handschellenring saß viel fester ums Handgelenk als der rechte, wahrscheinlich, weil er nicht arretiert wurde und Matz ihn deshalb in seiner Panik strammer gezogen hat. Eine andere Erklärung könnte sein, dass Matz in dem Moment, als der Handschellenring rechts angelegt wurde, noch überrascht war und kaum Widerstand geleistet hat, während er sich danach gewehrt hat. In diesem Fall könnte es theoretisch auch *ein* Täter gewesen sein. Nur ist es unter Wasser längst nicht so einfach, Handschellen anzulegen, wie unter normalen Umständen. Ich bleibe deshalb vorläufig bei meiner Annahme, dass es zwei Täter sind und dass einer davon ziemlich geübt im Anlegen von Handschellen ist und der andere nicht.

Bei den Handschellen handelt es sich um ein Modell, das bei uns nicht verwendet und auch nicht verkauft wird. Es sind Handschellen von *Smith & Wesson*, bei der amerikanischen Polizei in Gebrauch und nicht so leicht übers Internet zu bestellen. Einen Moment ...«

Judith referiert ruhig, systematisch, präzise und lässt kein Detail aus. Es fällt Liewe nicht ganz leicht, mit den Gedanken bei ihrem Vortrag zu bleiben. Sie spricht über Johnny und Hauke, die schwere Körperverletzung, Haukes Krankengeschichte, die Enttäuschung der Eltern, die schwierigen Ermittlungen, die Verzögerung bei der Anklageerhebung wegen des Alibis, das Jan Matz seinem Sohn gegeben hat, den Bankrott der Mauers, das belauschte Gespräch auf dem Friedhof, Pauls Bemerkung über Superhelden, den Einbruch in Matz' Haus, der wahrscheinlich kurz nach oder kurz vor dem Mord begangen wurde, die Kratzer auf dem Foto, die Tinte des Permanentmarkers, ja sogar seine Marke, und schließlich die Wimpern und die noch laufende DNA-Untersuchung.

»Hoffen wir, dass dabei etwas herauskommt. Wir haben das Labor in Hamburg gebeten, die Sache vordringlich zu behandeln, vielleicht wissen wir im Laufe des Tages schon mehr, aber vermutlich eher nicht. Das war von meiner Seite alles.«

Anerkennendes Gemurmel füllt einen Moment den Raum, dann wird es still, und die Anwesenden schauen Liewe an.

»Ich habe den Kollegen Cupido um Unterstützung bei den Ermittlungen gebeten«, erklärt Judith, »weil er als Erster am Tatort war, weil er mit allem Maritimen vertraut ist und weil bei diesem Mordfall eine Reihe von Orten außerhalb Niedersachsens bis hin zu den Niederlanden und Dänemark eine Rolle spielen. Kollege Cupido spricht fließend Niederländisch, und für die Dänen war es auch naheliegend, sich in dieser Sache mit der Bundespolizei zu verständigen. Er war deshalb viel für uns unterwegs und ist einer Reihe von Fragen nachgegangen, die für unseren Fall direkt oder indirekt von Bedeutung sein können. Also überlasse ich jetzt dem Kollegen Cupido das Wort, damit er uns darüber informiert, was er zu den Ermittlungen beizutragen hat.«

Liewe nickt, nickt noch einmal, bleibt erst sitzen, steht dann doch auf, sucht nach Worten. »Ich arbeite meistens allein«, beginnt er, »deshalb habe ich nicht so viel Erfahrung in diesen Dingen. Fakten präsentieren, alles genau erklären, das ...« Er verstummt und wirft einen Blick auf die Fotos. »Wenn etwas unklar bleibt, dann meldet euch bitte. Also, mir leuchtet ein, dass die Ladung der *Hanne* und der Wert dieser Ladung im Mittelpunkt des Interesses stehen. Das Kupfer im Wrack ist ungefähr eine Million Euro wert, wobei es allerdings auf dem Schwarzmarkt etwas weniger sein dürfte und in diesem Fall vielleicht zehn Prozent in den Taschen von Mittelsleuten landen würden. Aber, um es gleich zu sagen: Wenn Habsucht das Motiv wäre, hätte kein einziger von den Menschen auf diesen Fotos auch nur den geringsten Vorteil von Jan Matz' Tod. Denn wie sieht es jetzt aus? Der Taucher taucht nicht mehr, der Schatz bleibt im Wrack, das schon geborgene Kupfer hat der Zoll beschlagnahmt, alle Beteiligten können ihre erhofften Gewinne abschreiben.«

Ein wenig von der Überzeugungskraft von Judiths Vortrag beginnt zu schwinden, die Anspannung im Sitzungsraum nimmt zu. Liewe schaut kurz Judith an. Man sieht, dass sie äußerst unangenehm überrascht ist, der Blick ihrer hellen Augen ist hart. Liewe zieht die Schultern hoch, als wollte er um Entschuldigung bitten.

»Judith Schulzes Analyse der Fakten rund um die Handschellen hat mich sehr beeindruckt«, sagt er. »Waren es zwei Täter, dann trägt ihr Umgang mit den Handschellen zweifellos ihre Handschrift. Trotzdem hält auch Kollegin Schulze es weiterhin für möglich, dass es sich um einen einzelnen in diesen Dingen erfahrenen Täter handelt.«

Er lächelt und deutet eine Verbeugung vor Judith an.

»Wer war er, oder wer waren die beiden, und was war ihr Motiv? Sie haben einen Toten bei dem Schatz zurückgelassen. Wäre es ihnen nur um das Kupfer gegangen, wäre das aber das Letzte, was sie getan hätten. Um den Rest des Kupfers zu heben, hätten sie noch sehr oft tauchen müssen, und wenn die ganze Zeit der Tote auf dem Wrack gewesen wäre, hätte jeder ihrer Tauchgänge die Gefahr erhöht, dass andere nicht nur das Wrack, sondern auch den Toten entdecken. Wenn sie auf das Kupfer aus waren, wieso haben sie ihn dann nicht in seinem Haus umgebracht, zum Beispiel, oder weit vom Wrack entfernt ertrinken lassen? Stattdessen haben sie ihn auf grausame Weise auf dem Wrack selbst sterben lassen, vor den Augen die Schlüssel der Handschellen. Es ging also um Rache. Matz sollte leiden.«

Liewe dreht sich zu den Fotos um. »Wenn es um Rache ging, wer hatte dann ein Interesse an Matz' Tod? Gehen wir die Einzelnen durch. Johnny? Paul? Warum sollten seine Söhne ihn umbringen wollen? Hat er sie misshandelt? Ich habe die Jungen am Grab gesehen, sie haben gegen den Willen ihrer Mutter einen Sextanten und ein Fernrohr auf seinen Sarg gelegt; Dinge, die er vom Meeresboden geholt hatte und die ihm viel bedeuteten.

Das sind keine Mörder, das sind Söhne, die ihren Vater vermissen.«

Er schweigt, nickt, scheint einen Moment in Gedanken versunken zu sein. Als er aufblickt, sieht er, dass alle Augen auf ihn gerichtet sind.

»Ja«, sagt er und kratzt sich am Kinn. Dann wendet er sich wieder den Fotos zu. »Seine Frau Christine … Judith hat mehrmals mit ihr gesprochen. Sie hat große Probleme mit ihrem älteren Sohn, sie hätte den Vater gebraucht, weil sie allein überfordert ist. Sicher, er hat sie verlassen, sie hatte seit Längerem eine Aversion gegen ihn, trotzdem hat sie ihn zu seiner Insel zurückgebracht und da begraben. Hat sie seinen Tod gewollt? Ich sehe das nicht, da müsste mir etwas Wesentliches entgangen sein.«

Liewe macht einen Schritt zur Seite und schaut auf die Fotos von Jürgen und Elise Mauer. »Diese beiden hatten tatsächlich einen Grund, ihn zu hassen oder Rachegedanken zu hegen. Andererseits haben sie sich auf einen Teufelspakt mit ihm eingelassen und ihm die Position der *Hanne* verraten. Was war stärker? Der Hass wegen dem, was ihrem Sohn passiert war, oder der Wunsch, viel Geld zu bekommen? Matz war fast eine Million wert … wenn er am Leben blieb. Aber er hatte auch versucht, seinen Sohn, der ihren Sohn so schwer verletzt hatte, durch ein Alibi zu entlasten. Nun muss man mehrere Punkte bedenken. Die beiden sind keine Taucher, nicht geübt im Umgang mit Handschellen, sie können es nicht selbst getan haben. Elise war zum Tatzeitpunkt auf ihrem Minenjagdboot, Jürgen zu Hause. Die einzige Möglichkeit wäre, dass sie jemanden beauftragt haben. Nur: Auch wenn ihr Motiv Hass war, wie konnten sie dann einen anderen Mann oder zwei Männer, die diesen Hass nicht empfanden, dazu bringen, Matz zu ermorden? Was hatten sie dem oder den Tätern zu bieten? Ihr Restaurant hat Pleite gemacht, sie haben einen kranken Sohn, der auf absehbare Zeit nicht für sich selbst sorgen kann und viel Geld kostet. Sie konnten keine Mörder bezahlen … Außerdem: Würdet ihr, wenn ein Junge euren Sohn schwer verletzt hätte, den Vater umbringen wollen?«

Liewe zögert, als würde er einen Gedanken verfolgen, auf den ihn seine eigene Frage gebracht hat.

»Also?«, fragt Judith.

»Die Fotos vom Tatort zeigen es«, sagt Liewe. »Der Mörder oder die Mörder bei der Amrumbank waren selbst von Hass erfüllt. Die Mauers, die Familie von Matz, sie hatten nur am Rande damit zu tun. Ich kann die Fakten nicht anders deuten.«

Liewe schweigt, auch die anderen Anwesenden sind still, mit Ausnahme von Judith, die seufzt und mit kaum verborgenem Ärger den Ordner zuschlägt.

»Ich würde gern noch zwei Dinge erwähnen«, sagt Liewe. Er schaut Judith an. »Wenn ich darf.«

»Aber bitte.« Sie schaut auf ihre Armbanduhr.

»Ich habe doch noch gewisse Zweifel, ob das alles so stimmt, was ich eben gesagt habe, und zwar aus einem bestimmten Grund: Nach dem Gespräch auf dem Friedhof wurden Jan und Paul Matz auf dem Parkplatz bei Lidl von einem Mann angesprochen, der Jan Matz gedroht hat. Dieser Mann war allein. Er hat Jan Matz gedroht, ihn umzubringen, wenn er ihn auf dem Wrack erwischen würde. Das war eine halbe Stunde nach der Abmachung auf dem Friedhof. Paul hat es Johnny erzählt und sonst niemandem. Paul kann nämlich sehr gut sprechen, allerdings ausschließlich mit seinem Bruder. Nur vor anderen schweigt er oder spricht in Filmzitaten, in englischen. Als ich Paul fragte, ob der Mann, der seinem Vater gedroht hat, jemandem ähnlich sah, zum Beispiel einem Schauspieler, hat er nicht geantwortet. Aber etwas später sagte er: *Touch anything and you get your head chopped off.*«

»*Tomb Raider*«, sagt ein junger Beamter hinten im Raum.

»Richtig«, sagt Liewe. »Ich musste es googeln, es stammt wirklich aus *Tomb Raider.* Und der Totengräber auf dem Friedhof auf Föhr hat Matz als Grabräuber bezeichnet. Ich glaube, da müssen wir den Schlüssel zur Lösung des Falls suchen.«

»Die *Hanne* ist auch ein Grab«, wirft Judith ein.

»Genau«, sagt Liewe. »Das Grab von drei Matrosen und einem Kapitän. Die Matrosen waren noch Jugendliche, der Kapitän dreißig.«

»Und wir wissen, wer sie sind«, ergänzt Judith.

Liewe nickt. »Vielleicht suchen wir eine Person, die der Ansicht ist, dass man dieses Grab nicht schänden darf. Einen Nachkommen zum Beispiel.«

»Du hattest noch etwas, zwei Dinge, sagtest du.«

»Ach ja.« Liewe zeigt auf das Foto des Toten in Seitenansicht. »Die Haltung, in der wir Matz vorgefunden haben, ist auffällig. Seine Handflächen sind aneinandergelegt, das rechte Bein gebeugt. Den Fuß hat er so zwischen zwei Stufen eingeklemmt, dass man ihn kniend finden würde, wenn ihn denn jemand finden würde. Ich weiß nicht, was es bedeutet, aber ich vermute, dass er uns damit etwas sagen wollte.«

60

Von Wilhelmshaven nach Münster sind es zweieinhalb Stunden, und als Liewe an Oldenburg vorbei ist und auf den Schildern Osnabrück und Düsseldorf erscheinen, er also das Meer immer weiter hinter sich lässt, entspannt er sich allmählich. Er hat Vos gestern Abend doch bei Miriam gelassen. Sie blickte zwischen ihm und Miriam hin und her, als er wegging, man sah ihr den inneren Zwiespalt an, und er sagte: »Es ist nicht für immer«, und Miriam sagte: »Nichts ist für immer, deshalb muss man das, was noch nicht vorbei ist, genießen.« Sie schaute Vos an, als sie es sagte, meinte aber Liewe. Sie stand in der Tür, als er in den Wagen stieg. Dann kam sie zu ihm, und er ließ das Seitenfenster herunter. »Das Problem ist nicht, dass alles vorläufig ist, es wird ein Problem, wenn man das schlimm findet«, sagte sie. »Dann ist man nicht mehr offen für Schönes.«

Und nun sitzt er lässig am Steuer, es ist wenig Verkehr, die Autobahnbrücken rauschen vorüber, er summt.

Nach dem Treffen hat er Judith in einem Gespräch unter vier Augen von dem Tracker erzählt, von dem Motorkreuzer, sogar von seiner Vermutung, dass er schon vor einer Woche die Mörder in der Nähe von Jan Matz' Haus gesehen hat, und von seinem Vorhaben, in Münster mit Rudolf Hölscher zu sprechen.

Während er erzählte, taute Judith sichtlich auf, anschließend schlug sie vor, ihn zu begleiten, doch davon hat Liewe sie abgebracht. Er wusste ja nicht, ob der Mann in Münster mit dem Rudi identisch war, dem er auf Föhr begegnet war. Wenn ja, konnte er immer noch um Hilfe bitten.

»Vielleicht kannst du für mich rausbekommen, wo dieser Hölscher sich tagsüber in der Regel aufhält«, hatte er gesagt. Dann hatte er sich auf den Weg nach Süden gemacht, weg vom Meer.

Kurz vor Osnabrück klingelt sein Smartphone. Er erwartet Judith, doch es ist eine unbekannte Nummer, offensichtlich Hamburg. Er hört auf zu summen und nimmt ab. Es ist eine Mitarbeiterin des forensischen Instituts, das die DNA-Analysen durchführt.

»Spreche ich mit Herrn Cupido?« Eine junge Stimme, ein bisschen aufgeregt.

»Das ist richtig.«

»Herr Henry von der Bundespolizei in Cuxhaven hat mir Ihre Nummer gegeben. Er hat mich gebeten, mit Ihnen Kontakt aufzunehmen.«

»Ja?«

»Vor ein paar Tagen hat uns die Bundespolizei einen Molar zur Analyse zukommen lassen. Sie sind doch selbst bei der Bundespolizei, richtig?«

»Richtig.«

»Außerdem wurden uns zwei Wimpern zugeschickt, allerdings von der Polizei Oldenburg.«

»Verstehe.«

»Normalerweise bleiben verschiedene Untersuchungen beziehungsweise deren Ergebnisse bei uns natürlich getrennt, aber wenn uns eine unerwartete Verbindung auffällt, stellt sich zwangsläufig die Frage, was wir tun sollen. Wenn wir nichts sagen, geht vielleicht der Zusammenhang unter, weil eine Instanz das eine Ergebnis und eine andere das andere Ergebnis bekommt, und dann kann es natürlich passieren, dass ein Zusammenhang, obwohl wir ihn entdeckt haben, nur aus Gründen der Diskretion …«

»Sie können mir ruhig sagen, was Sie entdeckt haben«, unterbricht Liewe, »ich bin an beiden Ermittlungen beteiligt.«

»Das hat Herr Henry auch gesagt und mich deshalb an Sie verwiesen. Wie ich höre, ist diese Information für Sie sehr wichtig.«

»Welche Information?«

»Kurz gesagt, und das klingt vielleicht ein bisschen seltsam, also, stark vereinfacht ist eins der Augenhaare von Oldenburg, wir haben nur das eine untersucht, ein Enkel des Molars von Cuxhaven.«

»Die Wimper ist ein Enkel des Backenzahns«, sagt Liewe. »Habe ich das richtig verstanden?«

»Jedenfalls stehen die Personen, zu denen sie gehören, genetisch in einem solchen Verhältnis zueinander«, sagt die Frau. »Weil der Backenzahn älter ist, bleibt … bleibt eigentlich nur diese Schlussfolgerung. Herr Henry meinte, dass diese Information für Sie sehr wichtig ist. Sie könnte vielleicht sogar einen Durchbruch bei Ihren Ermittlungen bedeuten. Selbstverständlich hat er mir nicht gesagt, in welcher Weise, er war sehr diskret.«

»Es ist auf jeden Fall sehr wichtig.« Liewe sitzt nicht mehr so lässig am Steuer. »Stammt die Wimper von einem gewissen Rudolf Hölscher aus Münster?«, fragt er.

»Bitte?«

»Wissen Sie, zu wem diese Wimper gehört? Wie die Person heißt?«

»Das wissen wir nicht, Herr Cupido, und ich weiß auch nicht, ob ich … wenn es anders wäre …«

»Gut, schon gut«, sagt Liewe. »Das war wirklich eine außerordentlich wichtige Information für mich. Ich danke Ihnen ganz herzlich.«

61

Judith Schulze 14:27
Rudi Hölscher arbeitet ehrenamtlich für das Bistum und hat oft im Dom zu tun. Wurde vorzeitig auf Bewährung entlassen. Führung übrigens einwandfrei.

Liewe Cupido 14:48
Danke. Bin gerade angekommen.

Liewe hat sein Auto auf dem großen Parkplatz bei einem der Universitätsinstitute geparkt und geht durch die Frauenstraße ins Stadtzentrum. Es ist windstill unter wolkenlosem Himmel, und er wechselt auf die Sonnenseite der Straße, wo es tatsächlich ein bisschen warm ist. Bald ragen die Türme des Doms über die Dächer, und als Liewe auf dem Domplatz ankommt, beginnen die Glocken zu läuten. Er bleibt in der Mitte des Platzes stehen, die Hände auf dem Rücken, und betrachtet eine Weile die Kathedrale, folgt mit dem Blick den winkligen Linien der grün angelaufenen Dächer, den Sandsteinmauern, die sich wie steile Felswände in den blauen Himmel erheben. Erst als die Glocken verstummen und die Geräusche der Stadt wieder die Oberhand gewinnen, setzt er sich in Bewegung, geht zum Paradiesportal und betritt den Dom.

Die Windfangtür fällt mit einem dumpfen Schlag zu, der sich durch die Gewölbe der Kathedrale fortpflanzt. Liewe holt tief Luft und geht behutsam ins Hauptschiff weiter. Alle Geräusche, auch die seiner Schritte, werden in dem weiten, windlosen Raum zu einem Rauschen gedehnt, das die ganze Kirche zu füllen scheint, wie von einem fernen Meer, wie von einem Leben anderswo. Liewe schaut sich um. Er ist der einzige Besucher. Plötzlich sieht er rechts an einem der Pfeiler die hohe Skulptur eines Mannes, der ein Kind auf der Schulter trägt und sich mit einem Stab in der Hand vorsichtig vorwärtsbewegt. Christophorus, Schutzheiliger der Reisenden, der das ihm anvertraute Kind sicher an ein anderes Ufer bringt. Liewe wendet den Blick ab und sucht. Das Geräusch einer zufallenden Seitentür irrt durch den Raum, und hinter einem Pfeiler kommt ein Mann in einem schwarzen Anzug zum Vorschein. Liewe winkt, und der Mann bleibt stehen. In diesem Moment wird irgendwo ein Staubsauger eingeschaltet.

»Ich bin auf der Suche nach Herrn Hölscher«, sagt Liewe.

Der Mann mustert ihn misstrauisch. »Sie sind von der Polizei?«

»Ich komme aus Wilhelmshaven, um mich mit ihm zu unterhalten.«

»Hat er etwas ausgefressen?«

Liewe lächelt. »Nicht, dass ich wüsste.«

»Herr Hölscher ist da hinten«, sagt der Mann mit einer Kopfbewegung in Richtung Chor. »Er hat gerade mit dem Staubsaugen angefangen.«

Jetzt sieht Liewe weit weg hinter dem Altar, klein unter den himmelhohen Bogen, einen Mann, der den Boden bei den Chorbänken saugt. Das Summen des Staubsaugers vermischt sich mit dem Rauschen der Kathedrale, übertönt es aber nicht.

Liewe kann seine Gesichtszüge noch nicht erkennen, doch als er zu ihm hingeht, immer wieder verborgen von den Pfeilern zwischen Haupt- und Seitenschiff, wird ihm schnell klar, dass der Mann, der im Dom von Münster staubsaugt, nicht der Rudi ist, den er auf Föhr gesehen hat. Dieser Mann ist schmächtig. Er trägt ein gebügeltes moosgrünes Hemd und eine ausgebleichte schwarze Jeans mit einem Gürtel, der eng um die magere Taille geschnallt ist. Er ist ein wenig hohläugig und hat leicht eingefallene Wangen, das blonde Haar ist schütter und kurz geschnitten. Auf der großen Nase ruht eine Brille mit dünnem Metallgestell.

»Herr Hölscher?«

Der Mann schaut auf, schaltet aber den Staubsauger nicht aus, weshalb er nicht verstehen kann, was Liewe sagt. Seine hellblauen Augen blicken ihn forschend an.

Liewe zeigt auf den Staubsauger, und der Mann schaltet ihn aus.

»Ich würde Sie gern etwas fragen«, erklärt Liewe. »Hätten Sie einen Moment Zeit?«

»Wer sind Sie?«

»Ich heiße Liewe Cupido. Ich möchte Ihnen etwas mitteilen und Sie etwas fragen.«

Der Mann starrt Liewe an, ohne zu antworten, das Staubsaugerrohr in der mageren Hand.

»Ich bin nicht von der Bewährungshilfe«, sagt Liewe. »Es geht mir nicht um Ihre Bewährung, sondern um etwas anderes. Ich bin zwar Polizeibeamter, aber in Cuxhaven.«

»Muss ich mit Ihnen sprechen?« Der Mann blickt sich um.

»Ich glaube schon«, antwortet Liewe, »aber lassen Sie mich erklären, warum.«

Rudolf Hölscher blickt über Liewes Schulter in Richtung Westportal, und als Liewe sich umdreht, sieht er, dass der Mann, den er nach ihm gefragt hatte, sie beobachtet.

»Kommen Sie«, sagt Rudolf Hölscher. Er legt das Staubsaugerrohr hin und geht vor Liewe her zu einer Tür im nördlichen

Seitenschiff, die auf einen Klostergang führt. Er schließt die Tür so leise wie nur möglich und schaut sich um, als würde er einen Ort suchen, an dem man Liewe und ihn weder sehen noch hören kann. Durch die Fenster ist ein von Klostergängen umschlossener Garten mit Dutzenden von gleichförmigen, sonnenbeschienenen Grabsteinen zu sehen. »Die hören nicht mehr mit«, sagt Rudolf und geht um die Ecke zu einer Tür. Kurz danach sind sie draußen und setzen sich auf ein Mäuerchen. Das steinerne Rauschen der Kirche ist verschwunden, die Geräusche der Stadt dringen leise in den Klostergarten vor.

»Was wollten Sie mir sagen?« Rudolf sieht Liewe mit seinen hellen Augen unverwandt an.

»Ich habe eine Frage zu einem Ihrer Großväter«, sagt Liewe mit einem Lächeln.

»Einem meiner Großväter?« Rudolf seufzt und lässt die Schultern hängen, als hätte ihm jemand am Ende eines langen Arbeitstages einen Auftrag erteilt, für den er keine Kraft mehr hat. »Einem meiner Großväter … Wieso?«

»Das sage ich Ihnen gleich, Herr Hölscher, aber zuerst möchte ich etwas fragen.«

Rudolf schüttelt den Kopf und verzieht das Gesicht einen Moment zu einer Grimasse. »Fragen Sie«, sagt er.

»Ich möchte wissen, wer Ihre Großväter waren und woher sie kamen. Ich nehme an, dass sie nicht mehr leben.«

»Nein«, sagt Rudolf. »Die leben schon eine ganze Weile nicht mehr. Mein einer Großvater kam aus Ahaus. Er hat Gemüse, Eier und Milchprodukte ausgefahren, erst noch mit dem Fuhrwerk, später mit einem dreirädrigen Wägelchen mit Motor über dem Vorderrad. Der Motor machte sehr viel Krach, und mein Großvater ist dann auch schwerhörig geworden. Aber er hat weitergemacht, bis er zu alt war. Zuletzt hat er manchmal die Kontrolle über das Wägelchen verloren, dann ist er irgendwo reingeknallt ...« Rudolf lacht leise und schüttelt wieder den Kopf.

Liewe lächelt ein bisschen mit. »Das war der Vater Ihres Vaters?«

Rudolf nickt. »Hendrik Hölscher. Oalde Henny.«

»Und Ihr anderer Großvater?«

»Über den weiß ich nicht so viel. Opa Sachse, kam auch aus der Gegend, oder besser gesagt aus einem Dorf irgendwo hinter der Grenze, in den Niederlanden. Er war Bauernsohn, so viel weiß ich. Aber der ältere Bruder bekam den Hof, und er ging nach Wilhelmshaven, weil es da Arbeit gab, auf einer Werft. Damit war aber schon während des Krieges Schluss, und danach hat er alles Mögliche gemacht. Aber was genau ...«

»Ist er auch mal zur See gefahren?«

»Zur See? Nein, er ist bald wieder aus Wilhelmshaven weggezogen, weil meine Oma und er sich getrennt haben. Die beiden, das ging überhaupt nicht, auch mit den Kindern nicht, vor allem nicht mit meinem Onkel, der hätte Ihnen Geschichten über diesen Mann erzählen können ... Die waren wie Feuer und Wasser. Mein Onkel war heilfroh, als Opa Sachse wegging. Der soff und prügelte. Ich glaube, er ist in dieses niederländische Dorf zurückgekehrt.«

»Ihr anderer Großvater war auch nie auf See?«

»Henny?« Rudolf lacht schallend. »Nein. Oalde Henny auf See ... Haha!«

Liewe seufzt und blickt über die Gräber.

»Jetzt müssen Sie mir aber doch mal sagen, warum Sie das alles wissen wollen.«

Liewe zögert. »Bei einer Ermittlung wurde ein Backenzahn gefunden, den haben wir auf DNA untersuchen lassen. Und dabei hat sich ergeben, dass dieser Zahn ...« Liewe denkt nach. »Ich drücke es mal so aus: dass dieser Zahn von einem ihrer Großväter stammt.«

Rudolf wird ernst. »Ach ja, Sie haben natürlich meine DNA …« Doch dann hellt sich seine Miene auf. »Wo wurde der Zahn gefunden?«

»Im Haus eines Wracktauchers. Wir vermuten, dass der ihn vom Meeresboden mitgebracht hat.«

»Ein Zahn von meinem Opa aus dem Meer?« Rudolf steht auf, setzt sich wieder hin. »Ach, meine arme Mutter«, sagt er. »Die wird Augen machen … Und mein armer Onkel …« Er lacht einmal kurz, es klingt eher wie ein nervöses Schlucksen. »Opa Sachse war nämlich nicht mein richtiger Opa. Meine Oma lebte nur mit ihm zusammen, heiraten konnte sie ihn nicht, weil sie offiziell noch verheiratet war, mit ihrem ersten Mann, meinem richtigen Opa. Aber der war da schon seit ein paar Jahren verschwunden.«

»Und er war Seemann?«

»Na, und ob, er war bei der Kriegsmarine. Auf einem U-Boot, das im März 1940 verschollen ist. Meine Mutter war noch nicht mal ein Jahr alt, als er verschwand … Und jetzt wurde ein Zahn von ihm gefunden? Nichts als ein Zahn?«

62

Rudi Hölscher ist so unruhig geworden, dass Liewe vorschlägt, den Klostergarten zu verlassen und einen kleinen Spaziergang zu machen.

»Wir könnten auch irgendwo etwas trinken oder essen«, sagt er. »Wo wir uns in Ruhe unterhalten können. Wo Sie nicht so nervös sind.«

»Ich kann nicht weg«, sagt Rudolf. »Mein Betreuer …«

»Ist das der Mann, der uns beobachtet hat?«

Rudolf nickt.

»Ich rede mit ihm«, sagt Liewe. »Kommen Sie.«

Sie kehren in den Dom zurück. Rudolf stellt fest, dass der Staubsauger während seiner Abwesenheit weggeräumt worden ist. »Oh, oh«, sagt er.

Der Mann im schwarzen Anzug kommt mit energischen Schritten auf Rudolf zu. »Wo waren Sie?«, fragt er. Liewe sieht, dass er sich beherrscht, wahrscheinlich wegen seiner Anwesenheit.

»Ich nehme Ihren Mitarbeiter kurz mit, damit wir Bilanz ziehen können«, sagt er.

»Bilanz?«

»Wegen guter Führung.«

Wenig später sitzen sie an einem Tisch im Gasthaus Großer Kiepenkerl. Sie haben Kaffee bestellt und bekommen. Es ist behaglich warm, und Rudolf ist gesprächiger geworden.

»Meine Großmutter hat in vieler Hinsicht Pech gehabt«, sagt er. »Dass mein Großvater, ihre große Liebe, auf einem U-Boot war, das verschwand. Das war natürlich das größte Drama. Aber auch, dass dieses U-Boot nie gefunden wurde, bis letztes Jahr. Mein Opa war deshalb nicht offiziell tot und sie offiziell keine Witwe. Deshalb konnte sie ja meinen Stiefopa, Opa Sachse, nicht heiraten. Aber gut, es war Krieg, in Wilhelmshaven herrschte sowieso Chaos. Irgendwann war von Wilhelmshaven nichts mehr übrig, und meine Oma und ihre Kinder sind geflüchtet und hier in der Gegend gelandet. Was alles aber noch komplizierter machte, das war, dass mein Opa nicht auf der Liste der Besatzungsmitglieder vorkommt. *U-22* hieß das Boot. Ich weiß nicht, wie das möglich ist, aber er steht nicht drauf. Der Kapitän stammte aus demselben Dorf wie er, irgendwo in Ostpreußen, vielleicht hatte er ihn mit an Bord genommen. Aber warum? War es ein Geheimauftrag, sollte er irgendwo an Land gesetzt werden … Jedenfalls steht sein Name nicht auf der Liste, Sie können sich ja selbst überzeugen.«

»Wie hieß er?«

»Rudolf Warge. Meine Eltern haben mich nach ihm benannt.«

»Rudolf Warge«, sagt Liewe.

»Das heißt: Auch in dem Fall, dass das Boot gefunden wurde«, fährt Rudolf fort, während er beobachtet, wie Liewe den Namen ins Smartphone eingibt, »und voriges Jahr ist das ja endlich passiert, war es nicht selbstverständlich, dass man uns verständigen würde. Mein Opa war doppelt und dreifach verschwunden, als ob er sich in Luft aufgelöst hätte.«

»Ihre Mutter ist also mit einem verschwundenen, abwesenden Vater aufgewachsen, der aber vielleicht doch irgendwann zurückkehren würde.«

»Ja, und meine Oma hatte einen verschwundenen Mann, und mein Onkel hatte auch einen verschwundenen Vater. Vor allem mein Onkel hat sehr darunter gelitten. Er hat sein Leben lang gesucht. Fünf war er, als sein Vater verschwand, fast sechs, und er hat nicht nur als kleiner Junge, sondern im Grunde sein Leben lang geglaubt, dass sein Vater doch noch zurückkehren würde, dass er vielleicht auf eine geheime Mission geschickt worden war, dass ihn die Engländer gefangen genommen hatten oder die Russen, dass er irgendwo in einem Lager war … Es hat sein Leben zerstört und auch das der Menschen in seiner Umgebung.«

»Und Ihre Mutter?«

»Sie hat nicht so sehr darunter gelitten. Sie war noch nicht mal ein Jahr alt, als es passierte. Für sie war er nur ein Porträtfoto, das Opa Sachse übrigens in den Ofen geworfen hat. Ich weiß deshalb nicht einmal, wie er ausgesehen hat. Aber für meinen Onkel war sein Vater in den ersten Jahren eine Art Superheld, der ganz allein den Krieg gewinnen würde.«

»Ein Avenger«, sagt Liewe.

»Ein was?«

»Sie haben Ihren Kaffee kalt werden lassen.«

»Oh.«

»Soll ich neuen bestellen?«

Doch Rudolf kippt den kalten Kaffee hinunter. »Für mich müssen Getränke oder Speisen nicht warm sein oder gut schmecken. Die Leute nehmen Essen und Trinken viel zu wichtig. Sie sind nicht wichtig, nur notwendig, und das ist schlimm genug.«

Liewe schaut ihm in das magere Gesicht und die hellblauen Augen. »Aber woher wissen Sie nun eigentlich, dass *U-22* gefunden wurde?«, fragt er.

»Es wurde eine Art Gedenkfahrt veranstaltet, mit dem Minensucher, der es entdeckt hat. Ich war nicht dabei, ich war noch in Haft, und man wollte mir dafür auch keinen Hafturlaub geben. Aber meine Mutter ist mitgefahren. Sie fand es doch ganz schön, es war auch sehr gut organisiert, ein Geistlicher hat ein paar passende Worte gesprochen.« Rudolf schweigt und starrt aufs Tischtuch. »Sie ist immer mit mir in Kontakt geblieben, sie hat mich nie fallen lassen.«

»Und Ihr Onkel?«

»Der hat sich so auf die Feier gefreut, dass er in der Woche davor gestorben ist. Er war schon über achtzig, leicht dement, aber dass das Boot gefunden worden war, das hat er noch verstanden. Ich hab das alles nur von meiner Mutter erfahren, ich selbst war ja nicht dabei.«

Ein Kellner kommt an ihren Tisch und fragt, ob er ihnen die Speisekarte bringen darf. Liewe schaut zum nächsten Tisch hinüber, wo gerade Schnitzel mit Bratkartoffeln, Röstzwiebeln und Spiegelei serviert wird. Er zögert, aber Rudolf schüttelt den Kopf.

»Dann muss ich Sie leider bitten zu zahlen«, sagt der Kellner.

Liewe blickt finster zu ihm auf. »Wir unterhalten uns noch.«

Der Kellner zuckt mit den Schultern. »Hier ist gleich Abendessenszeit.«

»Na, dann bringen Sie bitte die Rechnung.« Sobald der Kellner gegangen ist, sagt Liewe: »Mir ist aber immer noch nicht klar, wieso die Marine Ihre Mutter und Ihren Onkel eingeladen hat, obwohl Ihr Großvater nicht auf der Liste stand.«

»Mein Onkel hat all die Jahre einfach nicht lockergelassen. Außerdem war er selbst mal bei der Marine, wenn er's auch nie weiter als bis zum Funkmaat gebracht hat. Und sein Sohn, also mein Cousin, hat die Sache auch immer verfolgt, soweit ihm das möglich war.«

»Ist Ihr Cousin auch bei der Marine?«

»Nein, das hat nicht geklappt, unter anderem wohl, weil sein Vater sich das eine oder andere hatte zuschulden kommen lassen, aber ein Freund von ihm schon. Und sie haben auch diesen Verein.«

»Was für einen Verein?«

In diesem Moment erscheint der Kellner mit der Rechnung, das Portemonnaie schon in der Hand. Liewe gibt ihm einen Zehner. »Stimmt so«, sagt er, »wir sind gleich weg.«

Der Kellner hebt die Augenbrauen, steckt den Geldschein ein und entfernt sich.

»Was für einen Verein, Herr Hölscher?«

»Ziemlich fanatisch und extrem, ich wollte damit nie was zu tun haben.«

»Hat der Verein einen Namen?«

»Ja, irgendwas mit Wache, Drache … Wache, glaube ich, eine Abkürzung von einem lateinischen Spruch.«

»Was macht dieser Verein?«

»Veranstaltet ein ziemliches Theater um ertrunkene Marineleute, vor allem aus den Weltkriegen. Sie tun fast so, als ob sie selbst Kriegsveteranen wären, als ob sie ihre Ehre verteidigen müssten.«

»Wo wohnt Ihr Cousin?«

»Irgendwo an der Nordsee. Einer von den Orten auf ›-haven‹, Cuxhaven, Bremerhaven, ich kann die nie auseinanderhalten. Wir haben keinen Kontakt. Ich weiß nur, dass er irgendwo ein kleines Häuschen hat, das als Vereinshaus dient.«

»In Bremerhaven?«

»Möglich, vielleicht auch Wilhelmshaven.«

»Wie heißt Ihr Cousin?«

»Genau wie sein Großvater, Rudolf Warge.«

»Rudolf, verstehe.« Liewe nickt. »Auch ein Rudolf. Und sein Freund?«

Rudolf zuckt mit den Schultern. Er sieht, dass der Kellner wieder zu ihrem Tisch kommt, einen Teller mit Besteck und Servietten in der Hand, und steht auf. »Wir müssen gehen«, sagt er.

»Ja«, sagt Liewe. Er erhebt sich ebenfalls, zieht seine Jacke an, nickt dem Kellner zu und folgt Rudolf Hölscher zum Ausgang.

»Ich muss nach Hause«, sagt Rudolf draußen. »Ich kann nicht wegbleiben, will es auch nicht. Ich halte einen strengen Tagesrhythmus ein, dann kann ich mich auf das Wesentliche konzentrieren. Und es beruhigt auch meinen Betreuer. Außerdem mag ich eigentlich keine Restaurants. Diese ständige Esserei, dauernd müssen die Leute essen.«

Schweigend gehen sie an den Geschäften vorbei. Es dämmert, Menschen flanieren im Licht der Schaufenster unter den Arkaden. Bei der Lambertikirche bleibt Rudolf stehen. Er zeigt nach oben zu den aufgehängten eisernen Körben, in denen Fürstbischof Franz von Waldeck 1536 nach der Rückeroberung der Stadt die Leichen des Täuferführers Jan van Leiden und seiner Kumpane zur Schau stellen ließ.

»Im Gefängnis und auch später noch, als ich auf Bewährung entlassen war, hatte ich immer wieder die gleichen Fantasien: dass ich in einem dieser Käfige hochgezogen wurde und verhungerte«, erklärt er. »Das ist jetzt vorbei, aber essen ist mir immer noch zuwider.«

Liewe schaut nach oben, beobachtet dann einen Moment die shoppenden Menschen. »Und jetzt?«, fragt er. »Was haben Sie für Pläne?«

»Ich möchte in das Kloster hier eintreten, aber da freut man sich auch nicht gerade auf mich.«

»Ich habe Ihrem Begleiter gesagt, dass Sie sich gut führen«, sagt Liewe.

»Ja, das hab ich gehört«, sagt Rudi. »Aber dieser Zahn, was wird daraus?«

»Ich fürchte, der wird einbehalten.«

»Im Dom haben wir die Unterarmknochen der heiligen Felicitas von Rom«, sagt Rudolf. In seinen Augen ist plötzlich ein Leuchten. »Dieser Zahn ist im Grunde auch eine Reliquie, wenn auch nur für die Familie. Können wir ihn wirklich nicht wiederbekommen?«

»Warum ist Felicitas heilig?«

»Sie war eine adlige Römerin mit sieben Söhnen und war von einem tiefen Glauben an Christus erfüllt«, sagt Rudolf. »Aber es war das zweite Jahrhundert, und Christen wurden verfolgt. Als sie wegen ihres Glaubens gefoltert wurde, ist sie stark geblieben und hat nicht abgeschworen. Weil sie aus einer Patrizierfamilie stammte, wurde ihr ein letzter Wunsch gewährt. Sie wünschte sich eine Aufschiebung ihrer Hinrichtung, nicht, weil sie den Märtyrertod fürchtete, sondern weil sie erst noch ihren Söhnen beistehen wollte, die sich nach ihrem Beispiel bekehrt hatten und auch gefoltert werden sollten wie sie selbst. Sie wollte sicher sein, dass sie ihrem Glauben nicht abschworen. Und so war sie bei allen Folterungen und Hinrichtungen anwesend und ermutigte ihre sieben Söhne zum Durchhalten. Erst als der letzte tot war, konnte sie selbst getrost sterben.«

Rudi ist stehen geblieben, die Leute gehen um ihn herum. Er schaut Liewe an, und ein heiliges Feuer lässt sein Gesicht glänzen. »Sie war immer da, was auch geschah.«

Liewe will etwas sagen, überlegt es sich anders, hebt nur kurz die Hand, dreht sich um und lässt Rudolf in der belebten Ladenstraße stehen. Er schaut auf die Uhr, zögert einen Moment, kehrt dann zum Großen Kiepenkerl zurück. Bis Wilhelmshaven ist es doch recht weit, und er hat inzwischen einen unbändigen Appetit auf das Schnitzel mit Bratkartoffeln und Spiegelei.

63

Nach dem Abendessen, es ist schon stockdunkel, fährt Liewe in den Norden zurück. Verführt durch den Namen, hat er ein Zimmer im Frühstückshotel in der Marktstraße, am Rand der Innenstadt von Wilhelmshaven, reserviert. Er ruft Judith an und berichtet ihr knapp von seinem Gespräch mit Rudolf Hölscher. Zum Abschluss teilt er ihr noch mit, wo er übernachten wird.

»Aber ich hatte schon ein Zimmer für dich reserviert«, sagt Judith. »Das brauchst du doch nicht selbst zu machen.«

»Ist mir lieber«, sagt Liewe.

»Warum?«

Liewe antwortet nicht. Judith hört dem Hintergrundrauschen zu. Dann wiederholt sie die Frage.

»Nächte sind etwas schwierig für mich.«

Judith schweigt einen Moment. »Wird mir im Gedächtnis bleiben, unsere Zusammenarbeit«, sagt sie dann. »Sieh dir mal den Parkplatz gegenüber von deinem Hotel an. Auf der Bahnseite steht ein Umspannhäuschen. Da hat Johnny Hauke bewusstlos geprügelt.«

»Wie geht's dem Jungen?«, fragt Liewe.

»Er lebt und hat wohl auch auf die Stimme seines Vaters reagiert.«

Wilhelmshaven ist wie ausgestorben, die Straßenlampen in der Marktstraße vertiefen noch das Dunkel, das sich über die Stadt gesenkt hat. Am Fenster des japanischen Restaurants Haruka gegenüber vom Hotel sitzen noch ein paar Gäste und schieben das Heimgehen mit Reden und Trinken hinaus.

Der Parkplatz ist bis auf wenige Autos leer. Drei Stellplätze sind mit einem Schild des Frühstückshotels versehen. An die blinde Außenwand eines Wohnhauses projiziert Haruka von Augenhöhe an bis zur Spitze des Giebels seinen Namen. Liewe parkt, und eine Weile betrachtet er die Projektion an der Wand, die im Halbminutentakt die Farbe wechselt. Dann versucht er die Tür zu öffnen, doch der Wind drückt dagegen. Er wendet mehr Kraft an, steigt aus, und sofort schlägt die Tür knallend zu. Herbstblätter rascheln über die Klinker vor seinen Schuhen.

Die Weide, von der sie herwehen, steht neben dem Umspannhäuschen. Liewe sieht es sich aus der Nähe an. Betonwände, Flachdach, zwei Türen mit Gittern, ein gelbes Warnschild: *Lebensgefahr.* Rechts vom Häuschen die Mauern des Parkplatzes, links ein paar Meter Dunkelheit bis zur Bahnhofstraße. Das Licht der Lampen auf dem Parkplatz und in der Bahnhofstraße erreicht diese paar verlorenen Meter nicht. Und mehr als ein paar Meter Dunkelheit brauchte Johnny nicht, um seine Wut an Hauke auszulassen.

Liewe stellt sich in den Schatten und blickt zu einer Kreuzung in einiger Entfernung, deren Ampeln unbeirrbar auf Rot und wieder auf Grün springen. Auf der Bahnstrecke neben der Bahnhofstraße nähert sich ein Zug, der den Kopfbahnhof von Wilhelmshaven verlassen hat und in die Nacht hineinfährt. Er beschleunigt, rattert vorüber. Die wenigen Reisenden sind in ihre Smartphones vertieft. Liewe steht im Dunkeln, schweigend, unsichtbar.

Später im Hotelzimmer, Tasche auf dem Bett, Jacke auf der Stuhllehne, die ganze Nacht noch vor sich, steht er am Fenster und starrt eine Weile auf die nächtlichen Rückseiten der Häuser. Dann zieht er die Vorhänge zu und blickt sich im Zimmer um. An der Wand hängt ein Bücherbrett mit einer Hängepflanze und zwei Büchern: *Ein Mann – Ein Buch* und *Eine Frau – Ein Buch*. Er schlägt das Buch für den Mann auf und liest. *Man weiß als Mann so allerlei, aber wenig weiß man ganz genau.* Er stellt das Buch behutsam neben das Buch für die Frau zurück, streckt sich auf dem Bett aus, öffnet die paar WhatsApp-Dialoge mit Miriam, denkt nach, legt das Smartphone weg, nimmt es wieder zur Hand und schreibt an Sil van Hee:

> **Liewe Cupido 23:11**
> Habt ihr mal von einem deutschen Verein gehört,
> der Wracktaucher belästigt?
> Ich meine nicht die Küstenwache.

Es kommt keine Antwort. Er legt das Telefon wieder weg und horcht auf den Wind.

64 Samstag

Liewe betrachtet eine Weile den mattschwarzen Frühstücksteller, den die Dame vom Hotel gebracht hat, als würde nur ganz allmählich in sein Bewusstsein vordringen, was ihm hier alles vorgesetzt wird. Das Frühstückshotel serviert seinen Gästen Joghurt mit Körnern und Stückchen von frischem Obst: Apfel, Birne, Kiwi, Ananas, Melone, Feige, Physalis. Neben dem Joghurtschälchen liegen zwei warme Brötchen, unter denen sich ein kleines Omelett verbirgt. Außerdem gibt es zwei Scheibchen Brie mit einem kleinen Büschel Sprossen darauf und vier kleine

Scheibchen Wurst. Der Cappuccino ist heiß, aber nicht zu heiß, und schäumt bescheiden, der Orangensaft ist frisch gepresst. Alles liebevoll zusammengestellt und schweigsam serviert. Eigentlich ist nichts daran auszusetzen, nur hat es so gar keine Ähnlichkeit mit dem dunklen Brot mit Hering, nach dem es ihn nach der durchwachten Nacht gelüstet. Er fischt ein Messer aus dem Besteckbehälter und fängt an zu essen.

Sil van Hee hat ihm geschrieben. Er habe hin und wieder gehört, dass Wracktaucher in deutschen Gewässern von irgendwelchen Leuten auf Booten bedrängt und eingeschüchtert wurden, er selbst habe aber nie so etwas erlebt. Wenn er einmal Probleme gehabt habe, dann nur mit offiziellen Instanzen, und am Ende sei immer alles glattgebügelt worden. Von irgendeinem Verein habe er nie gehört.

Liewe hat in der Nacht im Internet vergeblich nach Spuren eines solchen Vereins gesucht. Bei der Besprechung mit Judith nachher um halb elf will er sie fragen, ob die IT-Kollegen sich vielleicht tiefer im Netz danach umsehen können. Dieselben, die schon versuchen, die Spur des Trackers zur IP-Adresse eines Computers zurückzuverfolgen, oder eines Telefons.

Aber es ist noch nicht einmal neun, der Beginn eines Tages, an dem er viel wird warten müssen; warten auf Untersuchungsergebnisse, warten auf das Ende der Besprechung mit Judith. Er nimmt einen Löffel, rührt damit im Joghurt herum, kann sich aber doch nicht entschließen, davon zu kosten. Er verlässt den Frühstücksraum, packt seine Sachen zusammen, bezahlt die Rechnung und fährt zu dem Ehrenfriedhof, auf dem die Abmachung zwischen Jan Matz und den Mauers getroffen wurde.

Als er eine Viertelstunde später vor dem Friedhofseingang geparkt hat und das Gelände betritt, schiebt er die Hände tief in die Jackentaschen und zieht die Schultern hoch. Auf diesem Friedhof der Marine, während des Ersten Weltkriegs angelegt, liegen gar nicht einmal besonders viele Seeleute. Die meisten ums Leben gekommenen Marineangehörigen liegen auf dem Meeresboden. Diese Lücke sollen Gedenktafeln, Gedenksteine und größere Ehrenmale für all die Vermissten, »auf See Gebliebenen«, schließen. Hier und dort erzählen Tafeln und Schilder die Geschichte der Kriegsanstrengungen und der Menschen, die ihnen zum Opfer gefallen sind. Nicht all diese Geschichten gefallen allen Besuchern, einige Schilder sind sogar mutwillig beschädigt worden. Vor allem an Texten, in denen die Rolle der Nationalsozialisten kritisch beleuchtet wird, haben einige Besucher ihre Wut ausgelassen.

Während Liewe durch ein Muster aus Kratzern hindurch einen Text über einen 1934 zerstörten Sarkophag zum Gedenken an den Matrosenaufstand von 1918 entziffert, fällt ihm ein Mann auf, der sich hinter ihm mit gesenktem Kopf nähert. Liewe dreht sich um, grüßt mit einem Nicken, erkennt den Mann von einem Foto, das er an der Tafel im Sitzungsraum der Inspektion gesehen hat. Es ist Jürgen Mauer. Er reagiert nicht auf Liewes Gruß und geht in Gedanken versunken weiter zur Friedhofskapelle, wo er sich auf eine der beiden davor stehenden Bänke setzt. Liewe wartet einen Moment, geht dann ebenfalls zur Kapelle und fragt Jürgen Mauer, ob es ihn stören würde, wenn er sich auf die andere Bank setzt. Der schüttelt den Kopf.

Eine Weile blicken beide schweigend auf den Friedhof.

»Beruhigend«, sagt Liewe schließlich.

Jürgen nickt. »Ja«, sagt er. Wieder schauen sie auf die langen Reihen von Kreuzen.

»Nichts als junge Leute, und trotzdem diese Ruhe«, sagt Liewe.

»Sind Sie wegen einer bestimmten Person gekommen?«, fragt Jürgen.

Liewe schüttelt den Kopf. »Sie?«

»Hier in der Nähe ist eine Stelle, nicht mehr auf dem Ehrenfriedhof, wo …« Er bricht ab. »Mein Sohn ist krank«, sagt er. »Seine Mutter gehört zur Besatzung eines Marineschiffs.«

Liewe nickt, schweigt.

»Haben Sie Kinder?«, fragt Jürgen.

Liewe schüttelt den Kopf. »Nein. Ich habe keine Kinder.«

»Ich habe drei Kinder, der Jüngste ist krank. Am Rand eines Komas, mal kurz da, dann wieder weg.« Er starrt wieder vor sich hin. »Man ist hilflos als Vater, hilflos. Ich hatte noch großen Respekt vor meinem Vater, und wehe, wenn ich etwas Verbotenes tat! Das überlegte man sich lieber zweimal. Unsere Generation … Wir kommen aus einer anderen Welt.«

Liewe nickt.

»Was einem die Kinder heutzutage alles ins Gesicht sagen«, fährt Jürgen fort, »unvorstellbar. Und trotzdem, wenn ihnen was passiert, denkt man, dass man schuld ist. Das Problem ist, dass sie einem so viel bedeuten.«

»Natürlich«, sagt Liewe.

»Und dann wird man wütend, denn sie wissen ja noch nichts. Aber sie hören nur auf ihre Altersgenossen, nicht auf den Vater. In ihren Augen ist man selbst derjenige, der nichts weiß. Und wenn man sich hier umsieht, all diese jungen Männer, all diese Jungen, haben Sie die Gedenktafeln gesehen? Die Texte? Überall ›Kameradschaft‹, ›Kameraden‹, ›unsere Toten‹. Füreinander gehen sie durchs Feuer. Aber nirgends steht: unsere Söhne, unsere Kinder. Sie und ich, wir können miteinander reden, wir verstehen uns, ich nehme an, wir sind ungefähr gleich alt, aber beim eigenen Kind, da ist man machtlos.«

»Was ist passiert?«

»Ein Gleichaltriger hat ihn zusammengeschlagen, und mein Sohn hat nie sagen wollen, warum. Der Junge, der ihn so zugerichtet hat, weiß im Grunde mehr über ihn als ich, sein eigener Vater.«

»Hätten Sie gern Rache genommen?«, fragt Liewe. »An diesem Jungen?«

»Ich habe solche Fantasien gehabt, richtig schlimme Sachen habe ich mir vorgestellt. In meinen Gedanken schlage ich ihn halb tot, aber das tut man natürlich nicht. Ich kriege sowieso nichts auf die Reihe. Meine Frau ist anders, sie … Ich werde immer nur wütend. Außerdem ist er nun mal ein Junge, das kommt noch dazu, in seinem Alter genießt man besonderen Schutz.«

Liewe blickt wieder auf die Gräber. »Bis ein Krieg ausbricht«, sagt er. Und nach einem Moment Schweigen: »Ohne unsere Frauen wären wir geliefert.«

»Ich weiß nicht«, sagt Jürgen. »Vielleicht … Sie hat hier eine Stelle ausgesucht, an der unser Sohn liegen könnte …«

Liewe schaut ihn verwundert an.

»Nein, nicht hier natürlich, da drüben. Wir waren wegen … wegen etwas anderem hier, das war erledigt, und sie sagte: Geh du schon mal nach Hause, ich komme gleich nach. Ihr war wohl klar, dass ich das nicht ertragen hätte. Sie schickte mich einfach weg und kam eine halbe Stunde später nach.« Jürgen seufzt und steht auf. »Die eigenen Kinder wollen einem nichts sagen und die eigene Frau auch nicht. Ich frage mich manchmal, wozu wir eigentlich gut sind.«

Auch Liewe erhebt sich. »Wenn Ihr Sohn Ihnen nichts sagt, hat er vielleicht etwas getan, wovon er weiß, dass Sie es missbilligen. Ein Sohn will, dass sein Vater stolz auf ihn ist.«

Jürgen schaut Liewe an und schüttelt den Kopf. »Ich höre schon, Sie haben keinen Sohn, Sie sind nie Vater gewesen.«

»Das stimmt«, sagt Liewe. »Aber ich war ein Sohn.«

65

Als er wieder im Wagen sitzt, sieht Liewe, dass Aycke ihn angerufen hat. Er hatte das Telefon stumm geschaltet und deshalb nichts gemerkt, aber weil er sich beeilen muss, um nicht zu spät zu der Besprechung mit Judith zu kommen, legt er es weg und fährt los. An der Kreuzung bei Lidl kommt wieder ein Anruf. Die Bluetooth-Funktion ist deaktiviert, Liewe nimmt ab, sagt: »Moment … muss kurz anhalten«, und biegt auf den Parkplatz beim Supermarkt ein. Es herrscht Hochbetrieb, er fährt über das ganze Gelände, findet auf der Rückseite endlich einen Platz und nimmt das Smartphone wieder in die Hand.

»Aycke«, sagt er, »schieß los.«

»Du hattest mich nach diesem Motorkreuzer gefragt, mit dem die beiden hier im Hafen lagen …«

»Ja.«

»Wir haben's rausgekriegt. Sie waren im letzten halben Jahr öfter hier. Gut eine Woche lang während der Zeit, als bei Matz eingebrochen wurde, vor sechs Monaten, und in Amrum am Tag vor Matz' Tod. Am selben Tag sind sie wieder hier eingelaufen.«

»Wie heißt das Boot?«

»*Kameradschaft.*«

Liewe starrt durch die Windschutzscheibe auf das Haus auf der anderen Straßenseite. Es ist von einem hohen Zaun umgeben, neben dem Haus erhebt sich ein schlanker, düsterer quadratischer Turm aus rotem Backstein mit ein paar Fenstern darin. »*Kameradschaft*«, sagt er. »Natürlich.«

»Ich hab gleich einen Suchauftrag rausgegeben, damit wir wissen, wo es jetzt ist.«

»Und?«

»Noch nichts, aber sobald ich was höre, melde ich mich.«

»Prima, Aycke.«

»Der Zoll hat übrigens Bernd vernommen«, sagt Aycke.

Liewe hört nur mit halbem Ohr zu, während Aycke von den Entwicklungen auf Föhr erzählt. Sein Blick irrt von dem Turm über eine mehr als mannshohe, dichte Hecke nach rechts und bleibt an einer Fahne hängen, die darüber zu sehen ist. Es weht eine steife Brise, die den Fahnenmast ein wenig biegt und die Fahne strafft. Mitten in Ayckes Bericht legt Liewe auf, fotografiert mit dem Smartphone die Fahne und vergrößert sie auf dem Display. Da ist es, das Erkennen. Was er sieht, war die ganze Zeit im Magazin seiner Erinnerung verschollen, doch nun hat er es mithilfe des Fotos gefunden: dasselbe Emblem wie auf den Trainingsanzügen von Rudi und Martin. Doch diesmal kann er es eingehend betrachten: Ein Anker ragt aus Wellen empor, ein Mann beugt sich wie schützend darüber, die Arme ausgestreckt, die Hände aneinandergelegt, das linke Bein gestreckt, das rechte gebeugt. Eingerahmt ist das Ganze von einem Bullauge mit einem Text rings um das Glas. Liewe kann ihn nicht entziffern, es ist Frakturschrift, die Wörter anscheinend Latein.

Er steigt aus, geht zu der Hecke und macht ein weiteres Foto von der Fahne. Die Hecke ist undurchdringlich, die wenigen Öffnungen sind mit soliden Türen verschlossen, vor einer davon mustert ihn finster eine Gruppe von Gartenzwergen. Liewe geht weiter, bis er zu einem Tor kommt, das den Blick auf das Gelände hinter der Hecke freigibt. Ein geklinkerter Weg führt zwischen sorgfältig gestutzten Hecken hindurch zu einigen Gartenhäusern. Ein giftgrünes Schild am Tor warnt: *Privatweg. Betreten auf eigene Gefahr.* Das Tor ist verschlossen.

Er geht noch ein Stück an der Hecke entlang und kehrt dann zu seinem Auto zurück. Erst jetzt fällt ihm auf, dass er neben einem dunkelblauen BMW mit Bremerhavener Kennzeichen geparkt hat.

Er blickt sich um, fotografiert das Kennzeichen und steigt in seinen Wagen. Dann ruft er Judith an.

Sie meldet sich mit den Worten: »Kommst du bald? Wir warten auf dich.«

»Ich stehe auf dem Parkplatz bei Lidl. Hier gibt es eine Kleingartenanlage, und eins der Gartenhäuschen ist das Vereinshaus der Männer, die Matz ermordet haben. Der BMW aus Bremerhaven steht auch hier. Notierst du das Kennzeichen?«

»Moment«, sagt Judith. Liewe hört, dass sie einen Kugelschreiber nimmt, und diktiert ihr das Kennzeichen. »Suchen wir raus«, sagt sie.

»Das Gartenhaus muss diesem Verein namens ›Wache‹ gehören«, fährt Liewe fort. »Er hat eine Fahne mit einem Emblem, und darauf ist eine Figur genau in der Haltung abgebildet, in der wir Matz vorgefunden haben.«

»Wir haben allerdings nichts mit ›Wache‹ gefunden«, erwidert Judith.

»Moment«, sagt Liewe. Er schaltet die Lautsprecherfunktion ein, öffnet den Foto-Ordner, vergrößert das zweite Foto von der Fahne. »Auf dem Emblem steht ein lateinischer Spruch«, sagt er, »ich versuche es mal … *Requiem Aeternam Conservamus* …

und darunter … *Hostis Exterminamus* … Ich weiß nicht, was das heißt … auf jeden Fall etwas mit ›ewiger Ruhe‹.«

»Wir haben es … das Auto, es ist nicht auf deinen Rudolf Warge angemeldet, sondern auf einen gewissen Martin Mochatsch«, sagt Judith. »Er ist vorbestraft. Körperverletzung, unerlaubter Waffenbesitz … Soll ich nicht ein paar Einsatzwagen schicken?«

»Ja, tu das«, sagt Liewe, »ohne Sirene.«

»Wo bist du jetzt?«

»Im Auto.«

»Du unternimmst nichts, wir kommen. Bis gleich.«

»Rache.«

»Was?«

»Die Anfangsbuchstaben der lateinischen Wörter, die ergeben ›Rache‹, nicht ›Wache‹.«

»Bleib, wo du bist«, sagt Judith und legt auf.

Liewe starrt auf die »Rache«-Fahne, nimmt schließlich zwei Gummihandschuhe aus dem Handschuhfach und steigt aus. Eine junge Frau, halblanges glattes Haar, blaue Hose, blaue Jacke, blauer Rucksack, geht an der Hecke entlang. Liewe folgt ihr in einigen Metern Abstand. Vor dem Tor bleibt sie stehen, nimmt den Rucksack ab, sucht nach dem Schlüssel, findet ihn und schließt auf.

»Ah, schön«, sagt Liewe, als er sich nähert, »das spart wieder Zeit.« Er deutet lächelnd auf das Tor. Sie zögert, aber als sie sein Lächeln sieht, lächelt sie auch.

»Ich möchte zu Rudi und Martin«, erklärt Liewe, »Sie wissen schon …« Er deutet in Richtung der flatternden Fahne. Die Frau macht einen Schritt von ihm weg. »Natürlich«, sagt sie eilig.

Liewe folgt ihr auf das Gelände, sagt: »Danke schön«, während sie das Tor schließt, geht vor ihr her über den geklinkerten Weg, biegt nach links ab und steht vor dem Vereinshaus von »Rache«. Marinegrau gestrichen, blaue Dachrinne, eine etwas schiefe Veranda, große Fenster mit zugezogenen Vorhängen. Es sieht ein bisschen verwahrlost aus, nicht unbewohnt, nur für kurze Zeit verlassen, als würden die Bewohner gerade einkaufen.

Liewe betritt die Veranda, versucht vorsichtig, die Tür zu öffnen, doch sie ist abgeschlossen. Er geht um das Häuschen herum, findet an der Rückseite eine zweite Tür, die sich öffnen lässt und in eine Küche führt. Er horcht, hört nichts, geht leise hinein. Es riecht ein wenig nach Blumenerde, ein bisschen nach Schimmel und ein bisschen nach Kaffee. Die Küche ist klein, eine angelehnte Tür führt zu einer Toilette. Neben der Küche gibt es ein kleines Schlafzimmer mit einem ungemachten Bett und an der Vorderseite ein Wohnzimmer, das die ganze Breite des Häuschens einnimmt, mit einem Tisch, mehreren Stühlen und einem Sofa. Auf dem Tisch liegen ein zugeklappter Laptop, eine Hüfttasche und ein Buch mit dem Titel *Verdammte See. Ein Kriegstagebuch der deutschen Marine*. An einer Wand hängt ein vergrößertes Foto von zwei U-Boot-Fahrern mit Südwestern, die auf dem Turm ihres Bootes stehen und durch Ferngläser in verschiedene Richtungen blicken. An der Wand gegenüber ist mit Heftzwecken die »Rache«-Fahne befestigt. Liewe entfernt sich ein wenig und fotografiert sie. Anschließend macht er Fotos von der übrigen Einrichtung, öffnet den Reißverschluss der Hüfttasche, findet einen Permanentmarker. Dann hört er etwas. In der Tür steht Martin Mochatsch. Er hat einen vollen Lidl-Beutel in der Hand. Eine Stange Lauch ragt heraus. Hinter ihm, noch draußen, steht Rudi Warge, der über die Schulter seines Freundes in die Küche schaut.

66

Drei Streifenwagen fahren mit Blaulicht, aber ohne Sirene in hohem Tempo durch Wilhelmshaven. Sie sind auf dem Weg zu dem Parkplatz bei Lidl im Stadtteil Neuengroden. Tobias Schwarzhappel folgt ihnen in Judiths Dienstwagen. Judith, auf dem Beifahrersitz, versucht unterwegs vergeblich, Liewe zu erreichen; als er auch beim dritten Versuch nicht abnimmt, erteilt sie über Funk die Anweisung, doch die Sirenen einzuschalten.

Es ist Samstagvormittag, Zeit für Wochenendbesorgungen. Kunden des Supermarkts schieben volle Einkaufswagen zu ihren Autos, zögern plötzlich, bleiben horchend stehen. Zuerst ist noch nicht klar, woher das Heulen kommt, aber als es anschwillt und zwischen den Fahrzeugen das erste Blaulicht zu sehen ist, verlangsamt sich der Puls des Alltagslebens, Autos fahren an die Seite, und ein Streifenwagen rauscht am Parkplatz vorbei. Er bremst mit quietschenden Reifen ab, biegt in den Triftweg ein und bleibt dort vor der hohen Hecke stehen. Ein zweiter und dritter folgen. Ein normales Auto mit einem Blaulicht auf dem Dach, von dem ein Kabel durchs halb geöffnete Seitenfenster ins Innere führt, kommt als Letztes und bleibt quer auf der Fahrbahn stehen, um sie zu versperren.

Judith steigt aus, sucht auf dem Parkplatz nach Liewes Wagen, findet ihn, sieht, dass er leer ist, und ruft den uniformierten Beamten etwas zu, die daraufhin mit einer Brechstange das Tor zum Gartengelände öffnen und zu dem Haus mit der Fahne rennen. Als kurz darauf Judith und Tobias dort eintreffen, haben die Beamten schon die Verandatür aufgebrochen und Rudi Warge zu Boden gerungen. Auf dem Sofa sitzt Liewe, das Gesicht voller Blut.

Judith bleibt vor ihm stehen und ruft, dass jemand ein Tuch holen soll.

»Eins auf die Nase gekriegt«, sagt er.

»Ich hatte gesagt, du sollst im Wagen bleiben.«

Liewe nickt, versucht aufzustehen, schwankt und fällt auf das Sofa zurück. »Martin Mochatsch ist abgehauen«, sagt er. »Habt ihr ihn nicht gesehen?«

»Wenn du in meinem Team wärst, würde ich dich jetzt rausschmeißen«, sagt Judith. Sie verlässt mit energischem Schritt das Gartenhaus und das Gelände, geht zu ihrem Wagen und gibt über Polizeifunk die Anweisung, auf den Ausfallstraßen nach dem BMW von Martin Mochatsch Ausschau zu halten.

Zwei Polizisten haben Rudi Warge Handschellen angelegt und schieben ihn aus dem Haus. Ein anderer kommt zu Liewe und fragt ihn, ob er gehen kann. Liewe steht auf, stützt sich einen Moment auf den Beamten, nickt. »Aber vorher noch …«, sagt er, geht etwas unsicher in die Küche und sucht vergeblich nach einem Abfalleimer. Dann erinnert er sich, dass er draußen einen gesehen hat. »Können Sie mir kurz helfen?«, fragt er den Beamten.

Er geht hinaus und hebt den Deckel des Abfalleimers an. Ein übler Gestank steigt auf, und Liewe stöhnt, weil seine Nase so wehtut. Dann macht er einen Schritt rückwärts und kippt den Eimer vorsichtig mit dem Fuß um.

»Können Sie ihn umdrehen?«, fragt er.

Der Polizist nimmt den Eimer, hebt ihn umgekehrt an, und der Abfall rutscht heraus. Nach der Feuchtigkeit und dem Schimmel zu urteilen, hat er sich über mehrere Wochen angesammelt. Liewe blickt sich um, findet eine Hacke und rührt damit in dem Haufen herum. »Ist einen Versuch wert«, sagt er, während er einen halb verrotteten Pizzakarton zur Seite schiebt. Er stochert weiter. Schließlich bückt er sich, um etwas aufzuheben. Dabei verliert er fast das Gleichgewicht und stützt sich an der Hauswand ab, bis das Schwindelgefühl nachlässt. Dann kniet er sich hin und zieht eine Handschellenverpackung von *Smith & Wesson* aus dem Abfall.

67

»Sie heißen Rudolf Warge, geboren in Wilhelmshaven am 23. März 1977?«

Rudi Warge nickt. Er schaut Liewe an, der das Vernehmungszimmer betreten und neben Judith Schulze Platz genommen hat, einen Eisbeutel an die Nase gedrückt. Während Judith die Gründe für die Festnahme und die Vernehmung aufzählt, hört er nicht auf, Liewe anzustarren, der seinen Blick ohne erkennbare Regung erwidert. Rudi hat große, hellbraune Augen, in denen so etwas wie Verwunderung zu lesen ist, ein kleines Gesicht, dünne Lippen, gelocktes Haar und eine große, spitze Nase. Er sieht aus, als hätte ihn gerade jemand geschlagen, ohne dass er wüsste, warum.

»Das ist mein Kollege Hauptkommissar Liewe Cupido von der Bundespolizei See«, sagt Judith, die sieht, dass Rudi Liewe anstarrt. »Sie haben sich ja schon kennengelernt.«

Rudi nickt.

»Es gibt viel zu besprechen, Herr Warge«, sagt Judith. »Vielleicht sollten wir alles der Reihe nach durchgehen. Aber bevor wir auf vergangene Ereignisse zu sprechen kommen … Können Sie mir etwas über ›Rache‹ sagen? Was ist das für ein Verein?«

Rudi bewegt kurz die Schultern vor und zurück, und ein leicht gequälter Ausdruck überfliegt sein Gesicht, als würde er nicht bequem sitzen.

Judith lässt ihren kühlen Blick einen Moment auf ihm ruhen, bevor sie wieder auf das oberste Blatt eines Papierstapels schaut, den sie vor sich auf den Tisch gelegt hat. »*Requiem Aeternam Conservamus, Hostis Exterminamus*«, liest sie vor. »Klingt schick, Latein, wie unter Gelehrten. Was heißt das? Wissen Sie's?«

Rudi nickt. »Ja, das weiß ich«, antwortet er. Er hat eine hohe Stimme. »Sie haben es ja bestimmt schon rausgefunden. Ich hatte kein Latein, aber ich finde es schön.«

»Wenn ich mich nicht irre, heißt es so viel wie: Wir bewahren die ewige Ruhe, wir vernichten den Feind«, sagt Judith. »Ich frage mich nur: Welche Ruhe bewahren Sie? Und wer ist der Feind?«

»Wir *schützen* die ewige Ruhe«, verbessert Rudi. »Vor den Feinden, die sie stören.«

»Wessen Ruhe, Herr Warge?«

»Das wissen wir oft gar nicht«, erklärt Rudi. »Es sollte aber auch nicht wichtig sein, wer sie waren, sondern wie sie gestorben sind.«

»Und wer ist der Feind?«

»Auch das spielt keine Rolle«, sagt Rudi. »Sie haben mich doch auch nicht verhaftet, weil ich Rudi Warge bin, oder?«

»War Jan Matz ein Feind, der vernichtet werden musste?«

Rudi schüttelt den Kopf. »Wer?«

»Ich habe ein Foto von ihm«, sagt Judith und zieht ein Foto von dem Toten auf dem Wrack aus ihrem Stapel. »Das ist Jan Matz.«

Rudi wirft einen flüchtigen Blick auf das Foto, bevor er Liewe anschaut, der den Eisbeutel kurz von der Nase nimmt und vorsichtig wieder dagegen drückt. Danach sieht er sich das Foto noch einmal an, etwas länger.

»Und das hier …« Judith zieht ein ausgedrucktes Foto von der »Rache«-Fahne aus dem Stapel. Sie legt es neben das Foto von Matz auf dem Wrack, das sie dann um fünfundvierzig Grad nach rechts dreht. »Sehen Sie die Haltung, die Jan Matz eingenommen hat?«, fragt sie. »Wir sind der Ansicht, mein Kollege und ich, dass eine auffällige Übereinstimmung besteht zwischen der Haltung der Person auf Ihrer Fahne und der von Jan Matz. Ein merkwürdiger Zufall, finden Sie nicht auch?«

Rudi betrachtet die beiden Fotos eine Weile, dann lächelt er. »Haben Sie mich deshalb verhaftet?«

»Sicher nicht«, antwortet Judith, »aber Sie haben gefragt, wer Jan Matz ist, und ich dachte: Ich zeige Ihnen, wer Jan Matz ist, und als das Foto vor Ihnen lag, wollte ich Sie einfach noch auf diese Übereinstimmung hinweisen. Finden Sie die nicht merkwürdig?«

»Was soll ich da merkwürdig finden?« Rudi scheint sich ein wenig zu entspannen. Er schaut Liewe an. »Tut's weh?«, fragt er.

»Die Menschen von diesem Schiff hier, also dem Wrack, auf dem Jan Matz ermordet worden ist«, fragt Judith weiter, »die Besatzung, ein Kapitän, damals dreißig Jahre alt, und drei Jungen, wären das Beispiele für Tote, deren ewige Ruhe geschützt werden muss?«

Rudi denkt nach. »Ich weiß nicht, was Sie meinen.«

Judith schiebt das Foto des Toten noch etwas näher zu Rudi hin, rückt ihren Stuhl ein wenig nach hinten und hebt einen Lidl-Beutel auf ihren Schoß. Während sie in den Beutel schaut, fragt sie: »Das Gartenhäuschen, das Vereinshaus, ist das Ihres?«

»Wir haben es zusammen gemietet«, sagt Rudi.

»Sie und ihr ›Rache‹-Kamerad Martin?«

Rudi will etwas sagen, überlegt sich anscheinend eine andere Antwort und sagt: »Mitglieder. Marinefans.«

»Aber offiziell gemietet haben *Sie* es, richtig?«

»Ich habe eine Zeit lang in Wilhelmshaven gewohnt, und damals habe ich es gemietet.«

»Sie sind also der offizielle Mieter.«

Rudi nickt.

»Für die Aufnahme: Herr Warge nickt«, sagt Judith. »Wie Sie auf dem Foto sehen, sind die Hände von Jan Matz mit Handschellen an das Geländer dieser Treppe gefesselt«, sagt sie dann. »Es sind Handschellen eines amerikanischen Herstellers, *Smith & Wesson*. Sie werden in Deutschland nicht verkauft.«

Rudi hebt die Augenbrauen wie jemand, der etwas Unerwartetes hört.

»Nehmen Sie's uns bitte nicht übel, dass wir Ihre Abfälle durchsucht haben, Herr Warge, jedenfalls haben wir dabei das hier gefunden …« Sie zieht einen Plastikbeutel mit der Handschellenverpackung aus der Lidl-Tasche. »Aus Ihrem Abfalleimer hinter dem Gartenhaus. Haben Sie vielleicht eine Idee, wie diese Verpackung da hineingekommen ist?«

Zum ersten Mal scheint Rudi aus dem Konzept gebracht zu sein, mit offenem Mund starrt er die Verpackung an. »Aus meinem Mülleimer?«, fragt er.

»Aus Ihrem Mülleimer.«

Rudi dreht den Kopf ein wenig zur Seite, ohne die Verpackung aus den Augen zu lassen. »Ich bin nicht der Einzige, der das Gartenhaus nutzt.«

»Wissen Sie, wie man Handschellen anlegt, Herr Warge?«

Rudi schüttelt den Kopf. »Damit hab ich keine Erfahrung.«

»Martin kann das besser?«, fragt Judith.

Rudi schweigt. Er löst den Blick von der Verpackung und schaut Liewe an, der das Eis von der Nase genommen hat. »Warum sagen Sie denn nichts?«, fragt er. »Ich hab Martin von Ihnen weggezogen, sonst würden Sie hier nicht so sitzen.«

»Stimmt«, sagt Liewe. Er greift in die Jackentasche und holt sein Smartphone heraus, auf dem gerade ein Anruf eingeht.

»Wenn Sie Fragen an Martin haben, müssen Sie die schon ihm selbst stellen«, sagt Rudi zu Judith.

»Das muss ich kurz annehmen«, sagt Liewe. »Aycke …«, sagt er und hört einen Moment zu. »Horumersiel. Verstehe, danke.« Er legt auf und sagt zu Judith: »Der Kreuzer von Martin Mochatsch lag in Horumersiel. Ist gerade ausgelaufen.«

Judith steht auf, schaltet das Aufnahmegerät aus und verlässt den Raum. Liewe folgt ihr. »Ich rufe Cuxhaven an und bitte die Kollegen, einen Hubschrauber loszuschicken«, sagt er im Flur. »Der Kreuzer hat den Transponder nicht eingeschaltet, so können wir ihn nicht verfolgen, das geht nur aus der Luft. Ich frage Henry, ob wir ein Schiff in der Nähe haben.«

»Gut«, sagt Judith und rennt die Treppe hinauf.

Einige Zeit später, nachdem Liewe Lothar angerufen und kurz danach telefonisch die Nachricht erhalten hat, dass in einer Viertelstunde von Cuxhaven ein Hubschrauber aufsteigen und auch die *Bayreuth*, gerade in der Nähe von Borkum, nach dem Motorkreuzer suchen wird; als von der Inspektion aus mehrere Streifenwagen mit Blaulicht weggefahren sind und es in den Fluren still geworden ist, einige Zeit später also wird Liewe plötzlich bewusst, dass er nichts mehr tun kann. Er steht eine Weile unschlüssig herum und blickt nach draußen, wo es zu regnen angefangen hat. Eine Polizeibeamtin geht hinter ihm her zum Vernehmungszimmer.

»Lassen Sie ihn noch einen Moment hier«, sagt er, »aber seien Sie bitte so nett und bleiben Sie an der Tür, für den Fall, dass er flüchten will.« Dann geht er hinein.

Rudi ist aufgestanden, wahrscheinlich ist er auf und ab gewandert.

»Sollen wir uns wieder setzen?«, schlägt Liewe vor.

»Sind sie hinter Martin her?«, fragt Rudi.

Liewe nickt. »Er kann nirgends hin. Früher oder später wird man ihn einholen.«

Liewe setzt sich, Rudi zögert. »Wird nicht leicht sein«, sagt er. »Man sollte ihn nicht unterschätzen.«

»Wie haben Sie ihn kennengelernt?«, fragt Liewe.

»Diese Handschellen waren nicht von mir«, sagt Rudi.

Liewe schüttelt den Kopf. »War es bei der Fahrt mit der Gedenkveranstaltung, auf dem Minensucher?«

»Was?«

»Dass Sie Martin begegnet sind.«

»Ich hatte schon von ihm gehört«, sagt Rudi. »Ich wusste, dass er Wracks sucht.«

»Ihr Großvater gehörte zur Besatzung von *U-22*«, sagt Liewe.

»Das weiß niemand ganz genau«, antwortet Rudi.

Liewe zögert. »Aber Ihr Vater war davon überzeugt.«

»Woher wissen Sie das alles?«

»Ich habe mit Ihrem Cousin gesprochen, in Münster.«

»Wie, was, mit meinem Cousin Rudolf? ... Wieso?« Rudi setzt sich. »Wie sind Sie denn bei dem gelandet?«

»Wir haben Wimpern auf dem Foto von Jan Matz gefunden, das in einem seiner Trophäenschränke stand. Auf dem Foto, das Sie mit einem Stift zerkratzt haben.«

Rudi starrt Liewe verblüfft an. »Das ist doch wohl nicht ernst gemeint«, bringt er schließlich heraus.

»Leugnen hilft in diesem Fall nicht«, sagt Liewe. »Das Labor konnte die DNA isolieren, und die führte zunächst zu Ihrem Cousin, und jetzt sitzen Sie hier.«

»Wimpern? Von meinem Cousin? Wie kann das denn sein?«

»Ein Mensch hinterlässt immer etwas. Und wir haben noch mehr, aber das werden Sie später erfahren, wenn Sie uns die ganze Geschichte erzählen. Und was die Wimpern angeht, die eben doch nicht von Ihrem Cousin stammten ... Vielleicht haben Sie sich die Augen gerieben? Als wir uns damals in der Nähe des Hauses begegnet sind, hatten Sie noch Tränen in den Augen.«

Rudi schüttelt den Kopf. »Muss ich darauf antworten?«

»Früher oder später«, sagt Liewe. »Ich nehme jetzt nichts auf, das kommt noch.«

Rudi seufzt, blickt zur Seite, zur geschlossenen Tür, zur Kamera an der Decke. Er schweigt.

»Die *Hanne*, an der Matz festgekettet war, war ein ziemlich kleines Schiff. Der Kapitän damals war noch jung. Gerade erst dreißig geworden. Und er hatte drei Jungen an Bord, in einer Moorlandschaft aufgewachsen, nicht mit dem Meer groß geworden. Achtzehn und sechzehn waren sie, die beiden Jüngsten noch nicht einmal ganz sechzehn. Erinnern Sie sich noch an die Zeit, als Sie fünfzehn waren?«

Rudi schaut Liewe an. »Fünfzehn?«, fragt er.

»Fünfzehn, ja, oder sechzehn. Schule, Stimmbruch, der erste Flaum. Moped fahren. Unglücklich verliebt sein.«

Rudi schüttelt den Kopf.

»Ein Junge in einem Dorf im Moor, zu Hause nichts als Streit, und irgendwann sagt er: Ich werde Seemann.«

»Als ob Sie noch wüssten, wie es war, als Sie sechzehn waren«, sagt Rudi.

Liewe überlegt einen Moment. »Ja, das weiß ich noch.«

»Wie war es denn?«

Liewe beantwortet die Frage nicht. Stattdessen sagt er: »Sie kamen den Rhein runter, und einer der beiden Jüngsten, der gerade noch Fünfzehnjährigen, war nur Schiffsjunge und hat bei Hoek van Holland zum ersten Mal den Seegang gespürt, und natürlich hatte er große Achtung vor seinem Kapitän. Wenn man so jung ist, sieht man die Gefahr noch nicht. Man denkt, so wie es ist, muss es wohl sein. Er war auf einem Schiff, das sein Grab werden sollte. Aber er ahnte nichts. Er war noch nie auf See gewesen.«

»Als ich so alt war, *musste* ich zur See fahren«, erwidert Rudi. »Das war eine fixe Idee, die mein Vater mir eingeimpft hatte. Er meinte auch: Die Seeluft ist gut für dein Asthma.«

Liewe sieht ihn schweigend an.

»Ich hatte schon als Kind Allergien«, erklärt Rudi. »Hab ich immer noch.«

»Katzen?«, fragt Liewe.

Rudi nickt.

»Deshalb die tränenden Augen«, sagt Liewe. »Wegen Matz' Katze. Sie haben sich die Augen gerieben, bevor Sie das Foto zerkratzt haben. Und jetzt sitzen Sie hier.«

Rudi seufzt.

»Leugnen hilft nicht, Herr Warge. Alle Spuren führen zu Ihnen und Martin, der jetzt mit der *Kameradschaft*, aber ohne Sie, zu fliehen versucht.«

Rudi stützt die Ellenbogen auf den Tisch und verbirgt den Kopf in den Händen.

»Ihr Cousin hat erzählt, dass Ihr Vater sehr unter der Abwesenheit Ihres Großvaters gelitten hat, und unter der Ungewissheit hinsichtlich seines Schicksals. Dass er aber davon überzeugt war, dass er zur Besatzung von *U-22* gehörte, im März 1940.«

»Die Überzeugungen meines Vaters …«, murmelt Rudi. »Er ist voriges Jahr gestorben, kurz vor der Gedenkfahrt. Aber dass man das Boot gefunden hatte, hat er noch mitbekommen. Wenigstens etwas.«

Liewe schweigt, wartet.

»Jeden Abend hat er von meinem verschwundenen Großvater gesprochen. Immer wieder dieselbe alte Leier, jeden Abend … Wir konnten es einfach nicht mehr hören. Wenn er anfing, stand meine Mutter auf und sagte: Ist es wieder so weit, ich geh schlafen, und dann kam's: dass Opa auf diesem U-Boot war, als es im März 1940 auslief, dass er nicht zurückkam, aber dass er selbst, mein Vater, als Kind immer gedacht hatte, er würde zurückkommen, er wäre vielleicht irgendwo an Land abgesetzt worden, hätte einen besonderen Auftrag … Und dass er immer noch, so alt er auch war … so hat er's jedes Mal ausgedrückt: So alt ich auch bin … Ich konnt's nicht mehr hören … Also dass er immer noch dachte, sein Vater würde zurückkommen … Und jedes Mal hat er auch gesagt: Du bist nach ihm benannt, Rudi, du hast denselben Namen, du bist ihm ähnlich, wenn ich nicht mehr bin, wirst du ihn finden … dann kommst du hinter die Wahrheit. Gott sei Dank war er selbst auch Seemann, er war oft weg, und dann herrschte Ruhe zu Hause. Aber er kam immer wieder, er ja, und dann ging's wieder los. Schon als kleiner Junge hab ich gedacht: Ich werde meinen Großvater finden, für meinen Vater.« Rudi lacht. »Manchmal hab ich meinen Vater auch angebrüllt, ja. Dass er endlich damit aufhören soll, und in ziemlich derben Ausdrücken. Hinterher tat's mir dann wieder leid.«

»Ja«, sagt Liewe.

»Ich konnte schon ›U-22‹ sagen, bevor ich wusste, was das bedeutete. Das wucherte in mir. Immer wieder mal hat man ein U-Boot gefunden, aber nie dieses.«

»Ihr Vater hat das genau verfolgt.«

»Ja, zuerst, als er selbst bei der Marine war, aber später auch im Internet. Nächtelang hat er auf den Bildschirm gestarrt. Es gibt ganze Gruppen, die sich mit der Suche nach verschollenen Booten beschäftigen, man glaubt es kaum. Verwandte von U-Boot-Fahrern.«

»Und Wracktaucher.«

Rudi schaut Liewe in die Augen. Sein Blick wird hart. »Das sind die Schlimmsten von allen. Grabschänder.«

»Erzählen Sie mir, wie Sie Martin kennengelernt haben«, sagt Liewe. »Hat er auch Verwandte, die auf See verschollen sind?«

Rudi schüttelt den Kopf. »Martin geht es um die Ehre der Kameraden«, erklärt er. »Ich will gar nicht drum rumreden, er ist einfach ein Nazi. Für unsere Familie war es nichts Politisches, und mein Vater verabscheute den Krieg. Diese Art von Leid kennt kein Vaterland, ob man Engländer ist oder Deutscher oder Russe ... Das Meer macht keine Unterschiede. Mein Vater hatte nur einen Feind, die Grabschänder, die Taucher, die Wracks von Kriegsschiffen plündern, egal, von welchem Land die Schiffe waren.«

Rudi beugt sich vor und deutet mit den Händen die Größe eines Gegenstandes an, von dem er anscheinend sprechen will. »Wir hatten zu Hause ein eingerahmtes Gedicht an der Wand hängen. Meine Oma hatte nach meinem Opa zwar einen anderen Freund, Opa Sachse, aber der ist bald wieder verschwunden, und sie hat ihr Leben lang an ihren ertrunkenen Seemann gedacht, auch weil sein Tod nie bestätigt wurde. Und dieses Gedicht ... Ich weiß gar nicht, woher sie es hatte, irgendwo hatte sie's mal entdeckt, oder jemand hatte es ihr zugeschickt, ich weiß es nicht, jedenfalls hatten wir ein englisches Gedicht an der Wand. Unter dem Text stand das Jahr, 1918, also noch aus dem Ersten Weltkrieg, es war in einer englischen Zeitung abgedruckt gewesen, weil die Witwe eines ertrunkenen englischen U-Boot-Maschinisten es geschrieben hatte. Ihr Name stand auch drunter, Mary Ann Tomlinson. Ich könnte es immer noch im Schlaf aufsagen:

Oft I think of you, dear husband
And my heart is sad with pain:
All this world would be a heaven
Could I hear your voice again.

I who loved you, sadly miss you
As it dawns another year;
In the lonely hours of thinking,
Thoughts of you are always near.

Liewes Nase fängt erneut an zu bluten. »Bin sofort wieder da«, sagt er und geht hinaus. Als er kurz darauf zurückkommt, sitzt Rudi noch genauso da, wie er ihn verlassen hat. Liewe setzt sich ihm wieder gegenüber, ein Geschirrtuch an die Nase gepresst.

»Sie haben Martin noch nicht gesichtet«, sagt er. »Hab ich gerade gehört.«

»Wundert mich nicht«, sagt Rudi. »Er war bei einer Spezialeinheit der Marine. Weil es immer wieder Probleme mit Kameraden gab, ist er aber auf ein Minenjagdboot versetzt worden. Ausgebildeter Kampfschwimmer und Minentaucher. Vor einem halben Jahr wollte man ihn dann auch auf dem Minenjagdboot nicht mehr haben und hat ihn suspendiert. Er wurde immer extremer und aggressiver.«

»War er auf dem Minenräumer, der *U-22* gefunden hat?«

»Nicht nur das«, antwortet Rudi, »er hat das U-Boot damals

identifiziert. Sie hatten das Wrack mit dem Sonar geortet, aber das allein nutzt noch nicht viel, es liegen ja jede Menge Wracks aller Art auf dem Meeresboden. Martin ist dann zu dem Boot getaucht, es steckte mit dem Vorschiff nach unten im Sand, und er konnte eine Werftnummer an einem der Propeller ablesen. Damit war die Sache klar.«

»Und dann wurden Ihre Eltern verständigt.«

»Ja, und mein Vater hat über Martin dafür gesorgt, dass wir an der Gedenkfahrt teilnehmen konnten. Und da hab ich Martin kennengelernt. Mein Vater gerade gestorben, mein Großvater vielleicht da unten ... Sie können sich das nicht vorstellen. Ich hab damals viel in Martin wiedererkannt, dieses Gefühl der Verbundenheit mit den Toten auf dem Meeresboden ...« Rudi ballt die Fäuste, presst die dünnen Lippen zusammen.

»Und die Wut«, sagt Liewe.

Rudi legt die geballten Fäuste auf den Kopf und lehnt sich zurück.

»Und dann habt ihr ein halbes Jahr später erfahren, dass Jan Matz dabei war, dieses Wrack zu plündern.«

Rudi bleibt in derselben Haltung sitzen und starrt an die Decke.

»Woher wusstet ihr davon?«

»Martin wusste es.«

»Woher?«

Rudi schüttelt schweigend den Kopf.

»Hattet ihr Jan Matz während der Gedenkfeier vorbeifahren sehen?«

»Nein«, sagt Rudi. »War er denn da?«

»Sein Sohn hat das ausgesagt. Daher wusste Jan Matz, dass da unten etwas lag.«

»Ich hab niemanden gesehen. Wir standen an Deck, ein Pfarrer hat gesprochen, ein Verwandter von einem der Toten, wir haben einen Kranz ins Meer geworfen, die Namen aller Besatzungsmitglieder wurden vorgelesen, auch der meines Opas … Also auch mein Name …« Rudi verstummt.

»Woher wusste Martin denn dann, dass Jan Matz später zu dem U-Boot getaucht ist? Ihr habt bei ihm eingebrochen, ihr habt die Schränke mit den Trophäen gesehen, eine Woche später seid ihr zu ihm gegangen, habt ihm gedroht und ihn aufgefordert, die Anzeige wegen des Einbruchs zurückzuziehen. So weit ist alles klar. Aber woher hattet ihr seine Adresse? Ihr habt einen Tracker auf seinem Boot versteckt, den habe ich gefunden. Aber woher wusstet ihr, wo die *Skua* lag?«

Rudi schüttelt den Kopf. »Martin wusste das alles.«

»Woher?«

»Weiß ich nicht.«

»Können Sie tauchen, Herr Warge?«

Rudi scheint aus einer Trance zu erwachen. »Was?«, fragt er.

»Können Sie tauchen?«

»Nein, im Wasser bekomme ich fürchterliche Angst. Ich glaube, das liegt an der Sache mit meinem Opa.«

»Martin hat also alles allein gemacht? Er ist allein getaucht? Glauben Sie wirklich, Sie können alle Schuld auf ihn abwälzen?«

Es klopft an der Tür, die Beamtin kommt herein. »Sie haben ihn gefunden«, sagt sie. »Er fährt nördlich von Spiekeroog, er will sich wohl auf niederländisches Gebiet absetzen.«

68

Es hat eine Weile gedauert, bis der Hubschrauber den Motorkreuzer gefunden hat. Der Pilot hat abgeschätzt, wie weit das Boot seit dem Auslaufen gekommen sein kann, hat einen Halbkreis mit entsprechendem Radius um den Hafen von Horumersiel gezogen und in diesem Halbkreis erst in Richtung der Nordfriesischen Inseln gesucht. Als die Suche im Nordosten erfolglos blieb, flog er nach Südwesten und entdeckte die *Kameradschaft* nördlich von Spiekeroog, wie sie mit hoher Geschwindigkeit in westlicher Richtung fuhr.

Als auf der *Bayreuth*, einem der Schwesterschiffe der *Bad Bramstedt*, die Meldung eingeht, dass ein nördlich von Spiekeroog mit Kurs West gesichteter Motorkreuzer abgefangen und der Bootsführer möglichst festgenommen werden soll, bevor er niederländisches Gebiet erreicht, dass dabei aber Vorsicht geboten ist, weil der Mann als gefährlich gilt, ist die *Bayreuth* gerade westlich von Borkum in die Westerems gefahren. Der Kapitän lässt sie wenden, um durch das Seegatt auf die offene See zurückzukehren und dem Motorkreuzer entgegenzufahren. Es wird einige Zeit dauern, bis sie wieder nördlich von Borkum sind, trotzdem müssten sie früh genug zur Stelle sein, um den Kreuzer abzufangen, es sei denn, er würde inzwischen den Kurs ändern und durch eins der Seegatten aufs Wattenmeer ausweichen. Danach sieht es aber, dem Hubschrauberpiloten zufolge, nicht aus. Die *Kameradschaft* kämpft gegen den Seegang und entfernt sich eher etwas von den Inseln, als sich ihnen zu nähern. Der Kreuzer springt heftig, und wahrscheinlich hofft der Bootsführer, dass der Seegang in tieferem Wasser schwächer ist.

Als der Kreuzer einige Zeit später nördlich von Borkum in Sicht kommt, hat die *Bayreuth* bereits ein großes RIB mit einer dreiköpfigen Einsatzgruppe plus Bootsführer zu Wasser gelassen. Über Kanal 16 fordert der Kapitän den Kreuzer auf, sich zu identifizieren und den Beamten die Gelegenheit zu geben, an Bord zu kommen. Er erhält keine Antwort, doch die Nachricht ist offenbar angekommen, denn der Kreuzer ändert den Kurs und fährt nun weiter nördlich genau auf den Offshore-Windpark Riffgat zu, der unmittelbar an niederländisches Gebiet grenzt.

Der Windpark ist für Schiffe tabu, abgesehen davon, dass die *Bayreuth* zwischen den Windkraftanlagen gar nicht manövrieren könnte. Das RIB löst sich vom Mutterschiff und nimmt mit Blaulicht die Verfolgung auf.

Der Wind hat aufgefrischt, über den Männern im Boot fauchen die riesigen Rotorblätter, als sie sich dem Windpark nähern. Die *Kameradschaft* ist schnell, aber das RIB ist schneller. Schon nach kurzer Zeit springen beide Boote nebeneinander über die Wellen, das Festrumpfschlauchboot an Backbord des Kreuzers. Die Beamten versuchen, durch die getönten Scheiben hindurch den Bootsführer auszumachen, doch vergeblich. In voller Fahrt suchen sie nach Möglichkeiten, den Kreuzer zu entern oder abzudrängen, aber es ist der Kreuzer, schwerer als das RIB, der plötzlich nach Backbord dreht und das RIB in Richtung einer der Windkraftanlagen drängt, die schnell näher kommt. Im letzten Moment dreht er nach Steuerbord ab, das RIB bekommt einen Stoß von seinem Heck, weicht knapp dem Turm der Anlage aus und nimmt erneut die Verfolgung auf.

»Der Kerl versucht, Ihre Männer umzubringen, Kapitän«, meldet der Hubschrauberpilot über Funk. Er fliegt hoch über den Anlagen und beobachtet, was sich unten abspielt.

»Was hat der Mann vor?«, fragt der Kapitän der *Bayreuth*. »Er kann nirgends hin.« Über sein Handfunkgerät ruft er den Bootsführer des RIB und sagt: »Kein Risiko eingehen, er kann ja doch nirgends hin. Haltet Abstand und fahrt einfach auf niederländisches Gebiet weiter, wir überlassen ihn dann den dortigen Kollegen. Bewahrt Ruhe und kommt alle heil zurück.«

»Der ist wahnsinnig!«, schreit der Bootsführer. »Das ist gerade noch gut gegangen!«

»Lasst euch nicht provozieren«, sagt der Kapitän. »Hörst du? Früher oder später geht ihm der Treibstoff aus.«

Der Hubschrauberpilot meldet sich erneut. »Das geht nicht gut da unten. Der Kerl ist lebensmüde.«

Das RIB ist wieder längsseits gekommen, und die Männer, schon erheblich gereizt, schlagen mit der freien Hand gegen den Rumpf des Kreuzers. Der dreht ab, steuert auf eine der Anlagen zu, verliert plötzlich Fahrt und wendet mit hart gelegtem Ruder, liegt einen Moment quer zu den Wellen, beschleunigt erneut. Die Heckwelle in Kombination mit dem Seegang wirft das RIB zur Seite. Der Bootsführer schreit, die Männer sind außer sich, die Anweisungen des Kapitäns werden ignoriert. Das RIB steuert springend auf den Kreuzer zu, als wollte es ihn mittschiffs rammen. Doch der dreht im letzten Moment ab, scheint einen Moment nicht steuerbar zu sein, wird von einer Welle angehoben und gegen den Mast einer Windkraftanlage geschleudert. Das RIB ändert rechtzeitig die Richtung, der Bootsführer fährt einen Kreis, bringt es zum Stillstand, und die Männer beobachten aus sicherer Entfernung, wie der leckgeschlagene Kreuzer über das Heck im brodelnden Wasser versinkt.

Es geht unwirklich schnell. Das Vorschiff bleibt noch kurz über Wasser, doch plötzlich wird ein Oberlicht im Deck mit Wucht aus seiner Umrahmung geschleudert. Ob der Luftdruck darunter zu hoch wurde oder ob der Bootsführer nach vorn gerannt ist und es von innen herausgestoßen hat, um auf diesem Weg zu entkommen, ist nicht erkennbar. Auf jeden Fall entweicht mit einem Seufzer die Luft aus dem Vorschiff, eine Welle schaukelt es noch einmal hin und her, und im nächsten Moment ist von dem Kreuzer nichts mehr zu sehen.

Die Männer auf dem RIB starren sprachlos auf die Stelle, an der er verschwunden ist. Das Einzige, was bleibt, ist das Rauschen des Meeres, das Fauchen der Rotorblätter der Windkraftanlagen und über allem das gleichmäßige Klopfen des Hubschraubers.

69

Sonntag

Als Elise Mauer am Morgen nach dem Untergang der *Kameradschaft* vom Krankenhaus heimkommt, in der Diele ihre Jacke aufgehängt hat und die Küche betritt, sitzen Judith Schulze und Liewe Cupido schweigend am Tisch. Jürgen steht vor der Arbeitsplatte, die Kaffeekanne in der Hand. Er hat den Besuchern gerade Kaffee eingeschenkt und schaut seine Frau ein wenig hilflos an.

»Sie wollen dich sprechen«, sagt er. »Ich hab ihnen schon mal Kaffee gegeben.«

»Guten Tag, Frau Mauer«, sagt Judith und steht auf. Auch Liewe erhebt sich.

»Es ist Sonntag«, sagt Elise. »Was ist so dringend?«

»Unser Gespräch in der Inspektion wurde unterbrochen«,

sagt Judith, »und seitdem ist sehr viel passiert. Wir dachten, Sie erfahren es am besten von uns.«

Elise bleibt am Tisch stehen, schaut Jürgen, dann wieder die beiden Ermittler an.

»Wie ging es Hauke?«, fragt Judith. »Ihr Mann meint, es gibt Anzeichen einer Besserung?«

»Er hat geschlafen«, antwortet Elise. »Der Arzt sagt, es gibt Fortschritte. Trotzdem, so ein Häufchen Elend, es ist einfach schrecklich.« Sie strafft den Rücken. »Aber deswegen sind Sie nicht gekommen.« Sie schaut Liewe an. »Sind Sie verletzt?«

Liewe greift unwillkürlich in Richtung Nase. Er lächelt. »Eine Kleinigkeit.«

»Was soll ich unbedingt von Ihnen erfahren und von niemandem sonst?«, fragt Elise. Sie bleibt stehen, lehnt sich an die Spüle.

»Sollen wir uns setzen?«, fragt Judith.

»Haben Sie denn vor, länger zu bleiben?«

Jürgen öffnet einen Küchenschrank, holt einen Kaffeebecher heraus, füllt ihn aus der Kanne. »Hier«, sagt er zu Elise, »trink auch einen.«

Elise nimmt den Becher entgegen, ohne Jürgen anzuschauen. »Ich bin nicht in besonders gastfreundlicher Stimmung«, sagt sie.

»Dann kommen wir doch schnell zur Sache«, sagt Judith. »Anschließend lassen wir Ihnen Ihren Sonntag.«

Elise zögert, schaut Jürgen an und sagt: »Lass uns mal allein. Mach von mir aus einen Spaziergang.«

Jürgen, der gerade im Begriff war, sich zu setzen, richtet sich wieder auf und sieht seine Frau an. Doch sie hebt ungeduldig die Augenbrauen und macht ihm Platz, damit er an ihr vorbei die Küche verlassen kann. »Jürgen …«

Er ballt die Fäuste, schaut Liewe an, schüttelt den Kopf und geht hinaus. Kurz danach fällt knallend die Haustür zu. Elise deutet auf die Stühle, nimmt sich selbst einen und setzt sich.

»Also dann …«, sagt sie.

Judith schaut durchs Küchenfenster hinaus, wo Jürgen gerade vorbeigeht. Elise folgt ihrem Blick und sagt: »Das sind private Dinge, die Sie nichts angehen. Nur falls Sie jetzt danach fragen wollten. Er kommt schon wieder.«

»Kennen Sie Martin Mochatsch?«, fragt Judith.

Elise trinkt einen Schluck Kaffee, stellt den Becher ab und antwortet: »Ja, ich kenne Martin. Von der *Grömitz*.«

»Wie gut kennen Sie ihn?«

»Wie man jemanden vom Schiff kennt. Ich arbeite in der Kombüse, er taucht. Ich gebe ihm sein Essen.« Judith und Liewe sehen sie schweigend an. »Er ist Vegetarier«, fügt Elise hinzu. Sie bläst auf ihren Kaffee, wärmt sich am Becher die Hände.

»Was wissen Sie sonst noch von ihm?«

Elise zieht die Schultern hoch. »Dass er vom Dienst suspendiert ist, die Feldjäger haben ihn vorübergehend festgenommen, er hatte in einer Kneipe jemanden zusammengeschlagen, bei unserer NATO-Übung war er nicht mehr dabei. Er ist ein Nazi, das weiß jeder, an Bord nannte man ihn den Pitbull.«

»Martin Mochatsch hat auch einen Verein mit Namen ›Rache‹ gegründet, aber das wissen Sie bestimmt.«

»Rache?« Elise stellt den Becher ab.

»Ja, Rache«, sagt Judith und schaut mit kühlem Blick Elise an, die einen Krümel von der Tischplatte wischt.

»Ich wüsste nicht, was ich Ihnen noch über Martin sagen könnte. Er gehört nicht mehr zur Besatzung, ich weiß nicht, wo er steckt und was er macht. Und von diesem Verein weiß ich auch nichts.«

Sie schweigt, Judith und Liewe schweigen ebenfalls.

»Noch einen Kaffee vielleicht?«, fragt Elise.

»Haben Sie mit Martin Mochatsch je über Wracktaucher gesprochen?«, fragt Judith, aber Elise ist aufgestanden und hat die Kaffeekanne geholt. »Sind noch genau zwei Tassen drin«, sagt sie. Sie schenkt Judith und Liewe nach. Dann blickt sie kurz aus dem Fenster und setzt sich wieder hin.

»Unerwarteter Besuch am Sonntagmorgen«, sagt sie. »Nun ja. Möchten Sie vielleicht noch ein paar Kekse dazu?« Sie steht wieder auf.

»Martin Mochatsch ist gestern ertrunken«, sagt Judith. Elise bleibt stehen. »Ach«, sagt sie. »Ertrunken?« Sie legt eine Hand auf die Tischplatte und sieht Judith an. »Wie ist das passiert?«

»Er ist bei einer Verfolgungsjagd auf See verunglückt.«

Elise weiß einen Moment nicht, was sie sagen soll. Sie setzt sich und betrachtet noch einmal Liewes Nase. »Sie waren dabei?«

Liewe schüttelt den Kopf. »Nein, ich habe in dem Moment mit Herrn Warge gesprochen, Rudi Warge. Einem Verwandten eines der Besatzungsmitglieder von *U-22*. Aber ich bin vorher auch Herrn Mochatsch begegnet.« Er zeigt auf seine geschwollene, schiefe Nase.

Elise schlägt die Hand vor den Mund, um zu verbergen, dass sie trotz allem lachen muss.

»Dem Pitbull«, ergänzt Liewe.

»Frau Mauer«, sagt Judith, »Sie legen keinen Wert auf unseren Besuch, wollen Sie uns nicht einfach alles sagen?«

Elise steht wieder auf. »Ich wollte Ihnen doch Kekse geben.« Sie nimmt eine Dose von der Arbeitsplatte, öffnet sie und stellt sie auf den Tisch. »Bedienen Sie sich.«

Judith ignoriert die Dose, Liewe nimmt sich einen Keks. »Gut, Frau Mauer«, sagt Judith. »Sagen wir es klar und deutlich:

Sie kannten Martin Mochatsch besser, als Sie zugeben wollen. Wir haben in der Anrufliste von Jan Matz' Telefon eine anonyme Nummer gefunden, von der er zweimal angerufen wurde, beide Male, nachdem er zu dem U-Boot getaucht war. Wir wussten nicht, wessen Nummer es war, aber wir konnten die Verbindungsdaten erfragen und haben festgestellt, dass diese Person selten telefoniert hat. Aber hin und wieder schon.«

Elise lehnt sich zurück und seufzt.

»Wir haben Ihre Mobilnummer, Frau Mauer, wir kennen uns ja schon eine ganze Weile, seit wir uns mit der Angelegenheit um Hauke und Johnny beschäftigen. Sie haben sie uns selbst gegeben, für den Fall, dass es neue Entwicklungen geben würde. Die gab es zu selten, Sie wissen, wie leid mir das tut, aber so war es nun mal. Vor allem Jan Matz hat alles verzögert. Es war zum Verrücktwerden, das weiß ich.«

Elise sagt nichts. Sie sieht Judith an und wartet.

»Sie haben diese anonyme Nummer zweimal angerufen. Das erste Mal am 25. Februar, das war ein langes Gespräch, fast eine Viertelstunde. Und das zweite Mal am 28. Februar, weniger als eine Minute. Das war unmittelbar nach dem Gespräch mit Matz auf dem Friedhof. Sie haben Jürgen weggeschickt, so wie eben, und diese Nummer angerufen, von der wir jetzt wissen, dass sie die Nummer von Martin Mochatsch war, um ihm Bescheid zu sagen, dass Matz kam. Er hat an der Ecke Neuengrodener Weg und Freiligrathstraße auf Matz und seinen Sohn gewartet, hat gesehen, dass sie zu Lidl wollten, ist ihnen gefolgt und hat sie auf dem Parkplatz angesprochen. Wer Matz war, wo er wohnte, wie sein Boot hieß, dass er *U-22* ausräumte, all das hatten Sie Martin Mochatsch bei dem ersten Gespräch erzählt. Sie hatten Matz während der Gedenkzeremonie vorbeifahren sehen. Sie haben ihn erkannt, Johnny war mit an Bord.«

Elise hat die Hände vor sich auf den Tisch gelegt, die rechte über der linken. Sie schaut auf ihre Nägel. »Wenn diese Nummer anonym war, woher wissen Sie dann, dass es die von Martin war?«

»Sobald er auf der Flucht war, bekamen wir die Erlaubnis, das dazugehörige Telefon zu orten, und es verschwand genau da, wo er verunglückt ist, und genau im selben Moment. Das Boot wird heute geborgen. Dann finden wir ihn auch.«

Elise schaut Liewe an. »Warum sagen Sie eigentlich nichts?«

»Meine Kollegin leitet die Ermittlungen«, sagt Liewe mit einem Kopfnicken in Richtung Judith.

Elise steht auf, geht zum Fenster, schaut hinaus. »Wie er wieder dasitzt«, sagt sie. Judith stellt sich neben sie und sieht in einiger Entfernung Jürgen, der sich auf eine Bank gesetzt hat. »Er hat immer nur rumgeschrien, aber nichts getan. Die Polizei hat auch nichts getan. Johnny ist noch manchmal mit seinen Freunden hier vor dem Haus hin und her gegangen, und mein Hauke sank immer mehr in sich zusammen, bis nichts mehr von ihm übrig war. Ich konnte das nicht ertragen. Für Jürgen dreht sich immer alles um ihn selbst, er macht sich nur Sorgen wegen Geld, woher das nötige Geld kommen soll, wenn Hauke nicht für sich selbst sorgen kann, wo er doch kein Geld hat, weil wir das Restaurant zumachen mussten. Das kann ich doch niemals bezahlen, sagte er. Als ob Geld das Problem gewesen wäre.«

»Was war denn das Problem?«

Elise streicht mit dem rechten Handrücken über beide Augen. »Ich weiß noch, wie ich mein Baby, meinen kleinen Jungen, nach der Geburt in die Arme genommen habe. So klein, ich weiß noch genau, wie er sich anfühlte, wie er roch … Und dass ich immer für ihn sorgen wollte, und nun saß er da in der Diele auf dem Boden, mit dem Rücken an der Wand, und weinte.

Und ich hatte so viel Hass in mir.« Sie reibt noch einmal über ihre trockenen Augen. »Im Radio hat mal jemand gesagt, dass es einfacher ist, Wut zu haben als Kummer. So geht es uns beiden, Jürgen und mir. Und die ganze Zeit mussten wir versuchen, vernünftig zu bleiben ... Und das Vertrauen in Polizei und Justiz nicht zu verlieren.«

Sie dreht dem Fenster den Rücken zu. »Die Idee kam mir in der Nacht, in einer dieser endlosen Nächte, in denen ich nicht schlafen konnte. Wir hatten das U-Boot gefunden, und die *Hanne*, und ich wusste von der Besessenheit von Jan Matz, und da hab ich Jürgen geweckt und ihm von meinem Plan erzählt, die Sache selbst in die Hand zu nehmen, Matz von der *Hanne* zu erzählen und ihm vorzuschlagen, dass er die Ladung für uns birgt und zu Geld macht und dass wir die Sache dann nicht weiterverfolgen würden. Ich wusste, dass Jürgen gleich anbeißen würde, wegen des Geldes, und ich wusste, dass Matz anbeißen würde, weil er auf diese Art etwas für seinen Sohn tun konnte. Er war ja auch ein Vater. Eigentlich habe ich ihn besser verstanden als Jürgen. Von Martin und seinem Verein habe ich Jürgen nichts erzählt. Ich musste ihn da raushalten.«

»Aber es ist nicht an Ihnen und Ihrem Mann, die Sache weiterzuverfolgen oder nicht, Frau Mauer«, sagt Judith. »Die Staatsanwaltschaft wird auf jeden Fall Anklage gegen Johnny Matz erheben, so oder so.«

Elise lächelt. »Wissen Sie, dass darüber niemand nachgedacht hat? Jürgen sah nur das Geld, Matz nur seinen Sohn.«

»Woher wussten Sie, dass Matz zu dem U-Boot getaucht ist?«, fragt Liewe.

»Wir waren mit der *Grömitz* öfter in der Nähe«, sagt Elise. »Dabei haben wir regelmäßig sein Boot gesehen.«

Judith schaut immer noch aus dem Fenster. Jürgen ist von

der Bank aufgestanden und geht langsam zum Haus zurück. »Ihr Mann kommt«, sagt sie.

»Können wir ihn da raushalten?«, fragt Elise. »Oder werden Sie mich festnehmen?«

»Möglich«, sagt Judith.

»Wenn ich daran denke, wie es mit Johnny gelaufen ist, mache ich mir vorerst keine Sorgen.«

Liewe steht auf und schaut Judith an. »Die Sorgen kommen noch.«

»Was hab ich denn getan?«, fragt Elise. »Was kann man mir vorwerfen?«

»Sie haben den Pitbull losgelassen«, sagt Judith.

»Dann muss man den Pitbull eben erschießen«, sagt Elise.

»Der ist schon tot. Jetzt geht es darum, inwieweit Sie für das verantwortlich sind, was der Pitbull angerichtet hat.«

»Die Nachricht von Martin Mochatschs Tod und was er getan hat, wird sich vermutlich schnell verbreiten«, sagt Liewe.

»Es wird niemanden wundern«, meint Elise.

»Weil alle wussten, wozu er imstande war«, sagt Liewe lächelnd, während er zur Küchentür geht und seine Jacke zuknöpft.

»Ja«, sagt Elise.

»War sicher auch schwierig für den Kapitän, so einen Mann an Bord zu haben.« Liewe klopft auf seine Taschen und wirft noch einen Blick auf den Tisch, um zu sehen, ob er etwas vergessen hat. Judith hört aufmerksam zu.

»Der Kapitän hat ihn nie mit jemandem allein gelassen, es mussten immer zwei oder drei Leute dabei sein, wenn er ihm irgendeinen Auftrag gab.«

»Weil er befürchtete, dass Mochatsch gewalttätig werden könnte?«

»Er war dafür bekannt«, sagt Elise, während sie die Haustür öffnet. »Aber Sie haben Frau Schulze ja auch begleitet. Anscheinend lassen Sie sie auch nicht mit anderen allein.«

Liewe nickt. »Das hatte einen anderen Grund.«

»Welchen?«, fragt Elise.

»Es sollte ein Zeuge dabei sein, wenn Sie ihr oder mir sagen, wie Sie es soeben getan haben, dass Sie jemandem bewusst einen Gewalttäter auf den Hals geschickt haben.«

70

Christine, Johnny und Paul sind wieder in Wilhelmshaven angekommen. Es ist früher Nachmittag. Zwei Briefe von der Polizei erwarten sie, der eine an Johnny adressiert, der andere an Christine. Sie öffnet ihren. Johnny muss sich am Montagmorgen um neun zur Vernehmung in der Inspektion melden.

»Ich hatte ein paar Tage nicht mehr dran gedacht«, sagt sie und schaut Johnny an. »Hier ist auch einer für dich.«

Doch Johnny öffnet den Brief nicht. »Ich bin weg.«

»Was hast du vor?«, fragt Christine.

Er antwortet nicht, nimmt den Schlüssel des Motorrollers aus der Obstschale, zieht seine Jacke wieder an und verlässt das Haus.

Als er kurz danach auf dem Parkplatz bei Lidl ankommt, warten seine Freunde Tjakko und Maxim schon auf ihn. Sie stoßen die Fäuste gegeneinander, legen die Hand auf die Brust, sagen »Bro« und »What's up?«.

Nach einem Moment Schweigen sagt Tjakko: »Ich hab von Nils gehört, dass Hauke im Koma liegt.«

Johnny starrt ihn an. »Koma?«

»Da war irgendwas mit Blut in seinem Nacken. Er liegt im Krankenhaus.«

»Im Koma? Stirbt er, oder was?«

Tjakko zuckt mit den Schultern.

Dann erzählt Maxim, dass es auf dem Kleingartengelände einen Polizeieinsatz gegeben hat, drei Wagen mit Blaulicht und Sirenen, auch ein Krankenwagen, dass jemand in einem BMW weggerast ist und einen Einkaufswagen umgefahren hat.

Doch Johnny ist mit seinen Gedanken woanders. »Hier im Krankenhaus?«, fragt er Tjakko.

»Hauke? Ja, hier.«

Und ohne ein weiteres Wort steigt Johnny auf den Motorroller und fährt weg.

Er biegt in den Neuengrodener Weg ein, hält an der Einmündung der Allmersstraße kurz an, sieht die Kommissare Schulze und Cupido aus dem Haus der Mauers kommen, gibt wieder Gas, biegt nach rechts in den Stadtpark ein, fährt an den Teichen und am Ehrenfriedhof vorbei bis zum Totenweg, durch die Allee zwischen den Wiesen bis zu der vierspurigen Straße, über den Zebrastreifen und weiter bis zum Haupteingang des Klinikums Wilhelmshaven. Er stellt den Motorroller zwischen den Fahrradständern ab und geht hinein. Dann weiß er erst einmal nicht weiter. Er geht zur Empfangstheke.

»Ich möchte zu Hauke«, sagt er.

»Es ist Besuchszeit«, sagt die Frau hinter der Theke. »Sie können einfach zu ihm.«

»Und wo finde ich ihn?«

»Wie heißt er denn mit Nachnamen?«

»Mauer.«

»Einen Moment.« Die Frau sucht, findet Hauke Mauer, doch als sie sieht, auf welcher Station er liegt, fragt sie: »Und wer sind Sie?«

»Johnny.«

»Sind Sie ein Verwandter?«

Johnny schüttelt den Kopf. »Ich will ihn nur besuchen.«

»Sie wissen, dass er auf der Intensivstation liegt?«

»Er ist im Koma«, sagt Johnny.

»Sie sind ein Freund von ihm?«

Johnny blickt auf seine Hände, steckt den Schlüssel des Motorrollers in die Hosentasche. »Wir kennen uns von der Schule, wir wohnen in derselben Gegend.«

Die Frau schaut ihn an, sie zögert.

»Ich muss ihm was sagen.«

Sie nickt. »Sprechen ist immer gut«, sagt sie. »Man kann nie ausschließen, dass er einen hören kann.« Sie nennt ihm die Zimmernummer und beschreibt ihm den Weg.

Als Johnny kurz danach auf der Intensivstation die Zimmertür öffnet, bleibt er erst einmal stehen und starrt auf das Bett, den mageren Jungen darin und die Apparate dahinter und daneben. Dann geht er zum Fenster weiter und schaut hinaus. »Shit, man«, sagt er. Er dreht sich um und geht zum Bett. An einer Seite steht ein Stuhl, aber er setzt sich nicht.

»Ich musste dich sehen«, sagt Johnny. Hauke liegt still wie ein Toter. Johnny betrachtet die Apparate. »Das ist schon echt hart, Mann.«

Im nächsten Moment sieht er, dass Hauke die Augen geöffnet hat und zu ihm aufschaut. Johnny erwidert den Blick, dann starrt er auf die Wand gegenüber.

»Ich muss mich morgen bei der Polizei melden«, sagt er. »Die Loser wollen mich linken. Aber wenn das alles vorbei ist, müssen wir reden.«

Hauke versucht etwas zu sagen, schafft es aber nicht.

Johnny schüttelt den Kopf, er tritt vorsichtig gegen ein Rad des Betts. »Shit, man, das hier ist echt beschissen«, sagt er. Und dann: »Du hast was über Paul gesagt, da bin ich durchgedreht, ich konnte nicht denken.« Er wendet den Blick ab, schüttelt wieder den Kopf. »Aber das hier ist beschissen, bro.« Er sieht noch einmal Hauke an, sagt: »Wir reden später«, und verlässt das Zimmer.

71

Samstag

Zwei Wochen sind vergangen, und Liewe, wieder in Cuxhaven, hat Miriam angeboten, sie am frühen Samstagmorgen abzuholen und nach Texel mitzunehmen, wenn sie unbedingt möchte. »Um sechs Uhr geht es los, damit wir die Fähre um halb elf erreichen«, sagte er, ein halbherziger Versuch, sie abzuschrecken. Es war ihr nicht zu früh. »Aber dann müssen Sie schon um halb sechs aus dem Haus«, sagte sie. »Sie können auch bei mir übernachten, dann sparen Sie die halbe Stunde.« Als sie sein Unbehagen sah, fügte sie hinzu: »Ich habe ein Gästezimmer, Liewe.«

Doch Liewe hat in seiner eigenen Wohnung in Cuxhaven geschlafen, ist um halb sechs mit Vos ins Auto gestiegen und zu Miriam gefahren.

Miriam steht schon bereit, als er bei ihr vorfährt. Sie schließt die Haustür ab und kommt zum Wagen, gefolgt von dem schläfrigen Bernhardiner, öffnet die hintere Tür und ermuntert Bass, auf die Rückbank zu klettern. Vos springt auf, um ihn zu begrüßen, und im Rückspiegel sieht Liewe ihn an Bord kommen, ein riesiger Schatten, der die ganze Heckscheibe ausfüllt. Vos leckt schwanzwedelnd Sabber von seinen Lefzen, seufzt wohlig und legt sich wieder hin. Der Bernhardiner bleibt noch sitzen, saugt den Geruch des Autos auf, sieht, dass Miriam einsteigt, und legt sich dann auch.

Miriam stellt eine Reisetasche neben ihren Füßen ab und schnallt sich an. Liewe schaut geradeaus, dann aber doch kurz zur Seite. Im Licht der Armaturen sieht er ihr Lächeln. Sie riecht nach Shampoo. »Gut geschlafen?«, fragt sie.

Liewe schüttelt den Kopf, schweigt. Sie fahren los.

Bis es hell wird, vergehen noch Stunden, und in der Intimität eines Autos in der Nacht, mit einem schnarchenden Bernhardiner auf der Rückbank, erzählt Miriam von ihrem Leben. Liewe hört zu, stellt hin und wieder eine kurze Frage, und als nach acht im Rückspiegel der Himmel über dem Horizont in Orange-, Gelb- und Violetttönen aufflammt, hat sich Liewes Unbehagen weitgehend verflüchtigt, ein paarmal hat er sogar gelacht. Miriam Roth ist viel herumgekommen. Sie ist mit einem Zeltkino durch mehrere Länder gereist (das Zelt wurde bei einem Sturm in der Bretagne ins Meer geweht), war Kindermädchen an der Côte d'Azur (bis sie im Streit fortging), hat mit einem untreuen Freund ohne Erfolg versucht, in Berlin einen Vertrieb für korsisches Bio-Olivenöl auf die Beine zu stellen (das Öl war reichlich bitter), und eine Zeit lang in einem Hundezwinger gearbeitet, der ziemlich irreführend als Fünf-Sterne-

Hundehotel angepriesen wurde. Das war in der Nähe von Basel in einem Dorf, in das es ihre Großeltern verschlagen hatte, als sie schon vor dem Krieg aus Österreich emigriert waren. Und nun ist sie Hundetrainerin in Nordholz.

»Irgendwo muss man ja wohnen«, sagt sie. »Und Nordholz ist auch ein Städtchen mit Menschen, die Hunde haben … Am Anfang hatte ich die Hundeschule zusammen mit einem Mann, aber der hat sich aus dem Staub gemacht.«

Es ist ein windstiller Morgen, und als sie über den Abschlussdeich fahren, erstreckt sich das IJsselmeer spiegelglatt bis zum südlichen Horizont. Miriam schaut nach links und sieht das vom Wasser zurückgeworfene Sonnenlicht in Liewes Augen. Er weiß, dass sie die Fähre um halb elf erreichen werden. Schon etwas entspannter, berichtet er in groben Zügen von dem zurückliegenden Fall.

»All die Väter«, sagt er. »Diese Hilflosigkeit.«

»Hatten Sie denn genügend Distanz dazu?«, fragt Miriam. »Ging es Ihnen nicht zu sehr unter die Haut?«

»Wegen meines eigenen Vaters?«

»Ja.«

Liewe antwortet nicht, er schaut geradeaus. Die Küste von Holland kommt in Sicht.

»Erzählen Sie doch mal was über sich, Liewe«, sagt Miriam.

Liewe zieht die Schultern hoch. »Ich zeige Ihnen Texel, Sie können auch zu meiner Mutter mitkommen, wenn Sie wollen.« Er schaut kurz zur Seite. »Ich möchte zwar immer gern auf die Insel, aber nach kurzer Zeit auch wieder weg. Und diesmal muss ich noch einen alten Französischlehrer besuchen.«

»Ist es Ihnen lästig, dass ich mitfahre?«

»Nein. Nein, im Gegenteil.«

»Ich freue mich auch«, sagt sie und legt ihm kurz die Hand auf die Schulter.

Liewe lächelt, schüttelt den Kopf. »Ich bin auch ein bisschen hilflos«, sagt er.

»Wird Ihre Mutter sich nicht wundern, wenn Sie plötzlich jemanden mitbringen?«

»Meine Mutter wundert sich so schnell über nichts ... Glaube ich ... Sie sagt nicht viel.«

Miriam lacht auf.

Auf der Zufahrt des Fähranlegers in Den Helder sitzen beide Hunde aufrecht auf der Rückbank, sie füllen den ganzen Raum bis zum Dach aus und beobachten mit aufgestellten Ohren die Möwen ringsum. Miriam blickt übers Wasser und zeigt auf die Küste auf der anderen Seite des Marsdiep. »Das ist Texel?«

Liewe schaut in die gleiche Richtung. »Texel ist eine ganz normale Insel«, sagt er. »Ich fände es schon schade, wenn Sie enttäuscht wären, wo Sie die lange Fahrt auf sich genommen haben.«

Doch als sie nach der kurzen Überfahrt die Fähre verlassen haben, gleich rechts abgebogen sind, um auf einem Schleichweg am Deich entlang zu Liewes Elternhaus zu fahren, und nach hundert Metern in einer großen Schafherde stecken bleiben, die der Nachbar zu einer anderen Weide führt, und der Bauer kurz neben dem Wagen stehen bleibt und grüßt und mit breitem Grinsen ins Innere späht und die Hunde auf der Rückbank aufgeregt die Schafe rings um das Auto beobachten und zu knurren beginnen und Liewe »Willkommen auf Texel« sagt, muss Miriam wieder lachen. »Keine Sorge, ich werde nicht enttäuscht sein«, sagt sie. »Ich bin schon eine ganze Weile nicht so fröhlich gewesen.«

Anna Uelsen beobachtet ohne erkennbare Regung, wie nicht nur ihr Sohn, sondern auch eine Frau und zwei Hunde aus dem Auto steigen. Miriam geht zu ihr, gibt ihr die Hand und stellt sich als eine Freundin von Liewe vor. Die beiden kommen gleich ins Gespräch und gehen ins Haus, Liewe bleibt mit den Hunden draußen. Er blickt in beide Richtungen den Deich entlang, stellt fest, dass kein Schaf zurückgeblieben ist, und nimmt Vos und Bass über den Deich mit zum Watt.

Als er eine halbe Stunde später zurückkommt, sind Miriam und seine Mutter im Garten. Sie stehen vor einer großen Zierkirsche, die im November blüht. Seine Mutter ist äußerst gesprächig. »Es ist ein Spätblüher«, sagt sie. »Früchte trägt er nicht, aber sind die Blüten nicht wunderschön?«

72

Herr Koek, Liewes alter Französischlehrer, bewohnt im Altenheim ein kleines Zimmer, in dem Bücherregale die Hälfte der Wände einnehmen. Doch Herr Koek liest nicht mehr. Er sitzt in seinem Rauchsessel am Fenster und schaut hinaus.

Unten am Empfang hat Liewe gefragt, ob Herr Koek Besuch empfangen kann.

»Er wird sich freuen«, sagte die Frau an der Empfangstheke. »Er bekommt sonst nie mehr Besuch. Aber er ist leider nicht mehr so ganz beieinander, ein richtiges Gespräch kann man kaum mit ihm führen.«

»Ich sage ihm nur kurz Guten Tag«, sagte Liewe.

Und nun sieht er ihn am Fenster sitzen: eingefallene Wangen, unter der Weste ein dicker, hängender Bauch, schütteres graues Haar. »Herr Koek«, sagt er.

Der alte Mann schaut ihn an, er kneift die Augen zusammen, als wäre es schwierig, sie auf die richtige Entfernung einzustellen.

»Wie bitte?«

Liewe setzt sich ihm gegenüber. »Ich bin Liewe, Liewe Cupido. Ich war in Ihrer Klasse.«

»In meiner Klasse«, sagt Herr Koek. »Ja, ja.« Er mustert Liewe, doch anscheinend kommt ihm keine Erinnerung. »In meiner Klasse, ja.«

»Ich bin der Sohn von Jan Cupido von der *TX 9*.«

»Ja«, sagt Herr Koek. »Ja, das ist richtig.« Er schaut wieder aus dem Fenster. »In meiner Klasse.«

»Sie waren mein Französischlehrer«, sagt Liewe. Er zieht ein zusammengefaltetes DIN-A4-Blatt aus der Innentasche. »Ich habe zu Hause bei meiner Mutter die Übersetzungsaufgabe wiedergefunden, die Sie mir vor drei Jahrzehnten gegeben haben. Ich habe sie offensichtlich aufgehoben und nie weggeworfen.«

»Nein«, sagt Herr Koek. Er schaut weiter aus dem Fenster.

»Erinnern Sie sich noch, Herr Koek? Dass Sie für mich einen Text von Victor Hugo abgetippt haben, den ich übersetzen sollte?«

Er schaut den alten Mann an, der den Blick nicht von der Aussicht vor dem Fenster abwendet. »Herr Koek?«

Jetzt sieht Herr Koek ihn an. »Das ist richtig«, sagt er unsicher.

»Ich möchte Sie nur einmal etwas fragen. Erinnern Sie sich, dass mein Vater …«

»Ja«, sagt Herr Koek und schaut ihn nun konzentriert an.

»Es ist sehr wichtig für mich«, sagt Liewe. »Erinnern Sie sich an das Unglück auf der *TX 9*, bei dem der Fischer Jan Cupido, mein Vater, ertrunken ist? Er war über Bord gegangen. Wissen Sie das noch?«

Herr Koek sieht ihn immer noch angestrengt an. »Ja«, sagt er. »Ja.«

»Wissen Sie, was damals passiert ist? War es ein Unfall?«

Herr Koek antwortet nicht, er schaut auf Liewes Hände, auf das Blatt.

»*Il a été poussé, il est tombé, c'est fini*«, sagt Liewe langsam. »Erinnern Sie sich daran?«

»*C'est fini*«, sagt Herr Koek. »Ja.«

»Erinnern Sie sich?«

»Das ist richtig«, sagt der alte Mann. »Ja … ja …« Er schaut wieder aus dem Fenster. »*C'est fini* … ja.«

Liewe lässt den Kopf hängen und zerknüllt das Papier. Schließlich richtet er den Blick auf die Bücherregale, steht auf und wirft das zerknüllte Blatt in den Papierkorb.

Herr Koek blickt von ihm zum Korb. »Das ist richtig«, sagt er.

»Wer hat ihn gestoßen, Herr Koek?«, fragt Liewe. Er seufzt. »Oder müssen wir die Sache ruhen lassen, nach all den Jahren? Er ist nicht ausgerutscht, er ist gestoßen worden, und jetzt, wo ich so weit bin, dass ich es wissen will, können Sie mir nichts mehr dazu sagen. Wer hat ihn gestoßen.«

Er sucht mit dem Blick die Fächer in den Bücherregalen ab und entdeckt ein Exemplar von *Les Misérables*. »Darf ich mir das ausleihen, Herr Koek?«

»Das ist richtig«, sagt Herr Koek. Er schaut zu Liewe auf. »Ja, das ist richtig.«

Liewe schüttelt den Kopf. »Verzeihen Sie, dass ich so lange gewartet habe. Ich habe es erst jetzt verstanden. Wir sind alle hilflos, wir warten alle zu lange. Und jetzt, wo ich die richtige Frage stelle, gibt es keine Antwort mehr.«

»*L'homme d'équipage*«, sagt Herr Koek.

»Bitte?«

»Ja«, sagt Herr Koek. »Das war es … Das ist richtig, *c'est fini.*«

Und er blickt wieder aus dem Fenster.

Liewe setzt sich ihm noch einmal gegenüber. »Was haben Sie gesagt? *L'homme d'équipage?*«

»*C'est fini*«, sagt Herr Koek, und plötzlich kann er die Augen kaum noch offen halten, sein Kopf sinkt langsam auf die Brust. »Das ist richtig«, sagt er.

Liewe hätte ihn gern noch etwas gefragt, aber er sieht, dass sein Gegenüber einschlummert. Er bleibt noch einen Moment sitzen, legt die rechte Hand auf die seines alten Französischlehrers, steht auf, zögert kurz vor dem Papierkorb, verlässt dann aber mit *Les Misérables* unterm Arm das Zimmer und zieht leise die Tür hinter sich zu.